王朝時代の実像2　倉本一宏【監修】

京職と支配

平安京の行政と住民

市川理恵 著

臨川書店

プロローグ

「支配」か「行政」か

「京職《きょうしき》」は、平安京における司法・行政・警察をつかさどった官司である。「京職と支配」というタイトルから本書を手に取られた方は、京職が平安京の住民を服属させている印象を受けるかもしれない。一方、本書は副題に「平安京の行政と住民」とつけた。「行政」という言葉は、「行政サービス」といわれることがあるように、「住民に提供するサービス」という印象が強いだろう。「支配」と「行政」、この両面が京職の実態であったと筆者は考えている。京職という官司は多様な側面をもっており、住民にとって京職の活動は「支配」であったり、あるいは「行政」であったりする。とくに貴族にとっては「行政」の面が強く、他の住民にとっては「支配」の面が強かったにちがいない。

自立する都市民

平安京には貴族や下級官人・庶民など、幅広い層の住民が居住していた。しかし多くの読者にとって、初期の平安京の住民については、漠然としたイメージしかないと思う。都城の住民の具体的な姿がイメージできるのは、十世紀後半以降ではないだろうか。日本古代史の研究者たちのあいだでも「都市民」「都市住民」「市民」などの言葉は、主に十世紀後半以降の平安京の人々を指して使われている。

この十世紀後半以降の平安京の人々は、『大鏡《おおかがみ》』が雲林院《うりんいん》の菩提講《ぼだいこう》を舞台としているように、法華《ほっけ》講《こう》・地蔵講《じぞうこう》などの「講《こう》」（経典を講じる法会）に積極的に参加し、また遊行《ゆぎょう》しながら布教した空也《くうや》や行円《ぎょうえん》を、それぞれ「市聖《いちのひじり》」「皮聖《かわのひじり》」と呼んで支持したように、古代国家の仏教政策とは関係なく、自らの意志で信仰を持っていた。そして平安京では、西京（右京）が荒廃し、東京（左京）の四条大路以北に住居が集中し、北は北野、東は鴨川までが市域となり、また鍛冶師《かじし》・鋳物師《いものし》・金銀細工師《さいくし》・経師《きょうし》・仏師《ぶっし》などの集住区域であった七条町が、商工業地域として発展し、東西市《とうざいいち》に取って代わるかたちで平安京の消費生活を担った。このように十世紀後半以降は、古代国家の用意した平安京の都城プランや、仏教・商工業などの諸政策が、住民の自立的発展によって崩されていった時期である。

そしてこの時期における住民のあり方については、『今昔物語集《こんじゃくものがたりしゅう》』（巻二十九第十一話）の「幼児、瓜を盗み父の不孝を蒙ぶる語」に詳しい。ここでは父が子を勘当するにあたり、「其ノ町ニ住ケル長《おとな》シキ人々」を集めて証判をとったこと、さらにその子が成長し、窃盗事件を起こして検非違使《けびいし》に捕えられたとき、この時の証判と「おとなしき人々」の証言によって、親子関係が否定され、父親への縁座《えんざ》が避けられたことが記されている。つまり当時の京内においては、「おとなしき人々」とよばれる町の有力者が存在し、地域社会における責任者として、公的に認められていたことがわかる。またこのころ、文献史料には「保刀祢《ほとね》」があらわれる。彼らは保内夜行（夜間の巡警）などの警察的活動や土地売買の保証、仁王講《にんのうこう》（仁王般若経を読誦する法会）の主催など、「保」の有力者として多様な活動をしていた。

平城京の住民

一方、八世紀の平城京の住民は、どのような人々だったのだろうか。平城京の住民については、これまで「京戸《きょうこ》」の研究が行われてきた。一九五三年に薗田香融氏は「萬葉貴族の生活圏―萬葉集の歴史的背景―」（『萬葉』八）で、大伴氏をはじめとする奈良時代の貴族が、「みやこ」に住みつく以前に本拠としていた「ゐなか（田舎）」を京外に持ち、ここが彼らの生産の場であったこと、そして「みやこ」を志向しつつも、一方の足を「ゐなか」に根下ろしていたことをあきらかにした。また一九八三年に中村順昭氏は「平城京―その市民生活」（『歴史と地理』三三四）で、仕丁《しちょう》・衛士《えじ》・力役者など農民から徴発された人々や「山背国愛宕《おたぎ》郡《ぐん》出雲《いずも》郷《ごう》計帳」にみえる下級官人が、地方に本貫《ほんがん》（本籍）を持ちながら平城京に居住していたこと、平城京には工人や写経生など農業から離れ、官司での労働に生活の基盤がある人々が存在していたことを指摘した。

そして翌一九八四年の北村優季氏の論文「京戸について―都市としての平城京―」（『平城京成立史論』吉川弘文館、二〇一三年、初出、一九八四年）は、五位以上の官人（＝貴族）が京外の本拠地（主として畿内《きない》諸国）との交渉を持ちながらも、京戸として平城京に定着した存在であったのに対して、京戸の多くを占めた一般京戸と下級官人は、農業に依存しなくては生活できない存在であったとした。そして大部分の京戸は、行政上の社会組織の単位とされた「戸」（＝二、三の小家族を含む二〇〜三〇人の大家族）全体が京に住んだのではなく、その一部の単婚家族のみが京に留まり、残りは京外に居を構えたとした。このように京戸の実態については、大部分の京戸が「京内」の他に、「京外」にも生活圏を持ち、京内に定着していなかったことがあきらかにされている。

では平城京においては、十世紀後半以降の平安京の都市民のような活動は見られるのであろうか。注目されるのは、行基《ぎょうき》の活動に従った人々である。東大寺大仏造立で活躍した行基集団は、勝浦令子氏の分析によれば「都市的な場を媒介とした、諸国の役民・浮逃農民や下級官人とその家族も含む都市民」によって構成されていたとする。しかし行基は民衆への布教とともに、大規模な池溝開発などの社会事業を実践していたのであり、その活動の場は、しだいに「都市で形成された行基集団の構成員の本貫地である和泉・摂津・河内・山背等へ」と移っていた（「行基の活動における民衆参加の特質─都市住民と女性の参加をめぐって─」『日本古代の僧尼と社会』吉川弘文館、二〇〇〇年、初出、一九八二年）。つまり彼らの活動は、平城京の自立的な発展には結びつかなかったのである。

住民の変化と京職の支配

このように平城京も平安京も、古代国家が貴族や官人などの居住地として用意した「計画的都市」であった。そして後に「都市民」へと発展する人々も、当初はそこに受動的に住まわせてもらう、単なる「居住者」であった。本書では「都市民」を、住民がその身分や出身地、所属する血縁集団や氏などの違いを乗り越え、同じ地域に居住する者としての連帯感を持って、地域の維持・運営にあたった人々、つまりそこに地域社会を形成した人々と定義したい。そして単なる居住者がいつ、どのようにして「都市民」へと変化していったのかをあきらかにしたい。

　このように平城京から平安京、さらに十世紀後半以降にかけて、都城の住民は大きく変化した。それにともない京職の支配も変わっていく。本書で住民の変化にともなって変わっていく京職の支配を論じていきたい。

目次

プロローグ……1
「支配」か「行政」か／自立する都市民／平城京の住民／住民の変化と京職の支配
第一章　京職という官司……15
1　京職の仕事……15
京職の職掌規定／国守の職掌規定／「京」と「諸国」の違い／国家的機能を持つ「京」／「在京諸国人」に関する職掌
2　「京」と「諸国」の末端支配……27
京職は中央官司／坊令と郡司の違い
3　坊令の任用と待遇……30
坊令の任用／坊令の身分／正倉院文書・木簡にあらわれた坊令
4　坊令の仕事……43
坊令の職掌規定／奴婢と家地の売買券／犯罪の抑止／税の取り立てと強制徴集／遺産相続案件の下調べ／人民の教化と訓導／坊令の活動

第二章　長安城の支配……55
1　壮大な都城プラン……55
2　京兆府と万年県・長安県との関係……58
府と県／計帳作成時の役割分担／それぞれの治安維持活動
3　里正・坊正と京兆府・万年県・長安県との関係……61
里正と坊正／里正の活動
4　坊正と金吾衛の役割分担……67
左右街使の活動／坊正と左右街使の役割分担／里正・坊正と街卒・坊卒の役割分担／里正・坊正と金吾衛の関係
5　左右巡使の権限強化……72
左右巡使の活動／里正・坊正と左右巡使の役割分担
6　日本の京職と坊令……75
日本独自の行政機構／坊令の職掌規定／坊令は京職の官人／京職の権限
7　日本における衛府の巡警と弾正台の巡検……78
左右兵衛府・衛士府の巡警／弾正台の京中巡検／京職の直接支配／住民の代表になれなかった坊令

第三章　京職の京戸管理 …… 85

1　京職が支配する人々　—京戸と在京諸国人— …… 85

上京する諸国人／他田日奉部神護は京戸か？／敢粳万呂の場合／石村石楯の場合／道嶋嶋足の場合／河原人成の場合

2　古代国家の戸籍管理 …… 94

律令からみた戸籍の種類／「戸口簿帳」との違い／古代国家の戸籍の管理形態

3　京戸の管理方法 …… 102

古代国家の浮浪・逃亡政策／養老五年格と天平八年格／宝亀十一年格と延暦四年格／除籍されない京戸／京貫されない諸国人／特殊な人民管理／畿内諸国の人民管理

4　京戸管理の目的 …… 121

人口増加が奨励されない京戸／不法な京貫の阻止／皇族・貴族も「京戸」

5　在京諸国人の動向　—京戸になりたい諸国人— …… 129

6　古代国家の京戸管理 …… 132

第四章　下級官人の京貫の実態 …… 135

1　これまでの京貫記事の解釈 …… 135

2　京貫記事の分析……137
京貫記事の整理／旧本籍地の分布／貫附地の分布／官職について／位階の分布／京貫の人数・単位について／改姓について／出自について／出典について／京貫された時期／貫附地の分布／畿内貫附記事の整理
3　京貫記事の考察……155
京貫の開始と終焉／京貫の手続き／貫附地と居住地／畿内貫附記事と京貫記事
4　京貫の意義とその背景……164
京貫が許された理由／京貫と改姓を望む人々／京貫の意義／下級官人の本籍地／不安定な立場／京戸への憧憬／下級官人の再出発
第五章　京戸の変質……175
1　これまでの京戸の解釈……175
2　京戸の成立……176
京戸の語義／「京」はいつ成立したか？／京戸の戸籍はいつ作成されたか？／「京戸」となったのは誰か？／カバネとの関係／「藤原朝臣」は京戸／八世紀の京戸の実態／京戸・畿内人・畿外人の成立／畿内人の管理／閉鎖的な人民管理

3 貫附地と居住地……191
左京・右京の別はいつできたか?/貫附地は居住地なのか?/宅地班給と居住地/貫附地と家の所在地
4 入れ替わる京戸……198
旧平城京住民の除籍/平安京に遷らない京戸/京戸の官人化/不法な京貫を画策する人々/自衛する京戸/畿内制の消滅/京戸の頂点に君臨する人々
第六章 京職支配の変質……215
1 支配体制の変質……215
治安の悪化/京内の官司と貴族の変化/清掃の義務化/追いつめられる坊令/坊令の変質/保長の導入
2 「都市民」の成立……232
保刀祢の登場/保刀祢の実例/保長との関係/保刀祢の活動/検非違使との関係
終章 平安京における京職の支配……249
1 十一世紀以降の平安京……249
諸司厨町の発展/平安京の支配機構

2　京戸と京職の変質……252
居住者から「都市民」へ／直接支配から間接支配へ
あとがき……257

（凡例）

・『日本文徳天皇実録』『日本三代実録』は、それぞれ『文徳天皇実録』『三代実録』と表記する。

・『大日本古文書』（編年文書、東京大学史料編纂所編）は『大日古』と表記し、たとえば「『大日古』三ノ一〇」は、「『大日本古文書』三巻一〇頁」を示す。

・養老令の条文番号と条文名は、『律令』（日本思想大系、岩波書店、一九七六年）による。

・唐律の条文番号は、律令研究会編『訳註日本律令』（東京堂出版、一九七五〜一九九九年）により、日本律の条文番号は『律令』（日本思想大系、岩波書店、一九七六年）による。

・『延喜式』の条文番号・条文名は、虎尾俊哉編『訳注日本史料 延喜式上』（集英社、二〇〇〇年）の「条文番号・条文名一覧」による。

・『日本書紀』は『日本古典文学大系 日本書紀下』（岩波書店、一九六五年）による。

・『続日本紀』は『新訂増補国史大系 続日本紀 前編・後編』（吉川弘文館）、『新日本古典文学大系 続日本紀 一〜五』（岩波書店、一九八九〜一九九八年）による。

・『続日本後紀』『日本文徳天皇実録』は『新訂増補国史大系 日本後紀・続日本後紀・日本文徳天皇実録』（吉川弘文館）、『日本三代実録』は『新訂増補国史大系 日本三代実録』（吉川弘文館）、『類聚三代格』は『新訂増補国史大系 類聚三代格・弘仁格抄』（吉川弘文館）による。

・『日本後紀』は『新訂増補国史大系 日本後紀・続日本後紀・日本文徳天皇実録』（吉川弘文館）、『訳注日本史料 日本後紀』（森田悌・黒田伸夫編、集英社、二〇〇三年）による。

・『類聚符宣抄』は『新訂増補国史大系 新抄格勅符抄・法曹類林・類聚符宣抄・続左丞抄・別聚符宣抄』（吉川弘文館）、『朝野群載』は『新訂増補国史大系 朝野群載』（吉川弘文館）による。

・『西宮記』は『神道大系 西宮記』による。

・『小右記』は『大日本古記録 小右記』（東京大学史料編纂所編）による。

・『新撰姓氏録』は、佐伯有清『新撰姓氏録の研究』（吉川弘文館、一九六二〜二〇〇一年）による。
・『平安遺文』は、『平安遺文』（東京堂出版、一九四七〜一九八〇年）による。
・『拾芥抄』は、『新訂増補故実叢書　拾芥抄』（明治図書、一九五二年）による。
・『今昔物語集』は『日本古典文学大系　今昔物語集』（岩波書店、一九六三年）による。
・『唐令拾遺』は、仁井田陞著『唐令拾遺』（東京大学出版会、一九三三年）、『唐令拾遺補』は、仁井田陞著、池田温編集代表『唐令拾遺補』（東京大学出版会、一九九七年）による。
・天聖令は、天一閣博物館・中国社会科学院歴史研究所天聖令整理課題組『天一閣蔵明鈔本天聖令校証　附唐令復原研究』（中華書局、二〇〇六年）による。
・『通典』は『通典』（中華書局、一九八八年）、『旧唐書』は『旧唐書』（中華書局、一九七五年）、『唐六典』は『唐六典』（中華書局、一九九二年）、『新唐書』は『新唐書』（中華書局、一九七五年）、『冊封元亀』は『冊封元亀』（中華書局、一九六〇年）、『資治通鑑』は『資治通鑑』（汲古書院、一九七三年）、『大平広記』は、『大平広記』（中華書局、一九六一年）による。
・『長安志』は平岡武夫編『唐代研究のしおり　第六　長安と洛陽　資料』（京都大学人文科学研究所、一九五六年）による。

第一章　京職という官司

1　京職の仕事

古代国家において平城京《へいじょうきょう》・平安京などの「京」を支配していたのは、京職という官司であった。平城宮・平安宮から南に臨んで朱雀大路《すざくおおじ》を境に東側を左京、西側を右京とし、左京を左京職、右京を右京職が支配していた（図1・2参照）。京職の所在地は、平安京では朱雀大路に面した左京三条一坊・右京三条一坊であった。京職の職員数は律令によれば、左右それぞれ五二人で、戸籍・計帳の管理、徴税・徴発業務、京内の治安維持、道橋の保全、宅地売買の承認、裁判業務など一般行政を担っていた。つまり京の住民を直接支配していたのは京職であった。

古代国家においては、中国のすぐれた国家統治法である律令を導入した。律は刑法、令は行政法に相当し、日本の律令は、唐の律令に日本の実情を考慮して作られたものであった。この律令によれば、日本の古代国家は「国」と「京」とを支配する構造であった（岸俊男「日本における『京』の成立」『日本古代宮都の研究』岩波書店、一九八八年、初出、一九八二年）。すなわち「京」は平城京・平安京などを、「国」は、河内国や武蔵国などを指しており、国司が諸国を支配するのと同じように、京は京職が支配するこ

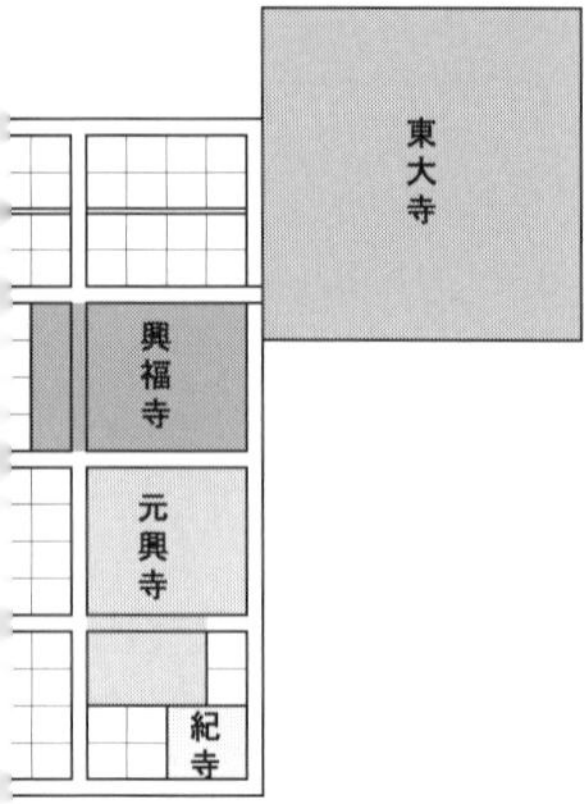
東大寺
興福寺
元興寺
紀寺

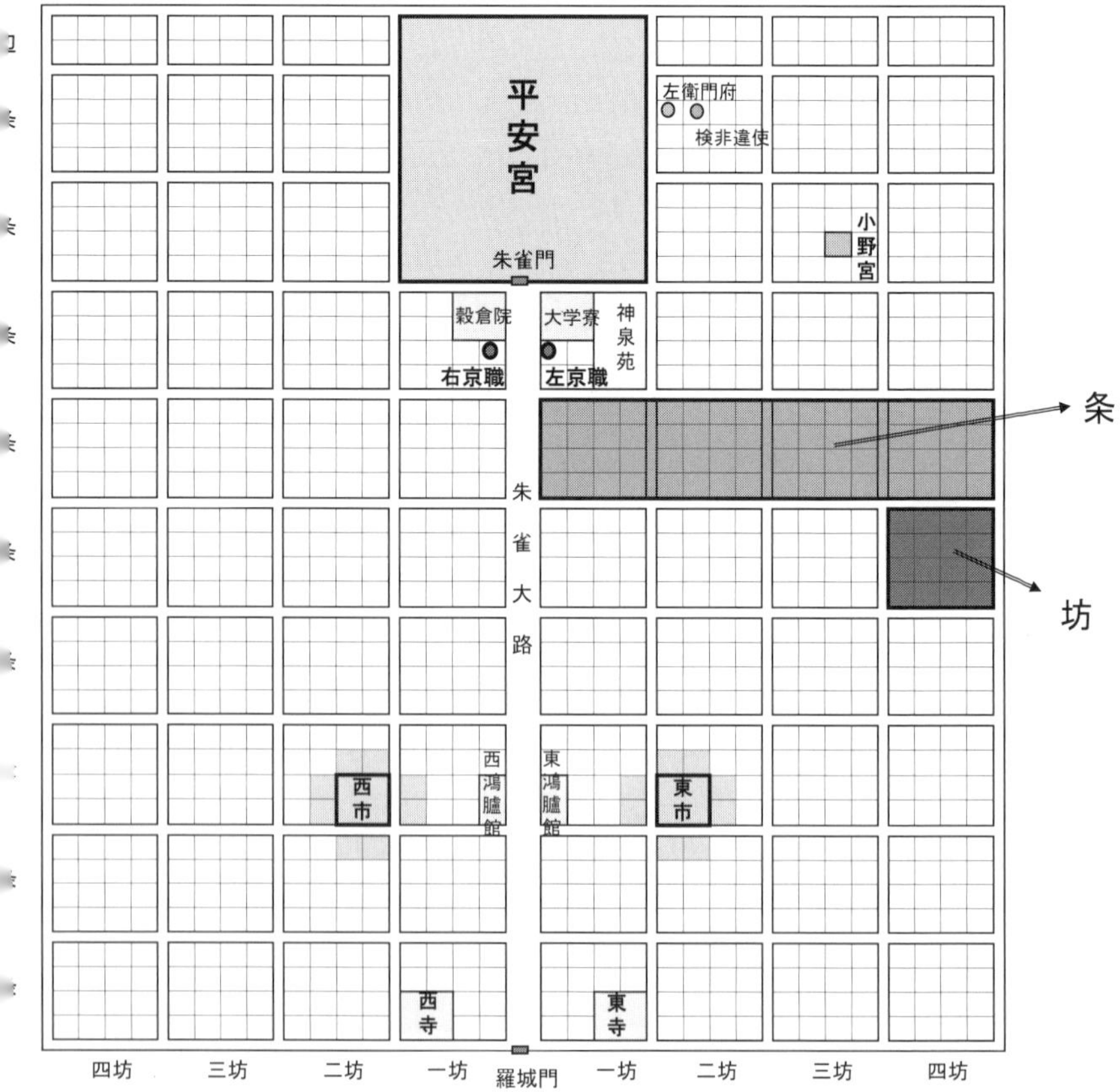
平安宮
朱雀門
左衛門府
検非違使
小野宮
穀倉院
大学寮
神泉苑
右京職
左京職
朱雀大路
条
坊
西市
東市
西鴻臚館
東鴻臚館
西寺
東寺
四坊
三坊
二坊
一坊
羅城門
一坊
二坊
三坊
四坊

図2　平安京略図

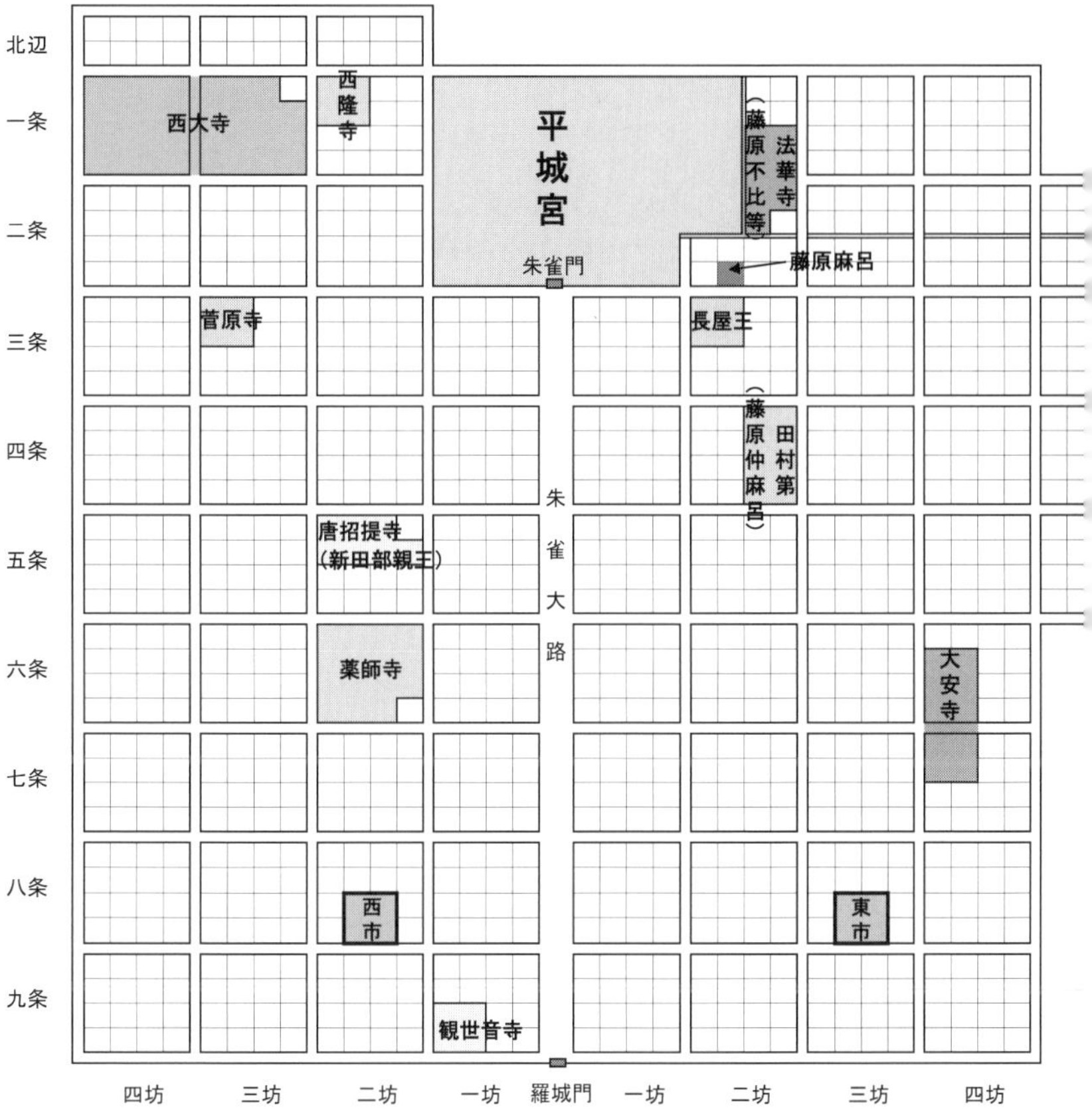

図１　平城京略図

＊図１は町田章「平城京」の「図１　平城京の街割り」（坪井清足・平野邦雄監修『新版〔古代の日本〕６　近畿Ⅱ』角川書店、1991年）を、図２は西山良平『都市平安京』（京都大学学術出版会、2004年）の「図１―１　平安京と法成寺」と『平安建都1200年記念　甦る平安京』（京都市、1994年）を参照して作図。

とが定められていた（図3参照）。

図3　日唐の行政区画の比較

日本
- 京（京職）――条（坊令）――坊（坊長）
- 国（国司）――郡（郡司）――里（里長）

唐
- 州（府・郡）――県――郷――里（里正）
  - 坊（坊正）
  - 村（村正）

＊岸俊男「日本都城制総論」『日本の古代9　都城の生態』（中央公論社、一九八七年）を参照して作図。

京職の職掌規定

律令のなかの、中央・地方の官司の官名・定員・職掌を規定した職員令《しきいんりょう》には次のようにある。

［史料］職員令《しきいんりょう》66左京職条

左京職　右京職此に准《なぞら》へよ。　司一を管《す》ぶ。
大夫《たいふ》一人。掌《つかさど》らむこと、左京戸口名籍《ここうみょうじゃく》、字養百姓《じようひゃくせい》、糺察所部《きゅうさつしょぶ》、貢挙《こうきょ》、孝義《こうぎ》、田宅《でんたく》、雑徭《ぞうよう》、良賤《りょうせん》、訴訟《そしょう》、市廛《してん》、度量《どりょう》、倉廩《そうりん》、租調《そちょう》、兵士《へいし》、器仗《きじょう》、道橋《どうきょう》、過所《かしょ》、闌遺雑物《らんいぞうもつ》、僧尼名籍《そうにみょうじゃく》事。亮《りょう》一人。
大進《だいしん》一人。少進《しょうしん》二人。大属《だいぞく》一人。少属《しょうぞく》二人。坊令《ぼうれい》十二人。使部《しぶ》三十人。直丁《じきちょう》二人。

この左京職の長官である左京大夫《さきょうのたいふ》の職掌として記される「左京戸口名籍～僧尼名籍」が、京職の職務内容である。「右京職此に准へよ」とあるように、右京職の職務も同様であった。まず「戸口名籍」は、京に本籍を持つ京戸の戸籍や計帳を作成し、管理することである。古代国家の人民はすべて戸籍に登録され、これは六年ごとに作成された。また徴税・徴発の台帳として毎年計帳が作成された。人民を正しく把握することは、支配の基盤であった。「字養百姓」は管轄する百姓《ひゃくせい》（百の姓、すなわち「すべての人民」の意味で農民のみを指す言葉ではない）を撫育《ぶいく》することで、「糺察所部」は京内の治安維持を意味する。「貢挙」は諸国貢人と諸国学生のことであり、彼らは推挙をうけることで中央官司出仕や大学寮入学への道が開かれていた。「孝義」は孝子（親孝行な子）・順孫（よく祖父母に仕える孫）・義夫（義侠心の強い男性）・節婦（節操をかたく守る女性）をさし、彼らは推挙されると優賞され、税負担が免除された。「田宅」は京内の宅地の管理と、京外の口分田（男は二段、女は一段一二〇歩）の班給業務を意味する。京職は六年に一度作成される戸籍をもとに口分田を班給したが、京内に水田はないので、周辺の畿内諸国に班給していた。

「雑徭」「租調」「兵士」は、計帳をもとに京戸から徴税・徴発することを意味している。「雑徭」とは年六〇日以内の労働のことで、灌漑工事や道路の建設などに充てられたが、諸国においては国司が私的に使役することもあった。また古代国家の人民は租《そ》・庸《よう》・調《ちょう》を納めていた。すなわち「租」は田の面積に応じて収穫高の約三%を、「庸《よう》」は年一〇日の歳役《さいえき》に代えて布を、「調《ちょう》」は人ごとに繊維製品や特産物を納めていた。京戸はこのうち庸が免除されたので、租・調を負担した「租調」とは、この徴税の業務を指す。「兵士」は一戸《こ》（戸は戸主と戸口から構成される基本単位集団）の正丁《せいてい》（二十一歳以上六十歳以下の成年男子）のうち三丁ごとに一丁が徴発されていた。古代国家は唐や新羅の軍が攻めてきた場合に備え、諸国に軍団を設置し、ここで兵士に軍事訓練を施していた。京には軍団はないものの、京職に直属するかたちで兵士が置かれた。その人数は、延暦二十四年（八〇五）四月二十七日太政官符によれば、左右それぞれ二四〇人所属し、二〇人で一番、一番は一五日とある（『類聚三代格』巻十八、軍毅兵士鎮兵事）。つまり京職兵士は年に一番一五日を二回こなすことになり、年三〇日の負担であった（北村優季「平安初期の都市政策」『平安京―その構造と歴史―』吉川弘文館、一九九五年、初出、一九九四年）。

「良賤」は良民と賤民（奴婢《ぬひ》など）との別を戸籍で厳重に管理することで、「訴訟」はこの良民・賤民の別や遺産分配に関する訴えなどの調査・裁定、あるいは上級裁判所である刑部省《ぎょうぶしょう》へ取り次ぎを指す。「倉廩」は倉の管理と出納の業務のことである。出納は京職官人と民部省《みんぶしょう》管下の主税寮《しゅぜいりょう》（諸国の田租を把握し、地方財政を監査する官司）の官人が立ち会うことになっていた。京戸から集めた租は京職の倉に収納されたのであり、京職はこれを保管し、倉を守衛していた。

「器仗」は軍事用の兵器と儀式用の儀仗のことである。京職の兵士は守衛などの際には兵器を持ったが、斎王（伊勢斎王）・賀茂斎王の祓の際の前駆《ぜんく》など（『延喜式』巻四十二、左右京式2斎王祓条・3賀茂斎王祓条）、儀仗兵として装飾的な武具を持つこともあった。「過所」は関を通過する際に必要となる通行手形の発行業務のことで、「闌遺雑物」は遺失物の保管とその告知業務である。「僧尼名籍」は京戸のなかから出家して戸籍から抜けた僧尼の名籍である。彼らは徴税・徴発の対象外となるため正確に把握する必要があった。このように京職は京内において、国家権力をもって京戸の戸籍・計帳を作成し、口分田を班給し、徴税・徴発を請け負い、さらに治安維持活動、道や橋の修繕、東西市の管理など京内の生活環境の整備を担っていたのである。

国司の職掌規定

この京職の長官の職務は、諸国のそれと類似している。職員令では国守（国司の長官）の職掌が次のように規定されている。

［史料］**職員令70大国条**

守一人。掌《つかさど》らむこと、祠社《ししゃ》、戸《こ》口簿帳《こうふちょう》、字養百姓、勧課《かんか》農桑《のうそう》、糺察所部、貢挙、孝義、田宅、良賤、訴訟、租調、倉廩、徭役《ようえき》、兵士、器仗、鼓《く》吹《すい》、郵駅《ゆうえき》、伝馬《でんま》、烽候《ぶうこ》、城牧《じょうぼく》、過所、公私《こうし》馬牛《めぎゅう》、闌遺雑物、寺、僧尼名籍事。余の守此に准へよ。（略）介《すけ》一人。掌らむこと守に同じ。余の介此に准へよ。大掾《だいじょう》一人。掌らむこと、国内を糾《ただ》し判《ことわ》らむこと、文案を審署《しんしょ》し、稽失《けいしつ》を勾《かむが》へ、非違《ひい》を察《み》むこと。余の掾《じょう》此に准へよ。少掾《しょうじょう》一人。掌らむこと大掾に同じ。大目《だいもく》一人。掌らむこと、事を受《うけたまは》りて上抄《じょうしょう》せむこと、文案を勘署《かんしょ》し、稽失《けいしつ》を検《かむが》へ出《いだ》し、公文を読み申さむこと。余の目《もく》此に准へよ。少目《しょうもく》一人。掌らむこと大目に同じ。史生《ししょう》三人。

京職	諸国
	祠社
戸口名籍	戸口簿帳
字養百姓	字養百姓
	勧課農桑
糺察所部	糺察所部
貢挙	貢挙
孝義	孝義
田宅	田宅
雑徭	徭役
良賤	良賤
訴訟	訴訟
市廛	
度量	
倉廩	倉廩
租調	租調
兵士	兵士
器仗	器仗
	鼓吹
	郵駅
	伝馬
	烽候
	城牧
道橋	
過所	過所
	公私馬牛
闌遺雑物	闌遺雑物
	寺
僧尼名籍	僧尼名籍

図4　左京職条と大国条の職掌の比較

国司の長官である国守の職掌として記される「祠社～僧尼名籍」が、国司の職務である。このうち国守にあって、左京大夫にない職掌は、「祠社」「勧課農桑」「鼓吹」「郵駅」「伝馬」「烽候」「城牧」「公私馬牛」「寺」である（図4参照）。「勧課農桑」とは、「勧務農功」「勧課桑漆」「勧課田農」とも表記され、農業に勤しませることをあらわす。この職掌が左京大夫にないのは、そもそも京内に口分田が存在しないからである。「烽候」は戦時に使用されるのろしで、四十里ごとの設置が義務づけられていた。海外の敵襲を想定し、戦時の通報の役割を担ったが、京内には置かれていなかった。

「城牧」は城の修理と牧《まき》（諸国に設置された馬牛を飼育する牧地）の維持管理である。とくに牧で飼育された馬は、左右馬寮の馬や、軍団の馬、駅馬・伝馬、天皇・貴族・諸官司の馬として供給された。諸国の牧は兵部省の管轄下にあったが、その他にも左右馬寮直轄の牧があった。しかし京内には牧も城もなかった。「鼓吹」は鼓と大角《だいかく》・少角《しょうかく》、つまり軍事用の鼓と吹奏楽器のことで、戦闘の際に使われるため兵士に教習させていた。「公私馬牛」は諸国においては私馬牛をも調査し、太政官を経由して兵部省管下の兵馬司《ひょうめし》に報告されていたが、京内では直接兵馬司が管轄していた。「祠社」は祭や神社の、「寺」は寺の維持管理を示すが、これらは京内では神祇官《じんぎかん》や治部省《じぶしょう》管下の玄蕃寮《げんばりょう》が管轄していた。このように京職の大夫の職掌は、京内に存在しないものや他の中央官司が管轄するものは除外されている。そのため諸国の国守の職掌と比べると、京職の大夫の職掌は限定的である。

「京」と「諸国」の違い

京職と諸国とでは決定的な違いがあった。それは古代国家において「国」を支配する「国司」とは、天皇のミコトモチ（「天皇の御言《みこと》を持つ」の意）であり、郡司層などの在地の既成勢力に対して、「律令制を在地において実現していく官司」として位置づけられている。つまり天皇の代理として「国」を支配するのであり、それゆえに広大な権限を与えられているのである。古代国家は専制国家であり、被支配者層（＝農民）から富を収奪し、支配者層（＝天皇・貴族・官人）に分配していた。すなわち被支配者層を統治する国司は、部内において人民を撫育し勧農することで、生活を安定させ、収奪に耐えうる環境をつくることが期待された。すべての人々をあまねく戸籍に登録し、計帳を毎年作成することで、徴税・徴発を遺漏なく行い、さらに人口を増加させることで税収を増やし、労働力を徴発できるようにしていたのである。

このような諸国の実情は京にはあてはまらない。まず京は人工的に設定された場であり、諸国のような在地の既成勢力（郡司層、在地豪族）が存在しなかった。また律令条文を見る限り、京戸は戸口増益《ここうぞうえき》

（＝人口増加）が褒賞の対象となっておらず、また京戸からの徴税・徴発の意図が弱い。古代国家はもともと天皇と畿内豪族《きないごうぞく》が連合して樹立した政治組織であった。つまり畿内諸国は彼らの本拠地だったのであり、その地の民は彼らに直属する人々であった。そのため畿内諸国に本籍をもつ人々は、税負担において優遇措置を受けていたが、京に本籍をもつ京戸にいたっては、「収奪の対象」とさえみなされていなかったのである。そのために京職は、京戸に対して国司のような広大な権限を持っていなかったのである。

国家的機能を持つ「京」

そして京職には「京戸の支配」の他に、別の機能が存在した。ここで注目されるのは、職員令において「国司には規定されていないが、京職に規定される職掌」である。具体的には「市廛」、「度量」、「道橋」である（図4参照）。「市廛」と「度量」は、京職が平城京の中央市（＝東西市）を管轄していたために規定された職掌である。「市廛」の「市」は東市と西市、「廛」は店を指す。職員令66左京職条に「司一を管《す》ぶ」とあるように、左京職は東市司、右京職は西市司を管下に置いて、東市・西市を管理していた。そして「度量」は度量衡を指し、東西市における取引において国家が定めた度量衡（計量器）を用いているかを監視する役割を担っていた。「道橋」は京内の道や橋の維持管理を示す。京が外国使節をはじめ、全国から人々を集める場であるため清浄で威厳のある場でなければならなかった。したがって当然、道橋の修理や清掃が求められたのである。

つまり諸国は、「支配されるべき地」として位置づけられていたのに対し、京は「中央官司運営のための物資を集める場」や「清浄かつ威厳に満ちた場」などの国家的な役割を担う場として位置づけられていたのである。荘厳な羅城門《らじょうもん》や朱雀大路《すざくおおじ》を備えた平城京は、今泉隆雄氏によれば「天皇と国家の国内的・対外的な支配の威厳を誇示するための舞台」、すなわち「国内的には、天皇と臣下、国家と公民また蝦夷《えみし》・隼人《はやと》などの、対外的には新羅《しらぎ》・渤海《ぼっかい》などの諸蕃《しょばん》との間の関係において、都城は服属者を威圧する舞台」であったとする（「平城京の朱雀大路」『古代宮都の研究』吉川弘文館、一九九三年）。さらに公共的建造物の修築や廃棄物処理を検討した櫛木謙周氏は、都城は「対外的に清浄かつ威厳に満ちたものとしてあるべき」という国家意志が存在したとする（「都城における支配と住民―都市権門・賤民形成の歴史的前提」『日本古代の首都と公共性』塙書房、二〇一四年、初出、一九八四年）。すなわち京では広大な構造物を造り、その修築や清掃を徹底させた。そしてここに新羅・渤海などの外国使節や、蝦夷・隼人を定期的に朝貢させることで、国家の威信を示していたのである。

「在京諸国人」に関する職掌

そして国内においては蝦夷・隼人のみならず、他にも多くの人民の上京が期待されていた。たとえば舎人《とねり》（天皇や貴族に仕え、警備や雑務に従事する者）は、全国のあらゆる階級から貢進され、律令官人として出身仕官するコースとなっていた。諸国の郡司の任用についても「郡司子弟→兵衛《ひょうえ》出仕→郡司任用」というコースがあった。兵衛とは左右の兵衛府に所属し、天皇の身辺警護をする者であった。埼玉県行田市の稲荷山古墳の鉄剣には、乎獲居《おわけ》の家が代々杖刀人《じょうとうじん》（刀をもって大王《おおきみ》を守る人）として大王に仕えていたことを記しているが、この雄略《ゆうりゃく》天皇の西暦四七一年の時点において、すでに地方の有力者が天皇の身辺警護をするために上京していたのである。このように古代国家は、中央官司で官人としての修練を積み、教化された者を郡司に任じ、在地を統治させていた。そして律令では、舎人をはじめ、諸国から徴発された衛士《えじ》（宮城諸門の警備にあたった者）の一年交替制や仕丁《しちょう》（中央官司の下働きをした者）の三年交替制、また交替で調庸などの貢進物を運搬する制度がある。これはすべての人民を一度は上京させ、都城の威厳を見せつけようとしていたのである。このように京は「全国から人々を集める場」であった。すなわち京には京戸のみならず、多くの諸国人《しょこくじん》（＝諸国に本籍を持つ人々）が存在したのである。これは部内の人民を、基本的に「部内に本籍を持つ者」と想定している諸国との大きな違いである。

　このように考えると京職の職掌のうち、在京の諸国人にも該当するものとして、「糺察所部」、田宅のうちの「宅」、「訴訟、市廛、度量、道橋、闌遺雑物」などが考えられる。「糺察所部」、つまり京内の治安維持は、京戸だけでなく、京に居住する在京諸国人においても切実な問題である。また田宅のうちの「宅」は、田令《でんりょう》17宅地条の「凡そ宅地売り買はむことは、皆所部の官司に経《ふ》れ申牒《しんちょう》（官司に上申すること）して、然うして後に聴《ゆる》せ」を指すが、在京諸国人のなかには、長期にわたって滞在する者もおり、彼らも京内において宅地の売買を行っていた。訴訟は、公式令《くしきりょう》63訴訟条に「凡そ訴訟は、皆下より始めよ。各《おのおの》前人の本司本属に経《ふ》れよ。若《も》し路遠からむ、及び事礙《さはり》あらば、随近《ずいこん》の官司に経れて断せよ」とあり、前人（被告人）の本司・本属が受理し、審理・判決するのを原則としているので、京戸を被告人とする在京諸国人の訴訟も、京職がつかさどっていた。闌遺雑物は、廐牧令《きゅうぼくりょう》24闌遺物《らんいぶつ》条「凡そ闌遺《らんくゐ》の物は、五日の内に所司に申せ。其れ贓畜《ぞうきう》は、事分決せずは、在京は京職に付けよ。断《だん》し定めむ日に、若し没官すべくは出し売れ。在外は前の条に准へよ」などの令文が該当すると思われる。ここで京において拾得された遺失物は、京職に届け出ることとされ、また処分の決定していない馬牛などは、京職が飼育していた。したがって在京諸国人の闌遺物も、京職が扱っていたと考えられる。

以上のように京職には、「京戸の支配」に関わる職掌と、「京の管理・運営」に関わる職掌がある。「京戸の支配」に関わる職掌とは、京戸の把握や徴税・徴発、班田などに関する職掌である。「京の管理・運営」に関わる職掌とは、先述した「全国から人々を集める場」である京においての在京諸国人に関する職掌であり、また「中央官司運営のための物資を集める場」である京においての東西市運営に関する職掌、「清浄かつ威厳に満ちた場」であり、「国内的・対外的な支配の威厳を誇示する場」である京においての、道路の修理・清掃に関する職掌などであった。

2　「京」と「諸国」の末端支配

京職は中央官司

このような役割を持つ京職は中央官司として位置づけられていた。「京職」の「京」とは、平城京・平安京などの「京」を指し、「職」とは、中央官司の格を示す「省《しょう》・職《しき》・寮《りょう》・司《し》」のうちの上から二番目の「職」を指す。たとえば「省」である民部省《みんぶしょう》は、正《しょう》四位下《しいのげ》相当の卿が長官《かみ》で（図5参照）、その下

貴族	正一位	
	従一位	
	正二位	
	従二位	
	正三位	
	従三位	
	正四位上	
	正四位下	民部卿
	従四位上	
	従四位下	
	正五位上	左京大夫
	正五位下	
	従五位上	大国守
	従五位下	
下級官人	正六位上	東市正
	正六位下	
	従六位上	
	従六位下	
	正七位上	
	正七位下	
	従七位上	
	従七位下	
	正八位上	↑
	正八位下	
	従八位上	
	従八位下	
	大初位上	坊令
	大初位下	
	少初位上	
	少初位下	↓
白丁	無位	↕ 坊長

図5　官位相当制と坊令・坊長の任用

に次官《すけ》として大輔《だいふ》一人・少輔《しょうふ》一人、判官《じょう》として大丞《だいじょう》一人・少丞《しょうじょう》二人、主典《さかん》として大録《だいろく》一人・少録《しょうろく》三人の四等官（各官司の幹部。長官・次官・判官・主典からなる）がいる（職員令21民部省条）。一方、「司」である東市司《ひがしいちのつかさ》は長官の正の相当位は正六位上で、四等官は次官がなく、判官として佑《ゆう》一人、主典として令史《さかん》一人がいるのみである（職員令67東市司条）。このように「省」と「司」とでは、相当位や人員構成に大きな違いがある。

そして「職」である京職の長官は大夫で、相当位は正五位上であり、その下に次官として亮《りょう》一人、判官として大進《だいしん》一人・少進《しょうしん》二人、主典として大属《だいぞく》一人・少属《しょうぞく》二人の四等官（各官司におかれた幹部組織）が置かれていた（職員令66左京職条）。一方、「国」も、大国・上国・中国・下国の等級に分かれていた（職員令70大国条）。しかし大国であっても、国守の相当位は従五位上《じゅごいのじょう》であり、左京大夫の正五位上《しょうごいのじょう》には及ばなかった（官位令《かんいりょう》11従五位条、同令10正五位条）。大宝令《たいほうりょう》が成立した時、都は藤原京《ふじわらきょう》であった。藤原京は日本におけるはじめての本格的都城であり、皇族・貴族を京内の条坊のなかに集住させた。さまざまな利害関係を持つ有力者たちを隣り合わせに住まわせることは、並々ならぬ努力があったにちがいない。続く平城京においては、左京職と右京職の長官を兼ねた左右京大夫《さゆうきょうのたいふ》に藤原麻呂《ふじわらのまろ》が、少なくとも八年間在任している。藤原不比等《ふひと》の四男であり、後に藤原四子政権（七二九～七三七）を担う藤原麻呂を長官にしなければ統治できなかったのであろう。

坊令と郡司の違い

このように京の支配は複雑であり、諸国と比べ困難であったと想定される。その「京」では、「条《じょう》」という東西方向に連なる四坊で坊令《ぼうれい》（＝条令《じょうれい》）一人を置き（図2参照、本書16頁）、「坊」は条と坊とで囲まれた区画で、坊ごとに坊長《ぼうちょう》一人が置かれた（戸令《こりょう》3置坊長条、同令4取坊令条）。つまり京では「国《こく》—郡《ぐん》—里《り》」制を導入せずに、京職の下に、条（＝四坊）ごとに坊令、坊ごとに坊長《ぼうちょう》を置いていたのであり、とくに坊令が京職の官人として職員令66左京職条に規定されていたことが注目される。

一方、諸国においては実質的に郡司層が支配する地域に、広大な権力を持つ国司が中央から派遣された。律令では五〇戸で一里をなし、里ごとに里長《りちょう》一人を置いていた（戸令1為里条）。そして二～二〇里で郡をなし（戸令2定郡条）、郡には大領《だいりょう》・少領《しょうりょう》、主政《しゅせい》・主帳《しゅちょう》からなる郡司が置かれていた（職員令74大郡条）。選叙令《せんじょりょう》13郡司条では「凡そ郡司には性識清廉《しょうしきせいれん》にして、時の務《つとめ》に堪へたらむ者を取りて、大領、少領と為よ。強《こわ》く幹《つよ》く聡敏にして、書計に工《たくみ》ならむ者を、主政、主帳と為よ。（略）其大領少領、才用同じくは、先づ国造《こくぞう》を取れ」とあり、「時の務に堪へたらむ者」、すなわち在地を支配することが可能な人物を任用することが定められている。そして「其大領少領、才用同じくは、先づ国造を取れ」とあるように、国造の系譜に連なる者が優先された。七世紀前半までに全国的に設置された国造は、王権に服属する見返りに地方統治を任された地方首長で、部民《べみん》（朝廷や天皇・豪族に服属する民）や屯倉《みやけ》（大和王権が全国に設置した直轄地）を管理し、その子女を兵衛《ひょうえ》（天皇の身辺を護衛する者）や采女《うねめ》（天皇の身の回りの世話をする女性）として中央に出仕させていた。このように郡領《ぐんりょう》（大領・少領）には、旧国造などの既成勢力を持つ在地豪族を任用したのであり、彼らは終身官《しゅうしんかん》であった。古代国家はこのような郡司に在地を支配させ、さらにその上に広大な権限を持つ国司を置くことで統治していたのである。

3　坊令の任用と待遇

坊令の任用

京においては、どのような人々を坊令に任命したのであろうか。諸国の郡司のように有力者を任命したのであろうか。それとも単に下級官人《かきゅうかんじん》を任命したのであろうか。坊令の任用については、戸令《こりょう》に次の条文がある。

［史料］戸令4取坊令条

凡そ坊令には、正八位《しょうはちい》以下の、明廉強直《みょうれんごうじき》にして、時の務《まつりごと》に堪へたらむ者を取りて充てよ。里長、坊長には、並びに白丁《はくてい》の清く正しく、強《こは》く幹《つよ》からむ者を取りて充てよ。若し当里、当坊に人無くは、比《ひ》里《り》、比《ひ》坊《ぼう》（比隣の里・坊）に簡《えら》び用いることを聴《ゆる》せ。若し八位以下情《こころ》に願はば、聴せ。

ここで坊令は正八位以下の、明らかで高潔で心が強く正直で、職務を全うできる者を採用せよ、とあり、里長・坊長は白丁で清く正しく仕事をやり遂げる能力のある者を採用せよ、もしその里や坊の中に適任者がいない場合は、近隣の里や坊からの採用を許しなさい、また八位以下で里長・坊長に採用されることを望む場合は許可しなさい、とある。

まず坊令の位階は「正八位以下」とあるが、曾我部静雄氏は、令注の里長・坊長の規定である「若し八位以下情に願はば、聴せ」とは、実際には「八位以下初位《そい》以上」を指しているので、同じ令文の坊令の「正八位以下」も「正八位以下初位以上」を指しているとする（「坊令の身分」『日本歴史』一四一、一九六〇年）。律令において官人は、「正一位《しょういちい》」から「少初位下《しょうそいのげ》」までの三〇階の位階を与えられていた。そして一定年数を勤務すれば昇進の機会が得られるので、年をとればとるほど位階は上昇する。しかし貴族の出身でなければ「従五位下《じゅごいのげ》」以上の位階を得ることは困難であった。とくに下級官人は無位の期間もあり、数十年勤めても六位以下であることが多かった。坊令もこのような下級官人を任用することが想定されていた。先にみたように坊令には、正八位～初位の有位者を任用するのであり、原則として有位者を坊令に、白丁《はくてい》（無位の者）を坊長に任用する規定で、坊令と坊長とでは出身を明確に分けている（図5参照、本書28頁）。一方、里長・坊長は「若し当里、当坊に人無くは、比里《ひり》、比坊《ひぼう》に簡び用いることを聴せ」とあるように、原則として当里当坊の人が任用される。この部分は、坊令の任用規定にもかかっているのであろうか。かなり遡るが、改新の詔（『日本書紀』大化二年正月甲子朔条）には、次のようにある。

［史料］『日本書紀』大化二年（六四六）正月甲子朔条

凡そ京には坊毎に長一人を置け。四つの坊に令一人を置け。戸口を按《かむが》へ検《をさ》め、奸《かだま》しく非《あ》しきを督《ただ》し察《あきら》むることを掌れ。其の坊令には、坊の内に明廉《いさぎよ》く強《こは》く直《ただ》しくして、時の務《まつりごと》に堪ふる者を取りて充てよ。里坊の長には、並に里坊の百姓の清《いさぎよ》く正《ただ》しく強幹《いさを》しき者を取りて充てよ。若し當《そ》の里坊に人無くは、比《ならび》の里坊に簡び用いることを聴す。

ここでは坊令は、「坊の内」から選ばれることになっている。また唐令を見てみたい。

［史料］『唐令拾遺』戸令五条

諸里正《りせい》は、県司、勲官六品以下白丁にして清平強幹なる者を選びて充てよ。其次を坊正《ぼうせい》と為よ。若し當里人無くは、比隣里簡用することを聴せ。其村正《そんせい》は白丁を取りて充てよ。人無き処は、里正等、十八以上中男《ちゅうなん》残疾《ざんしつ》等を取りて充てよ。

『唐令拾遺《とうれいしゅうい》』戸令五条は、『通典《つてん》』巻三、食貨三、郷党などから復原されている。唐では、都城においても里正と坊正とが併存し、「勲官六品以下白丁、清平強幹なる者」を里正とし、その次を坊正とする規定であった。したがって唐令では当里からの採用を原則とし、いなければ隣の里から採用するという部分は、里正・坊正の両方にかかるのである。

そして実際の任用については、天長二年（八二五）の次の史料が参考になる。

［史料］『類聚三代格《るいじゅうさんだいきゃく》』（巻四、加減諸司官員并廃置事）天長《てんちょう》二年閏七月十日太政官符《だいじょうかんぷ》

太政官符す。

　応に京畿の入色人《にゅうしきじん》を以て坊令に通ひ用ふべき事

　右、右京職解を得るに偁《いへら》く、戸令云く、坊令、正八位以下の、明廉強直にして、時の務に堪へたらむ者を取りて充てよ。若し当坊、人無くば、比坊に於いて簡用することを聴せ者《てへ》り。而《しか》るに延暦年中以降、在京の畿内人を通ひ取りて充て用ふ。行来日久し。因循して例と為す。仍りて補すべきの状、簡《えら》び定めて申し送る。而るに事、法条に乖《そむ》く。遂に勘却《かんきゃく》せらる。今、令条を遵行するに、取り用ふる人無く、任、其人、非ず。何ぞ繁務を済まさん。望み請ふらくは、当坊比坊、人無きの時、前例に准《なぞら》へて、件の色を簡び用ひん者《てへ》り。右大臣宣す。勅を奉《うけたま》はるに、請《こ》ふに依れ。左京、此に准へよ。

　天長二年閏七月十日

この太政官符の事書きによって、天長二年に坊令に京と畿内（＝畿内諸国。具体的には山城国・摂津国・河内国・大和国・和泉国をさす）に本籍をもつ入色人（官人身分の者）を坊令に任用することが許可されたことがわかる。この太政官符は、右京職の解（上申文書）が「偁《いへら》く」の後の「戸令云」から、「者《てへ》り」の前の「簡び用ひん」まで引用され、さらに右京職の解のなかには戸令が「戸令云く」の後の「坊令」から「者り」の前の「聴せ」まで引用されている。

右京職の解によると、戸令4取坊令条にしたがって坊令を補任していたが、延暦《えんりゃく》年中（七八二～八〇六）以降は畿内諸国に本籍を持つ畿内人を坊令に任用しており、すでに定着している。京職が補任状を式部省に送ると、戸令4取坊令条に違反しているとして、棄却されてしまう。しかし戸令4取坊令条にしたがって当条（坊令の管轄範囲である四坊）の中から選ぼうとしても、ふさわしい人がいない。望み請ふらくは、当坊や比坊でふさわしい人がいない時は畿内人を補任したい、と訴え、「請ふに依れ」とあるように、今後は京戸に適任者がいない場合は、畿内人を坊令に任用することに決定している。

ここで戸令4取坊令条の後半の「また若し当里、当坊に人無くは、比里、比坊に簡び用いることを聴せ」の部分が、坊令にかかるものとして解釈されている。このように原則として当条の京戸（＝該当する条〈＝四坊〉に本籍をもつ者）を坊令に任用していたのである。さらに『唐令拾遺』戸令五条では、県司が里正・坊正を選ぶことが明記されているのに対して、日本の戸令4取坊令条は任用する主体が記されていない。しかしこの官符により、実際には京職が坊令を任用していたことがわかる。以上のように戸令4取坊令条の運用にあたっては、京職が当条に居住する正八位～初位の京戸で、かつ「明廉強直にして、時の務に堪へたらむ者」を簡定し、任用していたのである。

坊令の身分

次に坊令の身分について考えたい。律令において官人は、「正一位」から「少初位下」まで三〇階の位階を帯びていた。名例律《みょうれいりつ》五位以上妾条に「五位以上、是通貴《つうき》と為す」、同律議貴条に「貴を議す、謂はく三位以上をいう」とあるように、律令官位制において、三位以上を「貴」、四位・五位を「通貴」といった。すなわち「従五位下」以上の位階を持つものが「貴族」とされ、給与や待遇において格別に優遇されていた。官人は、長上《ちょうじょう》（毎日勤務する官）と分番（当番勤務をする官）に分かれ、律令においては内長上《ないちょうじょう》は六年に一回、内分番《ないぶんばん》は八年に一回、昇進する機会があった。その他、諸国の郡司や軍団などは外長上、地方在住者は外散位で、それぞれ十年、十二年ごとに位階昇進の機会があった。坊令は正八位～初位の有位者を任用していたので、内分番であった。『令集解《りょうのしゅうげ》』の戸令置坊長条では「古記《こき》云く、問ふ、外位を取りて坊令に任ず、選叙はいかん。答ふるに、内分番に同じ。内位に叙す」とあり、地方在住者の位階である外位の者が坊令に任用された場合は、改めて内位に叙され、内分番、すなわち八年に一回昇進する機会を得ることになっていた。つまり坊令は下級官人であった。他の下級官人同様、坊令は八年に一回の昇進のチャンスを逃さないように懸命に働き、位階昇進の暁には、その位階に相当する新たな官職を得て転出していったと思われる。多くの下級官人にとって、坊令は昇進していくうえでの通過点であった。

正倉院文書・木簡にあらわれた坊令

正倉院文書や木簡から実在した坊令の名前を知ることができる。

［史料］天平《てんぴょう》七年（七三五）左京職符《さきょうしきふ》（『大日古』一ノ六三二）

職符す、　東市司。

琉璃玉《るりのぎょく》四口　径二寸　若し無くば壺一十許口

右、其価を平章し、便に遣使の坊令御母石勝《みははのいわかつ》に付し、舎人《とねり》親王葬装束所に進送せよ。符到らば奉行せよ。

大進大津連《おおつのむらじ》船人《ふなひと》

大属四比元孫《しびのもとひこ》

十一月二十日

これは左京職が東市司に下した符であり、舎人親王葬装束所のために、琉璃玉の価格の報告を命じたものである。天武天皇の皇子である舎人親王は、『続日本紀《しょくにほんぎ》』によれば天平七年十一月十四日に死去し、その葬儀を掌るための「葬装束所」が設置された。葬送儀礼において琉璃玉四口が必要となったため、葬装束所から左京職に問い合わせがあり、左京職は東市司にその価格の報告を命じている。ただし琉璃玉がない場合は、壺一〇口の価格の報告を命じている。「大進」「大属」は、京職の大進・大属であり、

写真1　『正倉院文書』正集第四巻第十二紙

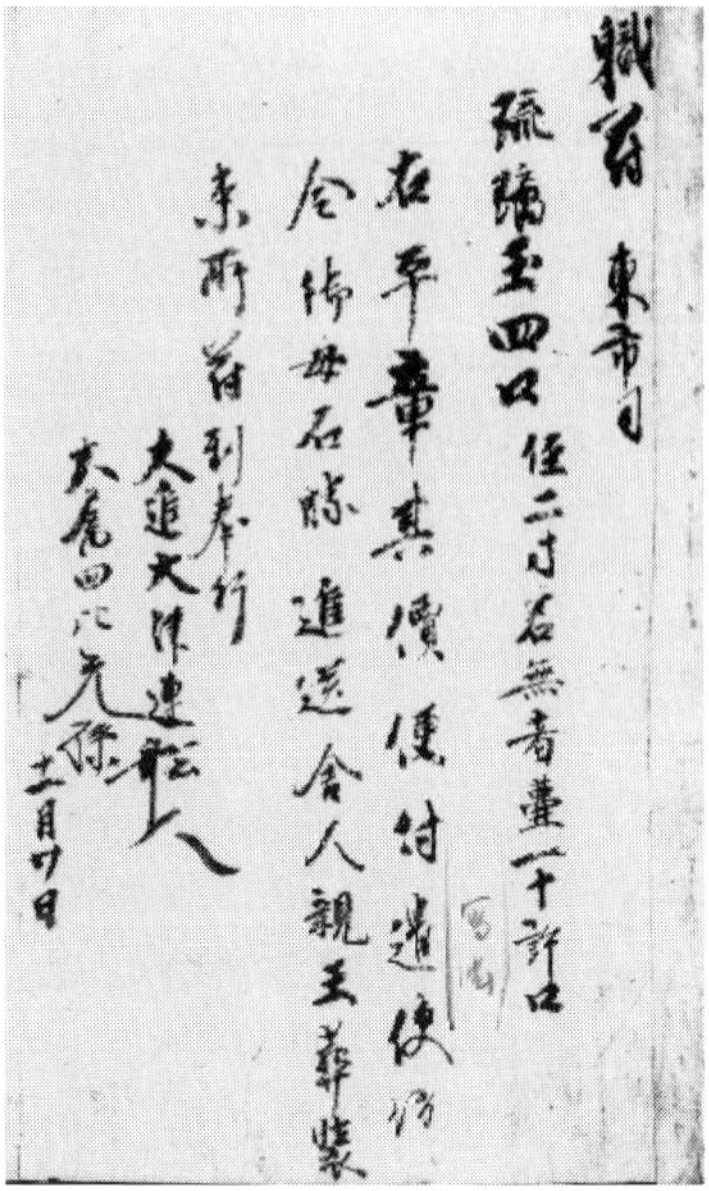

「大津連船人」は、「大津」が名字、「連」が姓《かばね》、「船人」が名前である。そして葬装東所に伝える際には、坊令の御母石勝に付すように、としている。ここで「坊令」として御母石勝の名前が見える。

また天平五年（七三三）右京計帳《うきょうけいちょう》（『大日古』一ノ四八一〜五〇一、二四ノ一六）に、大初位下尾張連《おわりのむらじ》牛養《うしかい》と従七位下上村主《かみのすぐり》石《いわ》弓《ゆみ》がみえる。諸国の計帳は、各戸から提出された手実（戸主や戸口が記載した文書）を清書して作成するが、右京計帳は手実《しゅじつ》をそのまま継ぎ合わせて、「右京之印」を捺している。したがって各手実は筆跡が異なるが、筆者は「文進△△」とある文進者である。坊令の署名については、坊令が自著した場合と文進者がそのまま坊令の名前まで書いている場合がある。各手実の末尾の書き入れは、「勘△△」とある勘者の守部小床《もりべのおとこ》・他田東人《おさだのあずまひと》・金月足《こんのつきたり》・上村主石弓《かみのすぐりいわゆみ》の自筆で、傜銭《ようせん》（雑傜のかわりに支払う銭）の賦課額や手実記載に要した紙の数などが記載されている。

［史料］天平五年右京計帳
（『大日古』一ノ四八三～四八四）

戸主物部連族五百戸別項
物部　連　族豊前《もののべのむらじのぞくとよさき》　年一
物部連族秋穂《あきほ》女《め》　年二
右二人、帳の後、生益《せいえき》。
移合婢薬女《くすりめ》、年三十二、
右、件奴婢、帳の後、摂津国住吉郡《すみよしぐん》
田辺郷戸主正七位上田辺史　真《たなべのふひとま》立《たて》戸
より来たりて附す。
奴赤人《あかひと》　年三十二
右、件奴婢《ぬひ》、帳の後、九条四坊戸主
高向主寸人成《たかむこのすぐりひとなり》戸より来たりて附す。
坊令大初《だいそ》位《い》下《のげ》尾張連《おわりのむらじ》　牛養《うしかい》
正丁一　　二百四十　紙四
小丁四　　　勘金　月足《こんのつきたり》

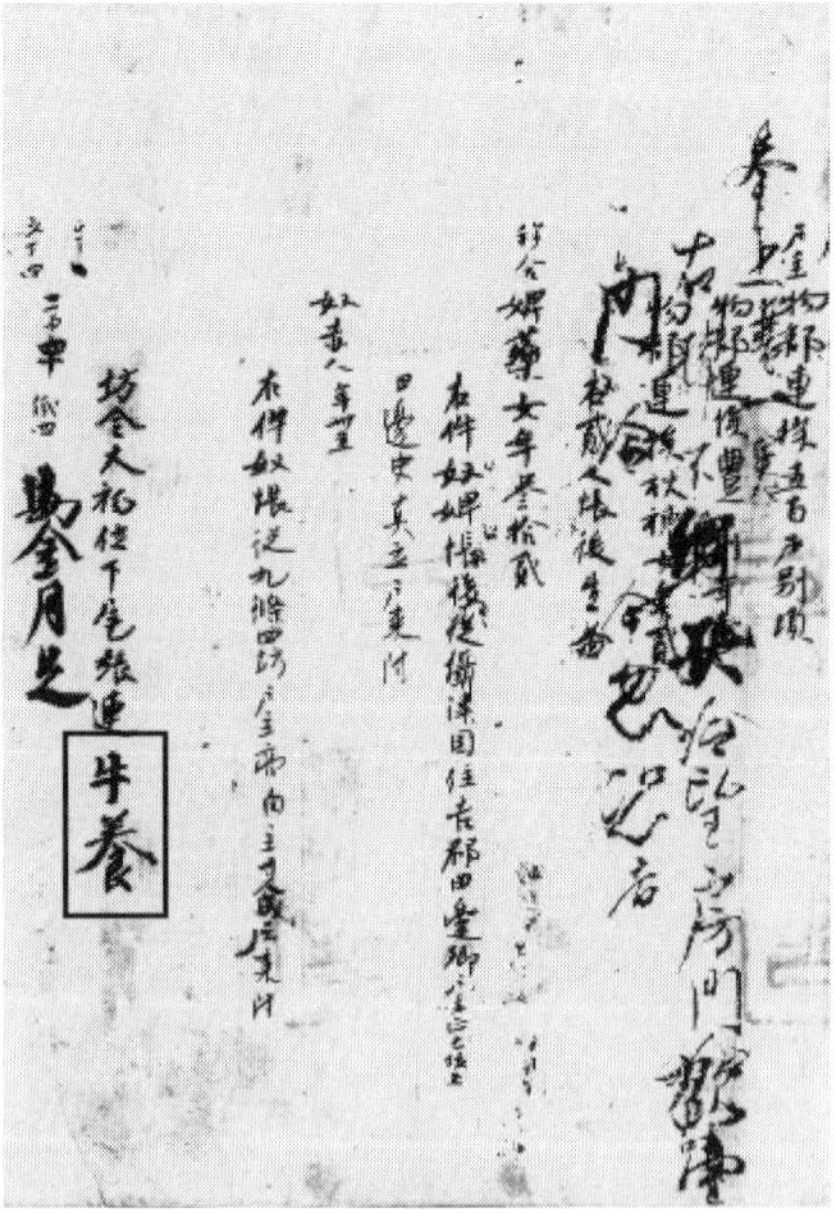
写真2　『正倉院文書』正集第九巻第三紙

ここでは物部連族五百戸の「別項」として、「帳の後」すなわち前年の計帳からの変更事項として、豊前と秋穂女の二人が誕生したことと、奴婢の薬女と赤人が増えたことが記されている。その後に坊令の名前が記され、金月足によって課丁の数（正丁一人と小丁四人）と徭銭の賦課額（二四〇文）とこの手実に使用した紙の数（四枚）が記されている。坊令の名前は勘者の前に書かれており、「坊令大初位下尾張連牛養」は本文と同筆のようであるが、「牛養」の部分は、墨色がやや濃く、字も少し大きい。

【史料】天平五年右京計帳（『大日古』一ノ四九三）

戸主八多朝臣《はたのあそん》虫麻呂戸別項
　八多朝臣広刀自売　年二
　八多朝臣乙姉《おとあね》　年二
　　右件二人、帳の後、生益。
　　　天平五年七月十日文進牛養
　　　　令従七位《じゅしちい》下《げ》上村主石弓《かみのすぐりいわゆみ》
　身役《しんえき》を申すに依り銭を輸さず。　紙
四。　勘すでに以てす。

写真3　『正倉院文書』正集第九巻第十一紙

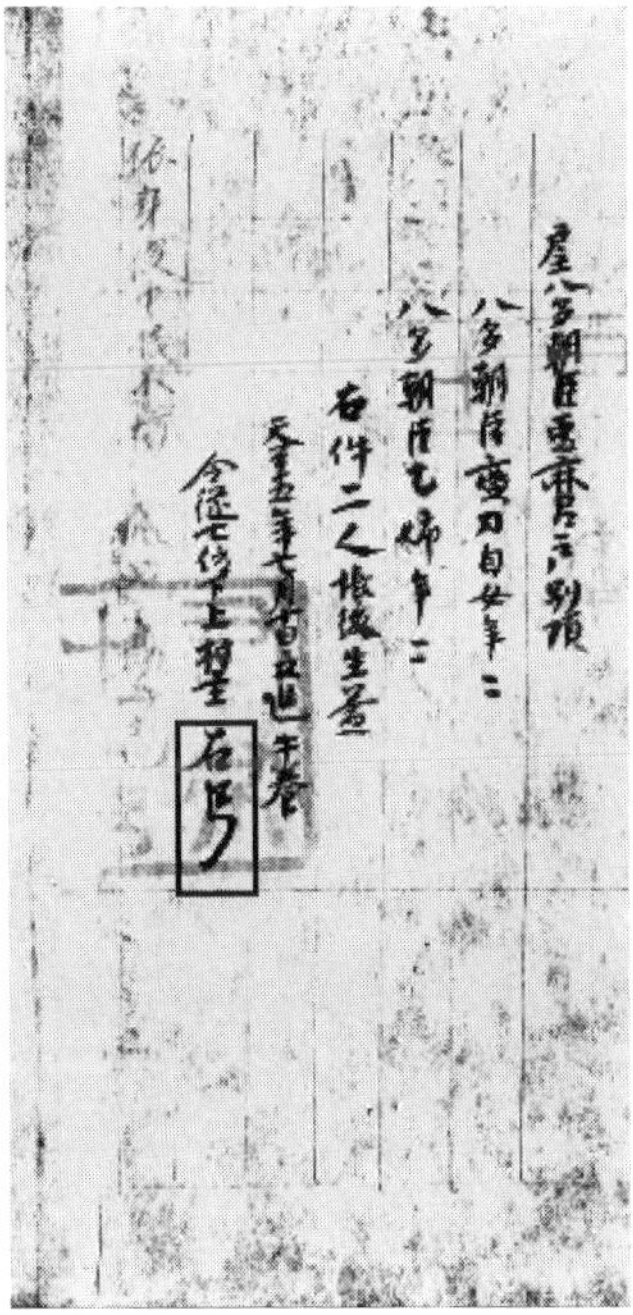

ここでも八多朝臣虫麻呂戸の別項として、広刀自売と乙姉の二人が誕生したことが記され、文進者の「牛養」とは、十七歳の嫡子「八多朝臣牛養」である（『大日古』一ノ四九〇）。「令」とあるのが坊令で、「石弓」の部分は自著と考えられる。この八多朝臣虫麻呂戸は、雑徭を身役、すなわち労働で担うことを申し出たので、徭銭を徴収されていない。また勘査はすでに行われたとして、勘者の名前が記されていない。

尾張連牛養は右京三条三坊の断簡《だんかん》に記載されているので、右京三条の坊令であることがわかる。上村主石弓は八多朝臣虫麻呂《はたのあそんむしまろ》戸手実《しゅじつ》に記載されるが、これは印影や裏面の二次文書から、右京八条一坊の断簡に接続することがあきらかなので、右京八条の坊令であることがわかる（岸俊男「右京計帳手実について」『日本古代籍帳の研究』塙書房、一九九六年、初出、一九七二年）。坊令の位階は、戸令4取坊令条では「正八位上」以下とされているが、彼はそれより一つ上の「従七位下」である。計帳作成過程における坊令の役割はあきらかになっていないが、提出された手実について、坊令が署名していることからも、その内容に責任を持つ立場であったことがうかがわれる。

次に木簡について。坊令として刑部《おさかべ》　舎人《のとねり》　造《のみやつこ》　園麻呂《そのまろ》と文伊美吉牟良自《ふみのいみきむらじ》が見える。

〔史料〕『平城宮発掘調査出土木簡概報』（22）一〇頁

・左京五條進、槐花《かいか》一斗八升

・・坊監中臣《なかとみの》　君足《きみたり》

□〔拾カ〕小子《しょうし》五人功銭十五文功別五升

・　天平八年六月十四日坊令大初《だいそ》位下《いのげ》刑部舎人造園麻呂

この木簡は二条大路南側路肩の東西溝ＳＤ五一〇〇から出土したもので、左京五条の坊令が左京二条二坊五坪内の邸宅（藤原麻呂《まろ》宅）に、槐《えんじゅ》の花を届けた際の進上状である（図1参照、本書17頁）。平城京の朱雀大路の両側には槐が植えられており、槐の花は煎じて薬用にされていた。小子（四～十六歳の男子）五人を雇って集められた槐花は、坊監《ぼうかん》の中臣君足によって貴族の邸宅に届けられた。坊監は「坊長」と考えられる。

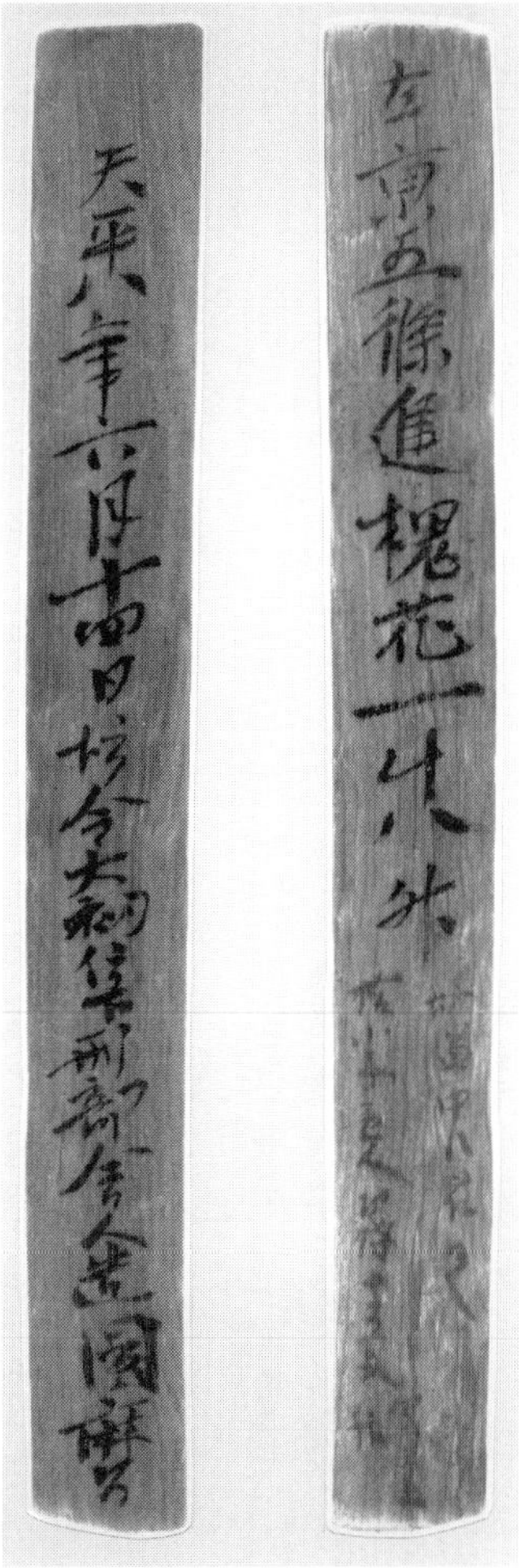

写真4　（奈良文化財研究所提供）

〔史料〕『同』(22) 一〇頁

・右京三條進礫《れき》六斛　乗車二両　一礼比古《いちれいのひこ》□／物部《もののべ》連《のむらじ》加保□

・　天平八年十月二十三日坊令文伊美吉牟良自

これも同じくSD五一〇〇から出土したもので、右京三条の坊令が土木工事用の礫を車二両に積んで一礼比古□や物部連加保□に運ばせ、藤原麻呂邸に届けている。また一方で、貴族が飼育する鷹の餌となる鼠《ねずみ》や雀《すずめ》を京職官人が進上している木簡も数点見つかっている（東野治之「二条大路木簡の槐花―街路樹との関連から―」『長屋大家木簡の研究』塙書房、一九九六年、初出、一九九二年）。このように坊令を含めた京職官人は、槐花や礫、鼠や雀を届けるなど、平城京内に居住する貴族に「行政サービス」を行っているようにみえる。しかし届け先が左右京大夫（左京大夫と右京大夫を兼任）の藤原麻呂邸であるため、単に京職長官の宅に届けていた可能性もある。

いずれにせよ、ここから左京五条の坊令として刑部舎人造園麻呂、右京三条の坊令として文伊美吉牟良自が確認できる。以上のように八世紀の坊令は、五名を確認することができる。そして五名のうち三名が有位の下級官人であること、従七位下の坊令がいること、右京三条の坊令が天平五年～八年の間に、尾張連牛養から文伊美吉牟良自に交替していることがわかる。

4　坊令の仕事

坊令の職掌規定

次に坊令の職掌をみてみたい。坊令の職掌は、戸令に規定される。

［史料］戸令3置坊長条

凡そ京は、坊ごとに長一人置け。四坊に令一人置け。掌らむこと、戸口を検校し、奸非を督《ただ》し察《み》、賦徭を催し駈《つか》はむこと。

坊令も坊長もその職掌は「戸口を検校し、奸非を督《ただ》し察《み》、賦徭を催し駈《つか》はむこと」である。まず「戸口を検校し」について。これは部内（坊令ならが四坊の内、坊長ならば坊の内）の京戸を籍帳によって把握することを指す。戸婚律《ここんりつ》2里長不覚脱漏増減条で「凡そ里長、脱漏を覚えず増減せし者は、一口笞四十、三口に一等を加へよ。杖一百過ぎれば、十口に一等を加へよ。罪徒三年にて止むべし。若し情を知る者は、各家長法に同じ。坊令、里長に同じ」とあり、「不覚脱漏」、不注意で戸籍・計帳から漏れてしまった場合は、一口で笞四〇を科されているように、坊令の段階で戸口を正確に把握することが期待されている。また天平五年右京計帳では、文進者名の後に坊令の名前が記載されており、坊令が戸口の記載内容について責任を持つ立場であった。ただし坊令の記載部分の筆跡をみると、出庭徳麻呂《いでわのとくまろ》戸手実のようにすべて文進者が記している例、秦小宅牧床戸手実のように年月日を含めて坊令自身が自署したとみられる例、あるいは於伊美吉子首《うえのいみきこおびと》戸手実・物部連族五百戸手実のように、手実の筆者がすべて書いたかも知れないが、坊令が名前だけ後に自署したのではないかと疑われる例がある（岸俊男「右京計帳手実について」『日本古代籍帳の研究』塙書房、一九九六年、初出、一九七二年）。

奴婢と家地の売買券

また次の史料も注目に値する。

［史料］天平二十年（七四八）大原真人櫛上《おおはらのまひとくしがみ》奴婢売買券（『大日古』三―一二六）

一条令解す。奴婢《ぬひ》を売買し、券を立つる事を申す。

婢　黒女　年三十三歳

婢　積女《つもりめ》　年八歳

婢　真積女《まつもりめ》　年五歳

奴　積麻呂《つもりまろ》　年四歳

部内三坊戸主正七位下大原真人今城《おおはらのまひといまき》戸口大原真人櫛上《くしがみ》の奴婢

右、櫛上の申状を得るに云く、上件の奴婢、銭二十貫を以て価直に充つ。東大寺に売り遷すこと已に訖りぬ。望み請ふらくは式に依って券を立てんと欲す者り《てへ》。虚実を問はしむに、方、実の状を知る。仍りて証人並びに三綱の名を勒し、申送すること件の如し。謹んで以て解す。

天平二十年十月二十一日賤主大原真人櫛上
証兵部省《ひょうぶしょう》 少丞《しょうじょう》 正七位下大原真人今城《いまき》

これは一条の坊令が、京職に上申した文書である。櫛上の申状が「云く」の後の「上件の」から「者り」の前の「欲す」まで引用されている。つまり櫛上は奴婢を銭二〇貫で東大寺に売却したので、券文（正式な証明書）を作成して欲しいと坊令に申告し、これをうけて坊令が虚実を確かめたうえで、京職に上申したのである。「大原真人櫛上」は、「大原」が名字で、「真人」が姓、「櫛上」が名前である。

古代においては、奴婢の人身売買が行われていた。奴婢は名字や姓を持たないので「黒女　年三十三歳」のように、その名前と年齢とが記されている。彼らは天平二十年（七四八）、一条三坊に本籍を持つ大原櫛上によって、東大寺に売却された。櫛上は券文を作成してもらうため、まずは自身の本籍地を管轄する一条の坊令に申告している。奴婢売買が売主の本籍地の坊令に申請されるのは、それまでこの奴婢たちが、一条三坊の大原今城の戸口の大原櫛上の所有物として戸籍・計帳に登録されていたからである。そして京職によって立券されれば、奴婢売却手続きが終了する。このように坊令は部内の奴婢の移動を把握する立場にあったのである。

京内の土地売買の立券については、長岡京《ながおかきょう》のものがある。

〔史料〕延暦七年十一月十四日付「六条《ろくじょう》令解《れいげ》」（『平安《へいあん》遺文《いぶん》』四号）

六条令解す。家地売買の券文を立つる事を申す。

合家地《やち》一処　長十五丈　広十丈　三坊に在り、長岡京

右、左京六条一坊戸主《こしゅ》従八位下《じゅはちいのげ》石川朝臣今成《いしかわのあそんいまなり》戸口正六位上石川朝臣吉備人《きびひと》解状を得るに偁《いへら》く、已に家地、銭五貫六百文を以て価直《かちょく》に充つ。右京四条三坊戸主御山造《みやまのみやつこ》大成《おおなり》戸口同姓少阿麻女《おあまめ》に売与すること已に訖んぬ。望み請ふらくは、式に依って券を立てんと欲す者《てへ》り。令、申状に依りて勘覆し実を知る。仍りて両人の署名を勒《ろく》し、以って解す。

売人兵部大丞正六位上石川朝臣「吉備人《きびひと》」
買人御山造《みやまのみやつこ》少阿麻女《おあまめ》

保証人
巡察弾正正六位下石川朝臣「弟勝《おとかつ》」
隼人司佑正七位上石川朝臣「清嶋《きよしま》」

延暦七年十一月十四日

右京職判券二通　一通職案　一通買人に給ふ。

本券に依って行ふ。

正六位上行少進勲十一等大伴宿祢「真直《まなお》」
正六位上行少進勲十一等佐伯宿祢「瀧万呂」
正六位上行大属勲七等飯高宿祢《いいだかのすくね》「忍足《おしたり》」

正六位上行少属別臣《わけのおみ》「總万呂《ふさまろ》」

左京六条一坊の戸主、石川朝臣今成の戸口である石川朝臣吉備人が、銭五貫六〇〇文で右京六条三坊の長さ十五丈、広さ十丈の家地を、右京四条三坊の御山造少阿麻女に売却した。売主である石川吉備人がその本籍地の坊令である左京六条令（左京六条の坊令）に申告し、坊令は事実関係を調査したうえで、家地の所在地であり、購入者の本籍地でもある右京職に券文を立てることを要請している。これに応じて右京職は券文を二通発行し、一通は京職に控えとして置き、一通は購入者に発給している。ここでは家地売却においても、まず坊令が調査し事実であれば、京職に券文の発行を要請していたことがわかる。

犯罪の抑止

話をもどして、戸令3置坊長条の坊令の職掌の「姧非を督《ただ》し察《み》」をみていきたい。これは治安維持に関する職掌で京戸のみならず、部内に居住する諸国人をも対象にしている。賊盗律《ぞくとうりつ》15造畜《ぞうちく》条には「凡そ蠱毒《こどく》を造畜し、及び教令《きょうりょう》せらば絞。造畜の者と同居の家口は情を知らずと雖《いえど》も、遠流。若里長、（坊令・坊長も亦同じ）知りて糺《ただ》さずは、徒《づ》三年」とある。部内で蠱毒（＝諸種の虫を容器に入れて互いに食い殺させて、人を害するまじないの手段とするもの）を合成・所有し、また勧めそそのかした者は絞（＝絞首刑）となるが、坊令がこれを知っていながら糺さなかった場合は徒（＝労役刑）三年が科せられた。さらに賊盗律54部内条には「凡そ部内一人盗為《し》、及び盗者《ぬすびと》を容止《ようし》せること有らば、里長、笞《ち》四十。（坊令・坊長も亦同じ)。三人に一等を加へよ。郡の内は、一人に笞二十。四人に一等を加へよ（略）」とあり、部内に一人盗賊が生じたり、かくまったりした場合、坊令は笞（＝むち打ち刑）四〇回が科された。郡司の罰則は笞二〇であるのに対し、里長などは笞四〇であるが、これは郡司の部内が広範囲であることが考慮されている。いずれにしろ、賊盗では盗の発生を、坊令・坊長の段階で抑止することを期待している。

また捕亡令《ぶもうりょう》2有盗賊条には「凡そ盗賊有らむ、及び傷《やぶ》り殺されたらば、即ち随近の官司、坊里に告《ごう》せよ。告聞かむ処、随近の兵及夫を率て、発らむ処より蹤《あと》を尋ねて、登《すなはち》ち共に追捕せよ。（略）」とあり、盗賊があらわれたり、殺人傷害事件が発生した場合は、近くの官司とともに坊里に知らせよ、さらに知らせを受けた官司や坊里は兵や夫を率いて追捕せよ、とある。また闘訟律《とうしょうりつ》59被害家告主司条では「強盗及び殺人、賊発らば、被害の家及び同伍、即ち其主司に告せよ。主司、謂《いうこころ》は坊長坊令里長等。若し家人同伍、単弱は比伍に告せよ。告せずは、一日杖《じょう》六十。主司、即ち言上せずは、一日杖八十。三日杖一百。官司即ち検校し捕逐せざる、及び推避する所有らば、一日徒一年。竊盗は各二等を減ぜよ」とあり、強盗や殺人、また盗賊が発生した場合は、主司（坊令など）に知らせよ、とある。知らせなかった場合は一日で杖（＝杖《つえ》で打つ刑）六〇回、また知らせをうけた主司が上級機関に報告しなかった場合は、一日で杖八〇回、官司が追捕しなかったり、忌避した場合は、一日で徒一年とある。この両条では、盗賊や殺人傷害が起こった場合、坊令が「主司」として通報を受け、関係官司に通報し、追捕に向かうことが期待されている。このように律令では、部内における盗賊や犯罪の発生を抑制することが期待され、また犯罪発生時には官司への通報と犯人の追捕が義務づけられている。

税の取り立てと強制徴集

最後に坊令の職掌の「賦徭を催し駈《つか》はむ」について。これは、京戸に対する租・調・雑徭・兵士・義《ぎ》倉《そう》（災害や飢饉に備えて粟などを徴収し、備蓄する制度）の徴税・徴発を意味する。すなわち計帳に基づいて、京戸から租・調・義倉を徴収し、雑徭や兵士を徴発することである。具体的には、賦役令36調物条に「凡そ調物及び地租、雑税は、皆明らかに、輸《いだ》すべき物の数を写して、牌《ひ》を坊里に立てて、衆庶をして同じく知らしめよ」とあり、さらに公式令《くしきりょう》75詔勅頒行条には「凡そ詔勅頒《わか》ち行はむ。百《ひゃく》姓《せい》の事に関《あづか》らむは、行下《ぎょうげ》にして郷に至らむとき、皆里長坊長をして、部内に巡歴せしめて、百姓に宣《の》び示して、人をして暁《さと》り悉《ことごと》くにあらしめよ」とある。納税においては掲示の札を立てて、輸すべき品名と数量を知らせること、百姓に関する詔勅の内容は、坊長が知らせることになっている。これらはいずれも「坊」や「坊長」の規定ではあるが、坊令の指示のもとで行われていた。

さて兵士徴発の実態を示すものとして、大同《だいどう》四年（八〇九）六月十一日太政官符（『類聚三代格』巻十八、軍毅兵士鎮兵事）がある。このなかで右京職は「雑徭の中、兵士尤も苦し。計帳の日に簡点すると雖《いえど》も、正身を召すに至りて参向せず。僅かに役料を輸し、便人を賄い雇ふ」と述べており、本来、雑徭と兵士は別々のものであるが、ここでは兵士を雑徭の一種として捉え、そのなかでもっとも苦しいものとされている。さらに計帳の日に兵士を簡点（簡《えら》び徴発すること）しても、招集日にあらわれず、僅かな役料を出して他人を代わりに寄こしていることがわかる。ここでは兵士を「計帳の日」に簡点しているが、この時に徭銭《ようせん》（雑徭）・調銭（調）も徴収された。雑徭は年六〇日以内の労働であり、調は繊維製品や特産物を貢納するものであるが、京では早くから銭納が進んでいた。このように坊令は、計帳の日に兵士・雑徭・調を徴税・徴発していたと思われる。京戸から徴税・徴発する租・調・雑徭・兵士・義倉《ぎそう》のうち、残る租と義倉は、賦役令6義倉条に「皆田租と同時に収め畢《お》へよ」とあるように、同時に納入されることが知られる。この時の坊令は納入の立ち会いや、未納した京戸への催促などを行ったと思われる。坊令のこのような活動は一般の京戸からみれば、「京職の支配」を象徴する存在だったであろう。

遺産相続案件の下調べ

戸令3置坊長条以外にも、坊令に関わる規定がある。戸令32鰥寡《かんか》条には「凡そ鰥寡《かんか》、孤独《こどく》、貧窮《ひんきゅう》、老《ろう》疾《しつ》、自存するに能はずは、近親をして収養せしめよ。若し近親無くは、坊里に付《さづ》けて安恤《あんじゅつ》せしめよ（後略）」とあり、鰥《かん》（＝寡夫）・寡《か》（＝寡婦）、孤《こ》（＝孤児）・独《どく》（＝子の無い老人）は、近親者がいない場合、坊や里で養うことが定められている。坊令は彼らを保護し、食べ物などを恵み与えた。この職掌は、今日でいえば「社会福祉」に相当するものである。

さらに訴訟に関する坊令の活動を示す史料として、「家屋資財請返解案《かおくしざいせいへんげあん》」がある。文中に「去宝字□」とみえるので、天平宝字年間（七五七～七六五）のものと思われる。

［史料］「家屋資財請返解案」（『大日古』六ノ一一八）

解す。父母の家并びに資財、奪取せらるに依り、□を請ふ事を申す。

某姓ム甲　左京七条一坊□外従五位下ム甲
合家四区　一区無物　□在左京七一坊
一区　板倉三宇　二宇稲積満　一宇雑物積
檜皮葺板敷屋一□　板屋一宇物在　並父所□
草葺厨屋一宇
板屋三宇　並在雑物□
在右京七条三坊　一区　板□
板屋二宇　□□家
草葺板敷東屋一宇
在右京七条三坊　一区　草葺板倉□
板屋一宇　所□
草葺屋一宇
板屋三宇　並空　釜一口甑三口
馬船二隻　在大和国□
上件の二家、父母共に相ひ成る家なり。
以前ム甲が親父、ム国守に補任して退下し、然る間、去宝字□を以て死去す。然るに父が妹三人、同心して処々に□奪取す。此をム甲、哭き患ひ□間、久しからず在り、しかもム甲が弟□□ム甲が父に従ひて□
彼が参上来なむ時にム甲が□
即ち職の符は久しく汝が申す事□
遣はして所々家屋倉并びに雑物等を□
期限は待たずして更に職の使、条令□
倉稲下并びに屋物等をも□

下部の破損がひどく、文意がつかみにくいが、現代でもよくある遺産をめぐるトラブルである。この文書は名前の部分が「ム甲」と表示されているように、書式として例示されたものである。左京七条一坊の外従五位下のム甲が、その父母から受け継いだ家や資財を列挙し、これらが父の妹三人に奪われたとする。四区の家を持ち、一区はム甲の本籍のある左京七条一坊にあり、他の二区は右京七条三坊、残りの一区は京外にあった。このうち資財が収納された中心的な家は右京七条三坊と京外の家であり、本籍地である左京七条一坊の家が「無物」となっていることが注目される。

これは前述したように京戸が平城京だけではなく京外にも拠点を持っていた証左であり、また後述するように戸籍に登録された本籍地と実際の居住地とが乖離している例である。このム甲の訴えにより左京職が誰かを遣わして「所々の家屋倉并びに雑物等」を調べさせ、また「職の使、条令（＝坊令）」にも「倉稲下并屋物等」を調べさせている。このように遺産相続争いにおいて京職が調停し、坊令がその使として調査していることがわかる。坊令は京職の官人としてその下働きもしていたのである。

人民の教化と訓導

さらに時代が下るが、『延喜式《えんぎしき》』に次の記事が見られる。

〔史料〕『延喜式』巻四十一、弾正式《だんじょうしき》117喚左右京職条

凡そ左右京職を喚して云く、忠以下、京中の道橋及び諸寺の非違《ひい》を検し遣はさんとす。宣しく厳しく条令《じょうれい》（＝坊令）に仰せて、預め便処《びんしょ》を定めて男女を会集すべし。（略）即ち忠以下、彼會所《かのかいしょ》に到らば問ひて云く、京職官人及び坊令等、百姓を冤枉《えんおう》し、長幼を凌侮《りょうぶ》すること有るか。又孝子順孫義夫節婦あるを不とし、又悪女、閭巷《りょこう》を擾乱《じょうらん》すること有るを以て不とするか（後略）

行政を監察し、官人の非違を摘発することを職掌とする弾正台《だんじょうだい》の忠（弾正台の判官）以下の巡検が京内において実施され、その際に坊令があらかじめ住民を会集させていることがわかる。「京職官人及び坊令等、百姓を冤枉《えんおう》し、長幼を凌侮《りょうぶ》すること有るか。又孝子順孫義夫節婦あるを不とし、又悪女、閭巷《りょこう》を擾乱《じょうらん》すること有るを以て不とするか」とある部分は、坊令が京職官人とともに「百姓を冤枉し、長幼を凌侮すること」することを諌められ、「孝子順孫義夫節婦」を奨励・推挙し、「悪女、閭巷を擾乱すること」を取り締まる存在であったことがわかる。「孝子順孫義夫節婦」の奨励・推挙は、孝行な子や孫、義夫、貞節な妻を表彰し税を免除することで（賦役令17孝子順孫条）、儒教道徳の普及を意図している。また「悪女、閭巷を擾乱すること有る」は、淫祀の崇拝（いかがわしいものを神として祭ること）など、人心を乱す行為の取締りを意味した。このように坊令は、困窮民の救済や儒教道徳の普及をも職掌としていたのである。すなわち坊令は、京の末端支配を担う「住民の監理者」であった。

坊令の活動

以上のことから、坊令の職掌をまとめると坊令は、部内の京戸を籍帳によって正確に把握し、部内における盗賊や犯罪の発生を抑止することが期待され、犯罪発生時の官司への通報と犯人追捕の責務を負っていた。そして計帳の日における兵士・雑徭・調の徴税・徴発に関わり、租・義倉の納入の立ち会いや催促をしていた。その他にも鰥寡《かんか》・孤独などの困窮民の救済や儒教道徳の普及、そして淫祀の崇拝などの人心を乱す行為の取り締まりも委ねられた。奴婢・家地の売買や裁判においては、その申請を受付け、詳細を調査し、京職に報告した。また京職の下級職員として、「家屋資財請返解案」のように訴状の調査を手伝い、天平七年左京職符のように、京職の使として東市司に遣わされた。さらに平城宮出土木簡にみたように、槐花《かいか》や礫《れき》、鼠《ねずみ》や雀《すずめ》を藤原麻呂邸に進上していた。坊令は京職の職員としてその支配を実行する者であり、住民と直《じか》に接していたのである。

第二章　長安城の支配

1　壮大な都城プラン

本章では、日本の古代国家が手本とした唐の長安城の都城プランと行政・治安機構をみていきたい（図6参照）。平城京は東西約四・三キロ（外京を含めると六・三キロ）、南北約四・七キロで、平安京は東西約四・五キロ、南北約五・二キロであったのに対し、長安城は東西九・七キロ、南北約八・六キロで、四倍の広さであった。また平城京は朱雀大路の両側くらいにしか坊城（＝土塀・築地）が造られなかったのに対し、長安城では防御のために一つ一つの坊が土塀で囲まれ、出入りのために二つないし四つの坊門《ぼうもん》が設置されていた。

長安城では太極宮《たいきょくきゅう》のほかに、第三代皇帝高宗《こうそう》のときに大明宮《だいめいきゅう》が造営された。大明宮が竜朔《りゅうさく》三年（六六三）から唐末にいたるまでの二四〇年、歴代皇帝の本拠地として意義を持ったのに対し、太極宮はほとんど象徴的な存在となった。そして第六代玄宗《げんそう》は開元二年（七一四）には大明宮東南の興慶坊に第三の宮殿である興慶宮《こうけいきゅう》をつくり、開元十六年（七二八）以降はここに常居した。その後、太極宮・大明宮・興慶宮は、城の東南角にある遊覧の地、曲江・芙蓉園と挾城《きょうじょう》（皇帝専用の高架道）・複道で連結され、

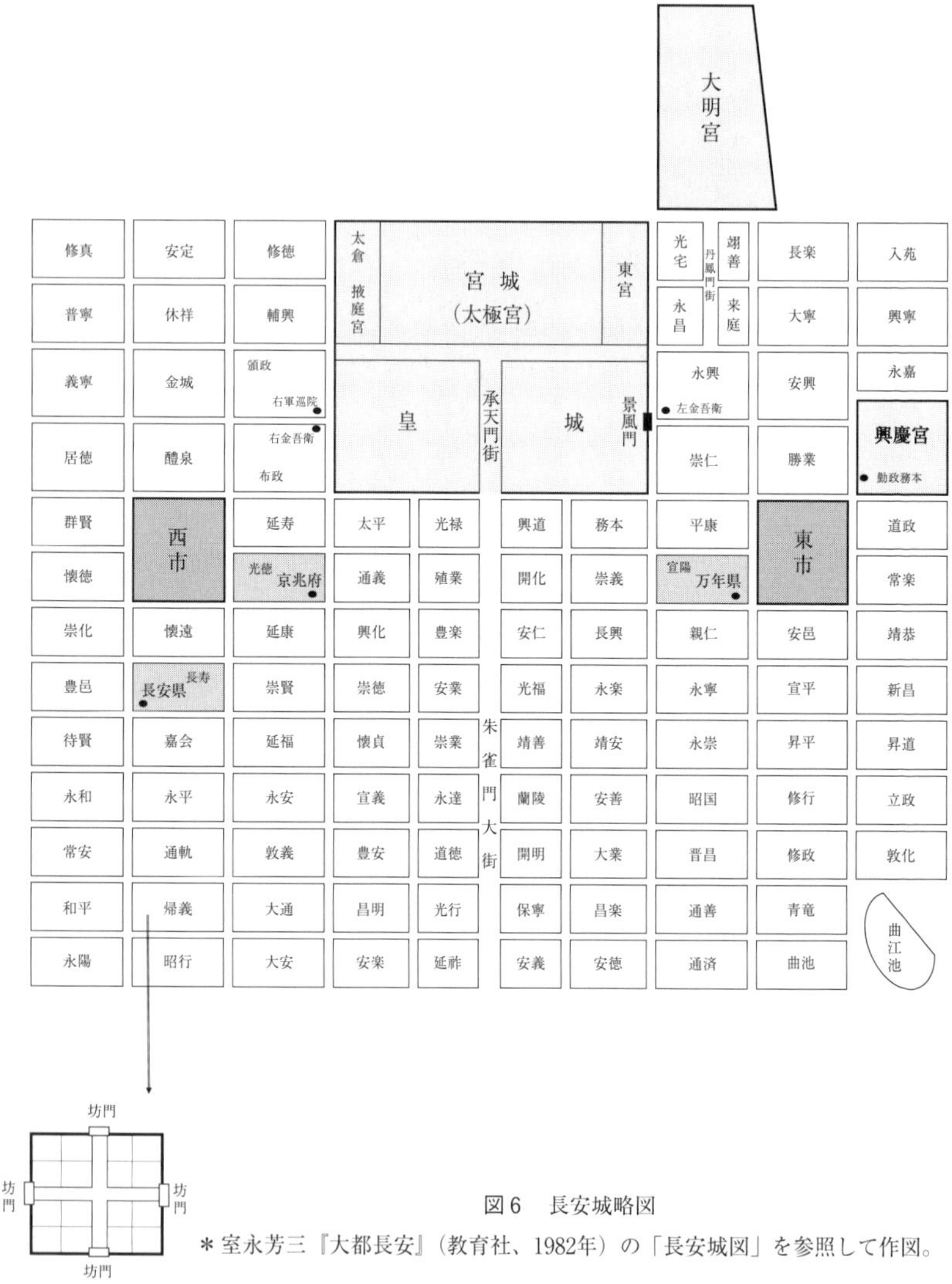

図6　長安城略図

＊室永芳三『大都長安』（教育社、1982年）の「長安城図」を参照して作図。

一般の人に知られることなく、往復できるようにされた。大明宮と興慶宮が城の東部に設けられたので、貴族たちは朝にのぼる都合上、朱雀門大街の東側、つまり万年県の管轄区に居住することを欲した。とくに永嘉《えいか》坊《ぼう》には、公卿・王侯・公主たちが争って住もうとした。さらに宮城に近い翊善《よくぜん》・来庭《らいてい》・永昌《えいしょう》・永興《えいこう》・大寧《だいねい》・興寧《こうねい》・修徳《しゅうとく》・輔興《ほこう》・頒政《はんせい》などの諸坊には宦官《かんがん》が住んだ。また崇仁《すうじん》坊は北街が皇城の景風門にあたり、尚書省の選院と近く、また東市ともつらなっているので、各地から長安にやってくる人は、まずこの坊に足をとめることになり、昼夜を問わず賑やかであった。一方、朱雀門大街の西側、つまり長安県の管轄区は街西と称され、比較的身分の低い官吏や商人たちが住んだ。

　第一章では律令から京職と坊令の職掌についてみてきたが、これは日本独自の制度であった。日本では、平城京や平安京などの京を管轄する支配機構として京職が設置されていたが、唐の長安城は周辺の郷村を含めて行政区画をなしており、朱雀門大街を境に東側が万年県、西側が長安県であった。この万年・長安両県はさらに京兆府に包括されていた。また長安城内では、坊のなかに里正《りせい》と坊正《ぼうせい》とが存在した。つまり日本では、京に坊令・坊長、諸国に郡司・里長と区別されていたが、長安城では、里正と坊正とが並存した（図3参照、本書18頁）。そして都城の治安機構としては、金吾《きんご》衛《えい》の左右街使《がいし》や街卒《がいそつ》・坊《ぼう》卒《そつ》、御史《ぎょし》台《だい》の左右巡使《じゅんし》も関わっていた。

　本章においては、佐藤武敏『長安』（近藤出版社、一九七一年）と室永芳三「唐都長安城の坊制と治安機構（上）（下）」（『九州大学東洋史論集』二・四、一九七四～七五年）をもとに日本と唐との違いを指摘し、その理由について考察したい。

2　京兆府と万年県・長安県との関係

府と県

京兆府は、『旧唐書《くとうじょ》』（巻三十八、志第十八、地理一）によれば、万年・長安県以下十八〜二十三の県を領しており、大規模な組織であった。職員数は総計三五九人で、その庁舎は光徳坊の東南隅にあった。京兆府の長官「牧」は「宣風導俗、粛清所部」を職掌とし（『通典』巻三十三、職官十五）、その品階は、地方長官の最高位であった。そして欠員の場合は、「以貳牧之事」「衆務を総理す」「府務を通判し、牧欠《か》くれば則ち其事を行ふ」を職掌とする尹《いん》が統括し、さらにその下に少尹が存在した。

長安城では、『旧唐書』（巻三十八、志第十八、地理一）に「朱雀街東五十四坊、万年県之を領す。街西五十四坊、長安県之を領す。京兆尹、其事を総す」とあるように、朱雀門大街の東の五四坊が万年県、西の五四坊が長安県の管轄で、これを京兆府が統括していた。しかし長安城だけで、一つの行政区画をなしているのでなく、万年県も長安県も長安城とその周辺の村落を含めて行政区画としていた。万年・長安両県は、それぞれ一八一人の職員を規定しており、庁舎は宣陽坊の東南隅と、長寿坊の西南隅にあった。

計帳作成時の役割分担

唐においては戸籍は三年に一度、計帳は毎年作成され、この戸籍・計帳によって人民が把握されていた。『唐令拾遺《とうれいしゅうい》』戸令二一条によると、「諸《およ》そ歳ごとに一たび計帳を造れ。里正、所部の手実を責《せ》め、具《つぶさ》に家口年紀を注《しる》せ」とあり、毎年造られる計帳では里正が手実を責めるが、三年ごとに作成される戸籍は、「諸そ戸籍は三年に一たび造れ。正月上旬より起きて、県司、手実・計帳を責め、州に赴きて、式によって勘造せよ」（『唐令拾遺補《とうれいしゅういほ》』戸令二二乙条）とあって、県司が手実・計帳を責め、州に赴いて書式に従い作成することになっている。また「州県各一通を留めよ」とあり、作成された戸籍は、府と県とが持っていた。そして戸婚律3州県不覚脱漏条で「諸州県、脱漏増減、覚えずは県内十口に笞三十。（中略）州は管する所の県の多少に従い、通計して罪とせよ」とあり、不注意で戸口を脱漏した場合、県は十口につき笞三〇が科され、州は管轄する県の数に従って罪を科された。このように戸口の脱漏で罰せられたのは、県や州の官人であった。『唐六典《とうりくてん》』（巻三十、三府督護州縣官吏）では「管する所の戸、其資を量り、其強弱を類し、定めて九等とせよ。其戸、皆三年に一たび定めて、以って籍帳に入れよ。若五九（以下、注略）、三疾、及び中、丁多少、貧富強弱、虫霜旱澇《ちゅうそうかんろう》、年収耗実、過貌形状及び差科簿、皆親しく自ら注し定めよ（後略）」とあり、県令が自ら貌閲《ぼうえつ》して戸等を定めることになっている。すなわち管轄する県の戸口の資産や丁の人数、障害者や病人の有無にいたるまで掌握することを求められているのである。また兵役や労役に徴発することが可能な丁を記した差科簿も、県令が親しく自ら定めるとする。

以上のように行政面においては、戸籍や差科簿の作成や田の収受などの人民支配に関する直接的な実務にあたっていたのは、県であり、府はこれらを統べ、また監視にあたっていたと思われ、両者の間には職務内容に明確な区分があった。

それぞれの治安維持活動

四周を城壁に囲まれ、城内の一つ一つの坊も土塀が築かれていたように、長安城の都城プランは防御を重視していた。そして外敵を監視すると同時に、長安城の坊内からの盗賊や無法者の発生も警戒していた。築山治三郎氏は、実際の長安城の統治において、一番重要であったのは治安の確保であったとする（「京兆尹とその統治」『唐代政治制度の研究』創元社、一九六七年、初出、一九六五年）。

唐の賊盗律54部内容止盗条・捕亡令17容止他界逃亡条では、里正・坊正と同様に部内から盗が生じたり、かくまったりした場合、また他界から逃亡した浮浪者などを逗留させた場合は、州・県も処罰の対象になっていた。『旧唐書』（巻一百六十五、列伝第一百一十五、王正雅）には、長安県令の王正雅《おうせいが》が豪強を抑圧し、弱きを扶けて善政を行ったこと、『旧唐書』（巻一百、列伝第五十、李朝隠）には、第五代・第八代皇帝睿宗《えいそう》の世（六八四～六九〇、七一〇～七一二）、宦官《かんがん》が長安県に入って請託《せいたく》（特別な計らいを頼み込む）を行い、貨賄《かわい》を民から収奪していたので、長安県令の李朝隠《りちょういん》が宦官を捕らえたことなど、長安県令の活躍を記す。一方、京兆尹《けいちょういん》については『旧唐書』（巻一百六十四、列伝第一百一十四、楊於陵）に、禁軍（皇帝が座する禁城を守る軍）は編戸を占め、丁を徴発していたが、京兆尹の楊於陵《ようおりょう》が制限を加えたこと、

『旧唐書』（巻一百五十四、列伝第一百四、許孟容）には、元和四年（八〇九）、神策禁軍が富商から多額な金品を横領したのに対し、京兆尹の許孟容《きょもうよう》が取り締まったことなど、その活躍も記されている。

このように京兆府、万年・長安県の職務は、盗賊などの取り締まりのみならず、宦官や禁軍の横暴をも制止して秩序を保つことであった。そして行政機構は「京兆府—万年・長安県」となっているものの、京兆尹は直接、禁軍の横暴を取り締まっており、また長安県令《けんれい》も京兆府の意向を伺うことなく、独自の判断で取り締まっていた。以上のように治安面においては、京兆府や長安県が、それぞれ独自に長安城内の横暴を取り締まっていたのである。

3　里正・坊正と京兆府・長安県・万年県との関係

里正と坊正

長安城では、百戸を単位とした里正と、坊（土塀で囲まれた居住地区）の区画を単位とした坊正とが並存していた（図3参照、本書18頁）。

［**史料**］『**唐令拾遺**』戸令《これい》一条

諸《およ》そ戸、百戸を以て里と為す。五里、郷を為す。四家、隣を為す。五家、保を為す。里毎に正一人を置け。（注略）掌ること、戸口を按比《あんひ》し、農桑を課植し、非違を検察し、賦役を催駈す。邑に居る者は坊を為せ。別に正一人を置け。掌ること、坊門を管鑰し、姦非を督察す。並びに課役を免ず。田野に在る者は村を為す。村別に村正一人を置け。其村百家に満たば一人を増置す。掌ること、坊正に同じ。（後略）

このように一〇〇戸毎に里正一人を置き、さらに邑に住む者は坊ごとに坊正一人、田野に住む者は村ごとに村正一人を置いている。つまり長安城では、百戸を単位とした里正と、坊という土塀で囲まれた区画を単位とした坊正とが併存していた。すなわち唐では自然区分（坊・村）と人為区分（郷・里）とが存在し、坊城で囲まれた区画である「坊」ごと坊正が設置されるとともに、都城においても「一〇〇戸＝一里」制が貫徹し、里正が併設されていた。

［史料］『唐令拾遺』戸令五条

諸そ里正《りせい》は、県司《けんし》、勲官《くんかん》六品以下白丁にして清平強幹《せいへいきょうかん》なる者を選びて充てよ。其次を坊正《ぼうせい》と為よ。若し当里人無くは、比隣里簡用《かんよう》することを聴《ゆる》せ。其村正《そんせい》は白丁を取りて充てよ。人無き処は、里正等、十八以上中男残疾《ちゅうなんざんしつ》等を取りて充てよ。

里正・坊正は、県司が任用することとなっており、もっとも適した者をまず里正に任命し、次点を坊正に任命せよ、とあり、里正の方が坊正よりも重視されていた。そして佐藤武敏氏は、『長安志』（巻十、西市条）に「長安県、領する所、四万余戸。万年に比し、多と為す。浮寄流寓（流民など）は、勝《あ》げて計ふるべからず」とあることから、四万戸を長安県が管轄していた五十九郷で割って一郷平均七百戸とする。里正が一〇〇戸に一人置かれたと考えると、長安城の各坊には、坊正一人と里正七人が存在したことになる。

里正・坊正の職掌をみると戸令一条によれば、里正の職掌は「戸口を按比し、農桑を課植し、非違を検察し、賦役を催驅する」ことであり、坊正の職掌は「坊門を管鑰し、姦非を督察す」である。宮崎市定氏は「里正は警察的職務も有するが寧ろ重きは財政的職責なるに対し、坊正は専ら警察的任務のみを負わされている」と述べる（「漢代の里制と唐代の坊制」『宮崎市定全集』第七巻、岩波書店、一九九二年、初出、一九六二年）。一方、日本の坊令の職掌はどうであったか。

［史料］戸令3置坊長条

凡そ京は、坊ごとに長一人置け。四坊に令一人置け。掌らむこと、戸口を検校し、奸非を督《ただ》し察《み》、賦傜を催し駈《つか》はむこと。

坊令も坊長もその職掌は「戸口を検校し、奸非を督《ただ》し察《み》、賦傜を催し駈《つか》はむこと」である。この職掌は、唐の里正と坊正の職掌を継承している（『唐令拾遺』戸令一条）。くりかえしになるが、唐では自然区分（坊・村）と人為区分（郷・里）とが存在し、都城においては土塀で囲まれた区画である「坊」ごとに坊正が設置されるとともに、一〇〇戸ごとに里正が併設されていた。そして唐では人為区分を主としていたので、坊正の職掌が警察的機能のみであるのに対し、里正は財政的機能をも職掌としていた。しかし日本は「坊」のみを採用したので、坊令が里正・坊正の双方の職掌を継受することになった。

さらに唐の里正や日本の里長が「賦役」とされているのに対し、坊令・坊長が「賦徭」となっているのは、京で庸が免除されていたからである。また坊令・坊長が里正の「課殖農桑」を継受しなかったのは、京には口分田が存在しなかったからであり、坊正の「坊門管鑰」を継受しなかったのは、日本では坊城が朱雀大路の両側にしか設けられなかったのが理由であろう。しかし一方で、『訳注日本律令』衛禁律越垣及城条の疏に「謂国郡の城主鑰を執る者、法式に依らず開閉するは、越罪と同じ。其坊令市正、時に非らざるに開閉するは、亦城主の例に同じ」とあり、北村優季氏が指摘するように、坊門を不適切に開閉した場合の刑罰があるのに、坊令の職掌に「坊門管鑰」がないという矛盾が生じている（「日唐都城比較制度試論」『平城京成立史論』吉川弘文館、二〇一三年、初出、一九九二年）。また一方では岸俊男氏が指摘したように、日本の田令23班田条・戸令18造計帳条では、唐令の「里正」を「京国官司」に置き換え、坊令の責任を軽くしているのである（『唐令拾遺』田令二三条・戸令二一条、「日本における『京』の成立」『日本古代宮都の研究』岩波書店、一九八八年、初出、一九八二年）。

注記：近年では、平城京の街区の周囲に区画施設（築地塀・掘立柱塀・土塀・溝）があったと考えられている（井上和人「平城京の坊墻制（予察）―平城京街区区画施設の実態―」『奈良文化財研究所紀要』二〇〇七年）。

里正の活動

里正と県の関係については、『唐令拾遺』戸令五条に「里正は県司、勲官六品以下白丁にして清平強幹なる者を選びて充てよ。其次を坊正と為よ」とあるように、里正や坊正を選出するのは、県司であったことが注目される。そして『唐令拾遺』戸令二一条・『唐令拾遺補《とうれいしゅういほ》』戸令二二乙条に見られるように、里正に人民の手実を提出させ、県はこれを基にして、戸籍を作成する。また天聖田令《てんせいでんれい》の不行唐令《ふこうとうれい》25条では、田の収受に際して、里正に簿を造らせ、県はこれを基にして、「退くべき受くるべき人」を総集させている。

治安維持においては『大平広記《たいへいこうき》』（巻三百九十、奴官家）では「県令、里正をして賊を逐はしむ」とあり、実際に県令が里正を駆使して、盗賊を追補していることが知られる。県は、業務を遂行するうえで、里正と密接に関わっていた。船越泰次氏は、長安四年（七〇四）九月に建立された『金石萃編《きんせきすいへん》』（巻六十五、唐二五）所載の「百門陂碑」（河南省輝県《きけん》）から、州県の録事・佐史等と里正との間に、同宗的・血縁的連関が存在していることを指摘している（「唐代均田制下における佐史・里正」『唐代両税法研究』汲古書院、一九九六年、初出、一九六八年）。しかし日本では坊令は京職の職員であるのに対し、『唐六典』（巻三十、三府督護州県官吏）では、万年県・長安両県の職員のなかに里正は含まれていない。

次の史料は、里正と県との関係を考える上で参考になる。

［史料］『太平広記』巻二百六十三、帳幹等

上都の市肆の悪少、率髡して膚箚し、衆物の形状を備う。諸軍に恃み、拳を張りて彊刧し、蛇を以て酒を售い、羊甲を捉りて人を撃つ者有るに至る。京兆尹の薛元賞《せつげんしょう》、上ること三日にして、里長をして潜かに三十余人を捕約せしめ、悉く杖殺し、市に尸す。市人の点青する者有れば、皆灸りて之を滅す。（後略）

武宗の永昌《えいしょう》年間（八四一～八四六）のこと、大寧坊にいる張幹という無頼《ぶらい》（不法な行いをする者）がおり、左腕に「生くるに京兆尹を怕《おそ》れず」、右腕に「死するも閻魔王を畏れず」と彫った刺青《いれずみ》を誇ってた。しかし薛元賞《せつげんしょう》が京兆尹となると、ただちに里正を督して、張幹をはじめ無頼三〇余人を逮捕し、市において杖死させ、死体はそのまま曝《さら》したので、刺青のある無頼は、あわてて焼き消したとある。里長（＝里正）を使って無頼を捕縛しており、京兆府による里正の動員がみられる。ただし里正のみで数十人を相手とするような追捕や捕縛が行われたとは到底みなせず、その背後には地方行政機関から動員された追捕要員の協力があったものと思われる（石野智大「唐代郷里制下における里正の治安維持活動」『駿台史学』一四〇、二〇一〇年）。つまり里正はその職掌上、日常的に人民を監察し、把握していたのであり、その時々の京兆府や万年・長安県の要請によって連携していたものと思われる。次の史料では、京兆尹が一斉捜索（＝大索《たいさく》）に際して「団保《だんほ》」（＝住民の保伍団結）の指示を出している。

［史料］『新唐書《しんとうじょ》』巻五十四、志第四十四、食貨四

京兆尹裴武《はいぶ》、商賈に飛銭を与える者を禁ずることを請ふ。諸坊を廋索して、十人保を為す。

京兆尹が、商人のために飛銭（＝為替手形）を扱うことを禁止し、城中捜索を行い、十人ずつ保をつくらせている。この記事では、京兆尹が直接、住民に保制をつくらせている。室永芳三氏が指摘するように、このような住民の保伍団結が可能であったのは、里正や坊正をはじめとする住民の自治組織が機能していたからである。

以上のように里正は一〇〇戸ごとに、坊正は坊ごとに任命され、それぞれ行政の最末端に位置していたが、県や府からは独立した存在であった。つまり里正も坊正も有力者であり、住民の自治組織の代表者として、末端支配を請け負っていたのである。

4　坊正と金吾衛の役割分担

左右街使の活動

長安城の防備は南衙《が》と北衙の軍隊が担当し、南衙は諸衛の宮の南に駐屯し、北衙は北軍の禁苑にあった。南衙には左右十二衛、すなわち左右衛・左右驍《ぎょう》衛・左右武衛・左右威衛・左右領軍衛・左右金吾《きんご》衛《えい》があり、各衛は折衝府《せっしょうふ》を管轄する。このうちの左右金吾衛は長安城の警察活動を職務とした禁軍で

あった。金吾衛配下の左右街使は、『新唐書』（巻四十九上、志第三十九上、百官四上）で「六街を分ち察て徼巡す」を職掌とし、坊城の合間を走る「街路」の守衛を職掌としていた。左右街使の初見は、室永芳三氏によると『冊封《さっぷ》元亀《げんき》』（巻一百五十九、帝王部、革弊二）開元《かいげん》二十九年正月丁酉条に「詔して曰く、古の送終、尚《たっと》ぶ所、倹なり。比来習俗、漸《しだい》に奢に至る。（中略）自今已後。其葬事に縁り、礼法に依らざる者有らば、所由を州県并びに左右街使に委《ゆだ》ね、厳しく捉搦《そくじゃく》を加へ、一切禁断すべし。（後略）」とあり、左右街使が葬儀の奢侈化の取り締まりにあたっていることが知られるので、少なくとも開元二十九年（七四一）以前に設置された。

さて『新唐書』（巻四十九上、志第三十九上、百官四上）の左右金吾衛の項によれば、「左右街使、掌ること六街を分ち察て徼巡す。凡そ城門坊角、武候の鋪《ほ》有り。衛士、彍騎《かくき》分ちて守る。大城門百人、大鋪三十人、小城門二十人、小鋪五人、日暮、鼓八百声して門閉める。乙夜《いつや》（午後九時〜十一時ごろ）、街使、騎卒を以て循行《じゅんこう》して叫び呼ぶ」とあるように、諸城門及び坊角の武候（＝金吾衛の旧名）鋪では、衛士・彍騎が守衛し、左右街使はこれらを管轄し、夜間には騎卒を率いて巡警していた。また衛禁律24越州鎮戍等垣城条の「若し擅《ほしいまま》に門を開ける者」に対する疏議にも「又監門式に依る、京城夕ごとに、街を分ち鋪《し》き、更に持って行夜す。鼓声絶えれば、則ち人行くを禁ず。暁鼓声動かば、即ち行くを聴せ」とあり、街ごとに警備兵の駐屯所を立て、夜間の巡警を行っていることが知られる。室永芳三氏は、街鋪は大街の交差点の隅に建っていたとしているが、この街鋪にも金吾衛の兵卒（＝街卒）がいたのである。

そしてさらに『資治通鑑《しじつがん》』（巻二百五十四、唐紀七十）中和《ちゅうわ》元年（八八一）八月条に「（前略）宝、之を詬《そし》りて曰く、彼此《かれこれ》江を夾み、節度使と為す。汝大臣と為す。我豈に坊門の卒か（後略）」とあり、その胡注（胡三省《こさんせい》による注）に「長安城中百坊。坊皆垣有り。門有り。門皆守卒有り」とあるように、坊門《ぼうもん》を守る守卒、坊門卒（＝坊卒《ぼうそつ》）が置かれていた。雑律18犯夜条の「其坊街に直宿」の疏議《そぎ》に「謂《いふこころ》は諸坊、まさに閉めるべきの門、諸街守衛の所、当に直宿有り」とあり、彼らが不寝番をしていたことがわかる。室永芳三氏によれば、大街を守衛した軍隊は金吾衛であったから、坊門の守卒も同じ金吾衛の兵卒が守衛していたとする。つまり金吾衛は、大街の交差点の隅に街鋪《がいほ》を置き、街卒を配置し、また坊門には坊卒を配置していたのである。

坊正と左右街使の役割分担

長安城では坊内の警察業務は坊正、街路は左右街使というように役割が分担されていた。左右街使が街路を担当することは、たとえば『太平広記』（巻二百六十三、長孫昕）に「唐長孫昕《ちょうそんきん》。皇后之妹の夫なり。妻の表兄《ひょうけい》（＝いとこ）楊仙玉《ようせんぎょく》とともに、馬に乗ること二十余騎。並列して瓜を撾《う》つ。街中において行く。御史大夫李傑《りけつ》、坊内に在りて姨母《いも》（＝おば）に参る。僮僕、門外に在り。昕《きん》、仙《せん》の郎とともに、奴をして傑《けつ》の左右を打つ。傑、出で来たる。並びに波《なみたち》て按《おさ》へて頓《とん》す。須臾《しゅゆ》にして金吾及び万年県官並びに到る。之を禁じて県に送る」とある。ここでは長安城の街路で起こった出来事に、万年県とともに金吾衛が駆けつけている。さらに『資治通鑑』（巻二百三十九、唐紀五十五）元和《げんわ》十一年（八一六）十一月庚子条に「若し街衢に於いて死すは、金吾街使、奏すべし。坊内に在らば、左右巡使、奏すべし」とあるように、街衢で死者が出た時は左右街使が奏上することになっており、九世紀になっても依然として金吾衛が長安城の街路を管轄していたことがわかる。

里正・坊正と街卒・坊卒の役割分担

本来は坊門の鍵の保管と開閉は坊正、街路の巡警は街卒、坊門の守備は坊卒という役割分担があった。雑律18犯夜条の疏議に「宮衛令、五更《ごこう》三籌、順天門にて鼓を撃ち、人の行くを聴す。昼漏尽き、順天門にて鼓四百槌を撃ち訖れば、門を閉づ。後ち更に六百槌を撃ち、坊門皆閉じ、人の行くを禁ず」とあり、順天門の鼓声を合図に坊門が閉じられる。そして『唐会要《とうかいよう》』（巻七十一、十二衛）宝応《ほうおう》元年（七六二）十月二十八日条に「左金吾将軍臧希晏《ぞうきあん》奏す、諸街鋪の鼓、比来漏刻に依りて声を発す。朝堂より発りて、遠処、毎《つね》に夜に至りて纔《わずか》に到る。伏して望むらくは、今日已後、常式《じょうしき》の一刻を減じて発声し、庶の違犯を絶たん。勅旨、奏に依れ」とあるように、街鋪にも鼓が置かれ、順天門の鼓に合わせて、街卒が街鼓を打っていた。すなわち坊正は、街卒の鼓声を合図に坊門の開閉と施錠を行っていたと思われる。

また衛禁律24越州鎮戍等垣城条の「若し擅《ほしいまま》に門を開ける者」の律文に対する疏議に「其れ坊正・市令の時に非ず坊・市の門を開閉する者は、亦た城主之法に同じ」とあり、坊正が勝手に坊門を開いた場合は処罰された。続いて「即ち是れ故あらば開くを許す。（中略）喪病のすべからく相ひ告赴し、医薬を求訪し、本坊の文牒を齎《もた》らす者も亦聴す」、「其れ行くを聴すべき者は、並びに為に坊・市の門を開くを得」とある。つまり坊門が閉ざされた後に、喪や病を知らせたり、医師や薬を求めるなどの目的があって文牒（＝通行証）を持ってきた者には、坊正が鍵で門を開けることになっていた。室永芳三氏は、この文牒は里正が発行したものとする。すなわち喪や病の告知など特殊な事情で坊外に出る時は、里正が文牒を発行し、坊正はこれを確認した上で坊門を開け、そして街卒・坊卒の了承のもとに坊外に出ることができたのである。このように、坊門の閉鎖時に坊外へ出る場合は、里正・坊正・街卒・坊卒がともに関わっていたのである。

里正・坊正と金吾衛の関係

金吾衛は左右街使や街卒・坊卒を配下に置き、長安城の治安に深く関わっていた。『新唐書』（巻一百五十二、列伝第七十七、武元衡）には「邏《ら》司《し》伝譟《そう》す、盗、宰相を殺す。十余里に連なる。朝堂に達す。（略）金吾、府、県に詔して大索す（略）」とあり、元和《げんわ》十年（八一五）宰相武《ぶ》元衡《げんこう》が暗殺された際に、京兆府、万年・長安両県とともにに金吾衛にも大索が命じられている。大索とは坊市の庶民の住居はもちろんのこと、公卿の屋敷まで徹底的に行う捜査のことである。先に一斉捜索（＝大索《たいさく》）に際して、京兆尹が「団保《だんほ》」（＝住民の保伍団結）の指示を出し、これは住民の自治組織とその代表である里正・坊正が機能し、彼らの協力により成り立っていたことを指摘した。大索を命じられた金吾衛も同様に里正・坊正の協力を得ていたと思われる。つまり里正・坊正は恒常的に金吾衛の管下にあったわけではなく、自治組織の代表として、京兆府や万年県・長安県の場合と同様に金吾衛にも協力していたのである。

5　左右巡使の権限強化

左右巡使の活動

御史台《ぎょしだい》は長官の御史大夫、次官の御史中丞とその下の台院・殿院・監察院の三院とから構成され、台院の侍御史《じぎょし》は、官僚の不正の摘発と取調べ全般を担当し、殿院の殿中侍御史は、主に儀式の際の非違を糺し、監察院の監察御史は地方官の監視を主な任務とした。左右巡使は当初は、監察御史に属し、開元初めに殿中侍御史に移る。

室永芳三氏によれば「殿中侍御史は、初め宮廷・鹵簿《ろぼ》（儀仗を備えた行幸・行啓の列）・禁衛についての非違を糾察する外は侍御史と同じであったが、刑獄は推鞫《すいきく》（罪人を取り調べること）しなかった。それが開元初より、侍御史の権限の拡大とともに、庫蔵の出納から京城内の巡察、更には京畿諸州の禁軍も管轄下に置き、刑獄をも分掌して副端とも称せられた」とし、「開元初年、殿中侍御史が左右巡に任じられたことにより、左右巡そのものの職権にも伸張があった」とする。『通典《つてん》』（巻二十四、職官六、監察御史）では、左右巡使が、長安城を承天門街・朱雀門大街で分けて違失を糾察し、また刑部・大理・金吾・県獄のみならず、東西徒坊にいたるまでを査察の対象としており、一般庶民をも含んでいることがわかる。さらに『唐六典《とうりくてん》』には次のようにある。

［史料］『唐六典』巻十三、御史台、殿中侍御史

凡両京城内則ち分ちて左、右巡を知る。各其巡る処の内を察て、不法の事有らば、謂は左降、流移を停めて匿《かく》して去らず、及び妖訛《ようか》、宿宵《しゅくしょう》、蒲博《ほはく》、盗窃、獄訟、寃濫《えんらん》、諸州綱典貿易、盗を隠す、賦斂法式の如くせず、諸此の類、咸《ことごと》く挙げ按《かんが》えて之を奏す。（後略）。

ここでは左右巡は流降人の停めて匿して去らず、妖訛・賭博・盗窃の風俗取締り、京府県の獄訟・寃濫の糾察、諸州の綱典貿易や賦斂の違法の督察を職掌としていた。すなわち左右巡使は広範囲に及ぶ警察取締権を有し、その職権が、坊内の庶民層にまで及んでいたのである。さらに『資治通鑑』（巻二百三十九、唐紀五十五）元和十一年（八一六）十一月庚子条の左右巡使の職掌に「坊皆垣有り門有り、昼夜鼓声に随い、以て啓閉《けいへい》（＝開閉）して行く。巡使、左右街百坊の内を掌る。謹んで啓閉、徼巡《きょうじゅん》する者也」とあり、本来、坊正の職掌である坊門の開閉を、巡使がつかさどっていることが窺われる。またくりかえしになるが、『資治通鑑』（巻二百三十九、唐紀五十五）元和十一年（八一六）十一月庚子条において、京兆尹が神策軍の小将を杖殺したことで、天子に詰問された時に、「若し街衢において死すは、金吾街使まさに奏すべし。坊内に在りては、左右巡使まさに奏すべし」と述べている。すなわち街使は街路の、巡使は坊内の警察権を担当するという分担ができている。室永芳三氏の指摘するように、坊正の坊門の開閉と坊内の警察的業務の職掌が、左右巡使に吸収されていくのである。

以上のように本来、左右巡使は官僚を糾察の対象としていたのであるが、次第にその対象は庶民層を

含むようになり、また坊正の職掌であった、坊門の開閉と坊内の警察的業務を担うようになるのである。

里正・坊正と左右巡使の役割分担

左右巡使は、一般庶民まで監察するようになったため、里正・坊正の職掌と重複するようになるが、本来は、内外の官僚の監察を職掌としていた。『冊府元亀』（巻一百五十三、帝王部、明罰）元和四年（八〇九）五月条では、「長安県令鄭易《ていえき》、擅《ほしいまま》に永平坊において渠を開く。汁州《じゅうしゅう》刺史《さつし》に貶《おと》す。京兆尹の楊《よう》憑《ひょう》、奏聞こえずを以て一月俸料を罰す。左巡使殿中御史の李建《りけん》、察《み》て覚えず、両月俸料を罰す」とある。この記事では、永平坊内に許可なく水門を開いた長安県令の行為が咎められ、京兆尹と左巡使が処罰されている。すなわち京兆尹が「不レ聞レ奏」で奏上しなかったこと、左巡使が「不レ覚レ察」で気づかなかったことが理由であったように、巡使は長安城を治める官僚を監察する義務があったのである。

先述したように、賊盗律54部内容止盗条や捕亡令17容止他界逃亡条から部内から盗が生じたり、かくまったりした場合、または他界から逃亡した浮浪者などを逗留させた場合に、里正や坊正は処罰される。左右巡使は、府や県の官僚とともに、里正・坊正をも監察の対象としていた。したがって左右巡使も「坊正・里正の上に立って治安維持にあたる政府機構」ではなく、里正・坊正を監察することを職掌とする政府機構だったのである。このように本来、左右巡使は、里正・坊正をも含めた長安城の行政に携わる官僚を糾弾することで、間接的に警察業務に関わっていたのである。

以上のように、唐の長安城の行政・治安機構は、京兆府、万年・長安県や金吾衛の左右街使、街卒、坊卒、そして左右巡使までが密接に関わり合いながら、長安城を管理している点が特徴である。そしてこのような重層的な支配が可能であったのは、長安城内における住民の自治組織とその代表者たる里正・坊正が機能していたからにほかならない。

6　日本の京職と坊令

日本独自の行政機構

日本では、岸俊男氏が論じたように、「京」の「京—条—坊」の行政組織は、「国」の「国—郡—里」とは、「まったく別の体系に属するたがいに相対する行政単位」として設定された（図3参照、本書18頁）。すなわち唐では、長安城を他の地域と同じく、「府（州）—県」に所属させたのに対し、日本では国の行政組織を京に導入せず、京のみを特別行政区域として設定したのである。その結果、左右京職は、それぞれ左京・右京の唯一の行政機構となった。また京には郡司・里長を置かず、坊令・坊長のみが存在した。したがって日本では都城の行政単位は、坊しか存在せず、坊ごとに坊長、四坊ごとに坊令が置かれ、里正のように戸を単位とした行政単位は存在しない。

坊令の職掌規定

日本では、唐の里正・坊正を受け継いだものとして坊令が存在する。すなわち坊令の職掌「検校戸口・督察奸非・催駈賦徭」は、唐の里正の「按比戸口・課植農桑・検察非違・催駆賦役」と、坊正の「坊門管鑰・督察姦非」の職掌を継承している（『通典』巻三、食貨三、郷党）。里正の「課植農桑」が継承されていないのは、京に水田がないからである。そして第一章で述べたように、坊令は、行政面においては、部内の京戸を把握し、特に籍帳の戸口の記載内容について責任を持つ立場にあり、また京戸に徴税・徴発を催促し、さらに部内における鰥寡・孤独などの安恤や困窮民の救済、そして淫祀の崇拝などの人心を乱す行為の取り締まりや、儒教道徳の普及を職務としていた。また治安面においては、部内から犯罪者を出したり、容止することのないように監視し、犯罪が発生した時には官司への通報と犯人の追捕がその職務であった。

坊令は京職の官人

そして唐の里正・坊正との最大の違いは、坊令が京職という行政機構に内包されていたことである。職員令66左京職条にあるように、京職は「長官＝大夫、次官＝亮、判官＝大進・少進（二人）、主典＝大属・少属（二人）」の計八人の四等官で構成され、その下に雑任である坊令・使部、そして直丁が所属する。大夫の職掌には、「掌。左京戸口名籍。字養百姓。糺察所部。貢挙。孝義。田宅。雑徭。良賤。訴訟。市廛。度量。倉廩。租調。兵士。器仗。道橋。過所。闌遺雑物。僧尼名籍事」と規定され、亮の職掌も同じであった。大進・少進は、「官内を糺《ただ》し判《ことわ》らむこと、文案《もんあん》を審署《しんじょ》し、稽失《けいしち》を勾《かむが》へ、宿直《しくじき》を知らむこと」（職員令1神祇官条）、すなわち非違を糾弾し決裁に関与するとともに、主典の作成した公文草案を審査・署名し、主典の検出した公務遅滞、公文の過失を判断し、宿直を割り当てた。大属・少属は、「事を受《うけたまは》りて上抄《じょうしょう》せむこと、文案を勘署し、稽失を検《かむが》へ出し、公文読み申さむこと」、すなわち授受した公文を記録し、公文草案を勘造・署名し、公務遅滞、公文の過失を指摘し、公文を読申することを職掌としていた。京職の職務は、京内の民政全般にわたるが、その職員数は総勢五二人であり、唐の京兆府や万年・長安両県に比べると規模が小さい。そのなかには、坊令一二人も含まれているが、坊令は先に述べたように、当条に居住する正八位～初位の京戸のなかから任用され、その身分は、課役免除、選限八考であり、下級官人の出身コースとして設定されていた。すなわち長安城の里正・坊正は、府や県に対し独立した存在で、住民の自治組織の有力者が任用されたのに対し、坊令は京職の官人であり、下級官人から任用されたのである。

京職の権限

さて大町健氏が主張するように、中国の州県制は重層的行政区画にふさわしく、人民把握の諸機能を「里正→県司→州司」と段階をおって積み重ねているのに対し、日本の国郡制はその機能を国司に集中していた（「律令制的国郡制の特質とその成立」『日本古代の国家と在地首長制』校倉書房、一九八六年、初出、一九七九年）。それは京においても同様で、『唐令拾遺』戸令二一条と日本戸令18造計帳条、天聖田令《てんせいでんれい》の不《ふ》行唐令《こうとうれい》25条と日本田令23条班田条では、唐では里正が計帳の手実を集め、各家口の年紀を具注し、また口分田の収受のための簿を作成しているが、日本ではすべて京職の職務とされている。すなわち日本では下級官人である坊令の職責を、意図的に軽くしているのである。日本の律令制定者たちは、唐のように末端の行政を里正に請け負わすのではなく、官司すなわち京職が担うことを想定していたのである。

7　日本における衛府の巡警と弾正台の巡検

左右兵衛府・衛士府の巡警

さて唐の長安城では治安機構として金吾衛が存在し、その左右街使・街卒・坊卒が活動していた。日本にも中央の衛府には、衛門府《えもんふ》・左右衛士府《えじふ》・左右兵衛府《ひょうえふ》があり、それぞれの兵力として衛門府には門部《かどべ》・物部《もののべ》と衛士《えじ》が、左右衛士府には衛士が、左右兵衛府には兵衛が所属した。このうち左右兵衛府・左右衛士府が京中の巡警を担当した。しかし唐と比較すると、衛府の京内の治安警備に関する権限は弱められている。すなわち衛府は宮城内を警備するものとして設定され、金吾衛の「京城昼夜巡警」の職掌を継受しなかった。そして宮衛令《くえいりょう》24分街条で「凡京の路は、街《ちまた》を分かて鋪《ほ》立てよ。衛府時《と》を持りて行夜《ぎょうや》せよ」とあるように、衛府が京内に鋪を立て、「行夜」と呼ばれる夜間警備を行っていたことが知られるが、これは一般諸官司が機能しなくなる夜間のことであった。

一方、唐では折衝府《せっしょうふ》が、長安・洛陽の周辺地域に配置されたのに対し、日本では軍団を全国に配置し、国司の管轄下に置いた。そして京にいたっては、軍団が存在せず、兵士は京職の直属であった。すなわち唐の長安城を守衛する街卒・坊卒は、金吾衛の兵卒であったが、京職は京職兵士《きょうしきへいし》という独自の武力を持っていた。京職兵士は宮城を衛護し、京内を巡り非違を糺し、捜索や囚禁の守衛をしていた。そして延暦二十年（八〇一）四月二十七日太政官符で京職兵士の職務として「管内を巡り、非違を糺す」とあるように（『類聚三代格』巻十八、軍毅兵士鎮兵事）、日常の京内の警備は坊令と京職兵士とが担当していたのである。また日本では朱雀大路の両側のみ坊城が築かれ、三条から九条まで坊門が設置されていたが、貞観《じょうがん》四年（八六二）三月八日太政官符によって、この坊門の守ることになったのも京職兵士であった（『類聚三代格』巻十六、道橋事、『三代実録』同日条）。このように昼間の京内の警備は、京職のもとで坊令や京職兵士によって担われていたのである。

以上のように治安面においても、長安城と比較すると、日本では衛府の京中警備機能が弱く、京職が直轄する京職兵士や坊令が深く関わっていた。つまり街路における衛府の夜間の巡警は行われるものの、京の治安は、基本的には京職によって担われていたのである。

弾正台の京中巡検

唐では御史《ぎょし》台《だい》に所属し、内外の官僚の監察を職掌とする左右巡使が、次第にその権限を拡大して、庶民層をも検察の対象とし、さらに坊正の職掌であった坊門の開閉と坊内の警察的業務を担うようになる。日本においても御史台の職掌を継承した弾正台《だんじょうだい》が存在し、尹《いん》・弼《ひつ》は「内外の非違を弾《ただ》し奏《そう》さむ事」、大少忠・巡察弾正は「内外を巡《めぐ》り察《み》て、非違を糺《ただ》し弾《ただ》さむこと」を職掌としていた（職員令58弾正台条）。弾正巡検の日には、京職官人と坊令・坊長・兵士が従っていることが知られ、市や寺における非違、客館（鴻臚館）や路橋の破穢、閑廃地（空地）の未整理、清掃の不徹底、病者の出棄などがあれば、糺弾されていた。

櫛木謙周氏は、清掃に関する格を中心に分析し、九世紀を通じて弾正台の京内行政への介入があり、京職と競合関係にあったとする（「古代国家の都市政策―清掃の制を中心に―」『日本古代の首都と公共性』塙書房、二〇一四年、初出、二〇〇五年）。しかし弾正台は、京職に対捍し、清掃を行わない諸司・諸家、官人・雑色人を糾弾しているのであって、これは弾正台の本来の職掌である「内外官僚の監察」にあたる。すなわち弾正台は、京職と競合しているのではなく、むしろ京内清掃に協力しているのであり、弾正台が京職や坊令の職掌を吸収したと捉えることはできない。次の史料からは、弾正台の巡検の具体的なあり方がわかる。

［史料］『延喜式《えんぎしき》』巻四十一、弾正式117喚左右京職条

凡そ左右京職を喚して云く、忠以下、京中の道橋及び諸寺の非違《ひい》を検し遣はさんとす。宣しく厳しく条令《じょうれい》に仰せて、預め便処《びんしょ》を定めて男女を会集すべし。（略）即ち忠以下、彼會所《かのかいしょ》に到らば問ひて云く、京職官人及び坊令等、百姓を冤枉《えんおう》し、長幼を淩侮《りょうぶ》すること有るか。又孝子順孫義夫節婦あるを不とし、又悪女、閭巷《りょこう》を擾乱《じょうらん》すること有るを以て不とするか（後略）

ここでは、弾正台の忠以下が、京中の非違や道橋・諸寺の監察を行う際に、坊令に男女を会集させ、京職官人や坊令に非違がないかを尋ねている。すなわちここに見られるのは、あくまでも監察の官として、京職官人や坊令を糺弾する弾正台の姿である。

以上のように日本の弾正台は、唐の左右巡使のように、坊正の権限を吸収するような展開にはならず、むしろ先行研究が指摘するように、弘仁《こうにん》六年（八一五）前後に衛門府から分離した検非違使が権限を拡大し、京職や坊令の警察業務を吸収していくのである。

京職の直接支配

これまで見てきたように、唐と比較すると日本では、行政・治安の両面にわたって京職の権限が大きいのであり、京を京職の直轄とする意図がみてとれる。また築山治三郎氏によれば、「京兆尹はその職にあるもの長くて三年、短きは数ヶ月で、憲宗《けんそう》朝（在位八〇五〜八二〇年）の京兆尹は平均一カ年、長くその任にとどまらなかったことは豪強抑圧、姦猾取締りなどが劇職であった」からとする。しかし日本においては、藤原麻呂《ふじわらのまろ》が左京大夫と右京大夫を兼任し、「左右京大夫《さゆうきょうのたいふ》」として、『続日本紀』では少なくとも八年間にわたって（養老五年六月辛丑〈二十六日〉条、『同』天平元年八月癸亥〈五日〉条）、『公卿補任』では天然痘で亡くなる天平九年（七三七）まで、十六年間にわたって京内を治めていた。さらに平城京時代は、藤原氏が左京大夫を歴任していたことが知られる。

なぜ日本では、このような機構を都城に持ち込んだのであろうか。唐には、長安城の基となった隋の大興城《だいこうじょう》をはじめ、それ以前の周・秦・漢と、都城としての長い歴史を持っている。そのなかで都市住民は成長し、それぞれ慣習や伝統が、自治として根づいていたと思われる。だからこそ中央政府は自治組織の有力者（＝里正・坊正）を、住民の代表者・交渉人として設定し、彼らをして直接、住民の監理を任せた。そのうえで、万年県・長安県・京兆府、そして金吾衛や左右巡使などが里正・坊正を通して、行政や治安維持活動を行った。

しかし日本では、はじめての本格的都城といわれる藤原京ができてから、程なくして大宝令が制定されており、藤原京の住民も、京の住民として未熟であった。すなわち貴族や下級官人、一般の京戸たちは、宅地班給によって藤原京の条坊内に居住させられたのであり、そこにはさまざまな軋轢があった。そして続く平城京においても、まだ京における秩序をつくらなければならない時期にあった。つまりこの時期における京職や坊令の役割は重大であり、この任務を果たすためには、より強固な上からの権力が必要であった。このために古代国家は、唐制を継承するにあたり、京を一つの行政区画として設定し、京職に坊令を内包させ、兵士を持たせ、また衛府の京内警備の権限を弱めるなどして、京職による直接的な支配を行えるように画策したのである。そして貴族の筆頭であった藤原四兄弟の末子、藤原麻呂《ふじわらのまろ》を左右京大夫《さゆうきょうのだいぶ》として、長期にわたり京内を治めさせ、京内の秩序や規律をつくらせ、その後も藤原氏を左京大夫に任命することで統治していたのである。

住民の代表になれなかった坊令

日本では坊令が京職に内包されたことにより、唐の里正や坊正とはまったく異なる存在となった。すなわち坊令は京の住民がいくら発展しても、彼らの真の代表者とはなりえなかったのである。唐においては里正も坊正も、住民の代表者であったがために、京兆府や万年・長安県にその協力が求められ、金吾衛や左右巡使からも同様にその活躍が期待された。しかし日本では、坊令は京職の官人として存続していくのであり、住民の代表者としては、「保刀祢《ほとね》」という新たな者を必要としたのである。後述するように、保刀祢の初見は正暦《しょうりゃく》四年（九九三）で、十世紀後半から住人が固定し密集する地域において、下級官人層を母体にして生じた有力者である。彼らは唐の里正や坊正のように住民の監理者となり、京職や検非違使に対し、その治安維持活動などを請け負うのである。

第三章　京職の京戸管理

1　京職が支配する人々 ―京戸と在京諸国人―

上京する諸国人

京には、「京戸」と「在京諸国人《ざいきょうしょこくじん》」がいた。このことは、従来あまり重視されてこなかったが、その原因は「京戸」の定義が曖昧だったことにある。つまり「京戸」は「京職の籍帳に登録される者」と定義できるが、これまで「京の居住者」と混同されてきたのである。

京に大勢の諸国人が居住していたことは、律令にあきらかである。たとえば諸国から差発され、在京諸司に使役される衛士《えじ》・仕丁《しちょう》・采女《うねめ》・女丁・丁匠《ていしょう》がいる。またその他に、国学生《こくがくしょう》から大学寮に進む者（学令《がくりょう》11通二経条）、兵衛《ひょうえ》（左右兵衛府に所属し、宮門の守備や行幸の供奉にあたる人々）に任じられた者（軍《ぐん》防令《ぼうりょう》38兵衛条）、帳内《ちょうない》・資人《しじん》（皇族や貴族に与えられ、その警固や雑用に従事する人々）になった者（軍防令48帳内条）、諸国貢人のうち式部省の試験に及第した者（考課令《こうかりょう》75貢人条）、国医生《くにのいしょう》のうち中央出仕を志願する者（医疾令《いしつりょう》17国医生条）、庸調の脚（＝庸や調を京に運ぶ運脚夫、関市令《げんしりょう》5丁匠上役条）、畿内の徒人《づにん》（強制労働刑に服する人々）などがある（獄令《ごくりょう》18犯徒応配居役者条）。彼らは皆、京に居住したと思われ、庸調の脚のように短期間滞在する者から、兵衛や舎人、帳内・資人のように、二十〜三十年間にわたって居住する者までいたと思われる。古代国家においては納税や労働力提供のために地方の人民の上京を促していたが、同時に優れた人材を中央へ登用する制度も存在したのである。

　とくに在京諸司に仕える者は、官人として京に長期間滞在した。彼らは古代国家の支配者層に属し、給与が支払われ、税金が免除されるなどの特典を受けた。しかし解官や致仕などによって官司との関係が切れると、本籍国（本籍のある国）に帰還しなければならなかった。『類聚三代格《るいじゅうさんだいきゃく》』（巻八、調庸事）天《てん》平勝宝《びょうしょうほう》四年（七五二）十一月十六日太政官符で「右、今月五日勅を奉《うけたま》はるに、故無《ゆえな》く上《のぼ》らざるは本貫《ほんがん》に還さん者《てへ》り。先に已に処分せり。聞く如《なら》く、省司、旨を失し、例散位寮に申す者り。自今以後。更に然るを得ず、本貫に放還すべし。有位は外散位と為し、無位は還りて本色に従はしめよ」とある。すなわち天平勝宝四年十一月五日勅により、「故無く上らざる」、つまり無断欠勤する者は本貫（本籍国）に還すことになっていた。しかし聞くところでは諸司は、彼らを散位寮（官職に就いていない者が所属する官司）に送るだけである。したがって今後はこれを禁止し、彼らを本籍国に還すべきこと、そしてその地において有位者は外散位（官職のない地方の有位者）とし、無位は本色（本来の身分。大部分は農民）に戻すように命じたのである。このように諸司は無断欠勤する官人を本貫に放還する権限を持っていた。このことから原則として、諸国人の官人は、官司との関係が切れれば、本国に帰還すべき存在であったと考えられる。

　このようにそもそも律令は、優秀な人材を登用する制度を内包し、諸国から人々を呼び寄せる構造を持っていた。このような京に居住する諸国人を「在京諸国人《ざいきょうしょこくじん》」と呼びたいと思う。在京諸国人は、諸国から様々な事情によって上京し、京に滞在・居住する人々であるが、彼らは諸国に本籍を持ち、徴税・徴発は本籍国で行われた。すなわち京においては、京戸と諸国人が存在し、両者は厳密に区別されていたのである。

他田日奉部神護は京戸か？

しかしこれは非常に複雑な問題を含んでいる。正倉院文書《しょうそういんもんじょ》には、天平二十年に「左京七条人」の神護が、下総国海上《うなかみ》郡大領に補任されることを懇請した「他田《おさだ》日奉部直《ひまつりべのあたい》神護《じんご》解案《げあん》」が存在する。

［史料］「他田日奉部直神護解案」（『大日古』三ノ一五〇）

謹んで解す。　海上郡大領司に仕へ奉るを請ふ事を申す。

中宮舎人左京七条人従八位下《じゅはちいのげ》海上国造他田日奉部神護が、下総国海上《うなかみ》郡大領司に仕《つか》へ奉《たてまつ》り申す故は、神護が祖父小乙下《しょうおつげ》（冠位二六階の二四番目）忍《おし》、難波朝廷少領司に仕へ奉りし。父追広肆《ついこうし》（冠位四十八階の四〇番目）宮麻呂《みやまろ》、飛鳥朝廷少領司に仕へ奉りし、又外正八位上《げしょうはちいのじょう》給ひて、藤原朝廷に大領司に仕へ奉りし。兄外従六位下勲十二等《げじゅろくいのげくんじゅうにとう》国足《くにたり》、奈良朝廷大領司に仕へ奉りし。神護が仕へ奉る状、故兵部卿従三位藤原卿位分資人《いぶんしじん》、養老《ようろう》二年より始め、神亀《じんき》五年に十一年に至る。中宮舎人《ちゅうぐうとねり》、天平元年より始め今二十年に至る。合わせて三十一歳、是を以て祖父・父・兄らが仕へ奉る次に故に在る海上郡大

写真5　『正倉院文書』正集第四十四巻第二紙

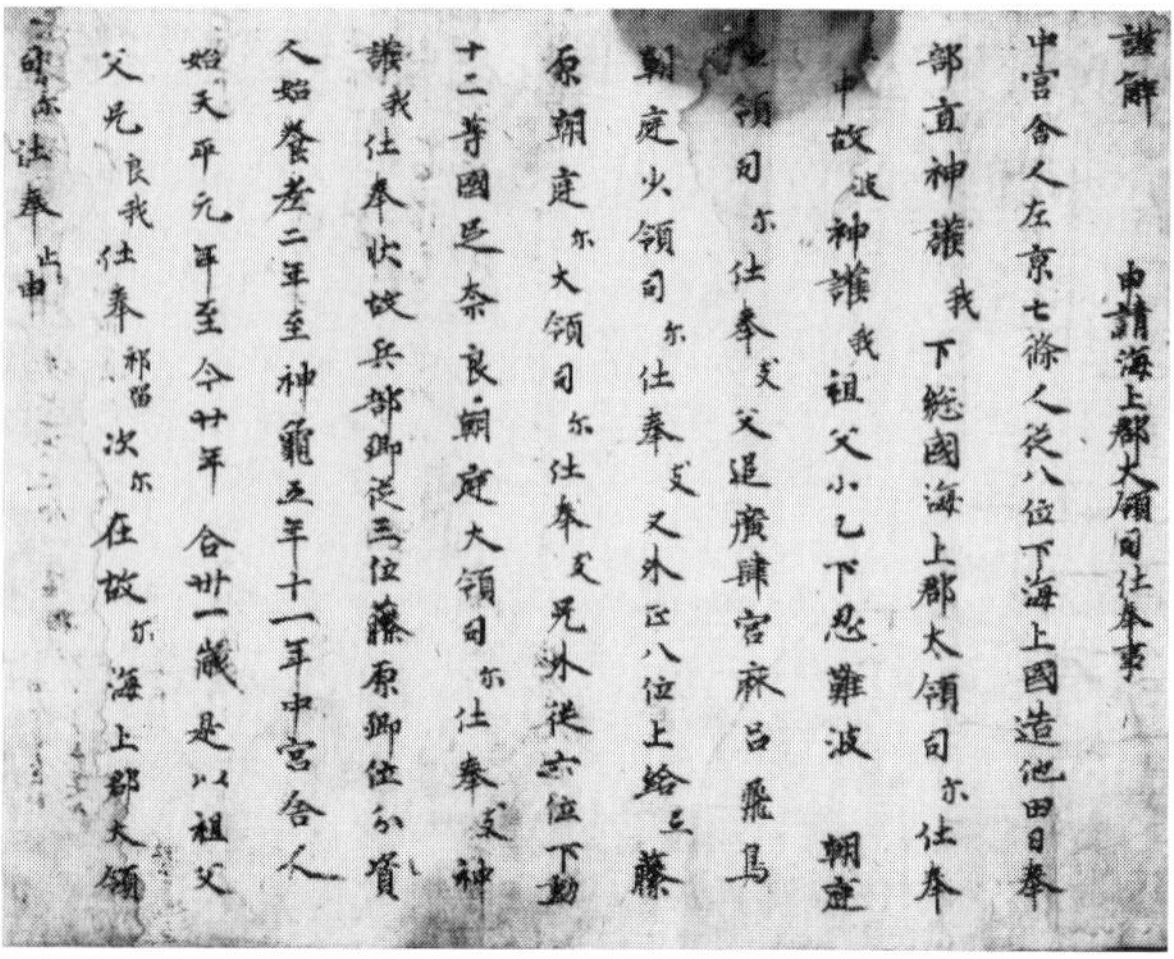
謹解　申請海上郡大領司仕奉事
中宮舍人左京七條人從八位下海上國造他田日奉
部直神護我下總國海上郡大領司尓仕奉
止申故波神護我祖父小乙下忍難波　朝庭
尓少領司尓仕奉支父追廣肆宮麻呂飛鳥
朝庭少領司尓仕奉支又外正八位上給藤
原朝庭尓大領司尓仕奉支兄外從六位下勲
十二等國足奈良朝庭大領司尓仕奉支神
護我仕奉状故兵部卿從三位藤原卿位分資
人始養老二年至神龜五年十一年中宮舍人
始天平元年至今廾年合卅一歳是以祖父
父兄良我仕奉祁留次尓在故尓海上郡大領
司尓仕奉止申

領司に仕へ奉りし申す……。

中宮舎人で従八位下の他田日奉部神護は、下総国海上郡大領に任用されることを望んでいる。郡司は、大領・少領・主政・主帳で構成され、とくに権限が強かった大領・少領は郡領ともいった。「海上国造他田日奉部直神護」とあるように、もともと神護は「国造」の家に生まれ、祖父は少領、父も少領・大領、兄は大領となっている。さらに神護自身も藤原麻呂の位分資人として、養老二年から神亀五年まで十一年、中宮舎人として天平元年から同二十年まで二十年、合計三十一年にわたり奉仕している、と述べる。

この解案は宣命体であることから、西山良平氏は式部省における郡領補任の簡試において、読み上げられるために書かれたものであったとし（「『律令制収奪』機構の性格とその基盤」『日本史研究』一八七、一九七八年）、今泉隆雄氏は、神護が安《あ》都雄《とのお》足《たり》に代筆を依頼したものであるが、石山寺写経所において裏が利用されているので、式部省には提出されず、雄足の手元に留めておかれた下書きか控えとする（「平城宮跡出土の郡領補任請願解の木簡」『古代木簡の研究』吉川弘文館、一九九八年、初出、一九八二年）。

北村優季氏は、「左京七条人」とあることから、神護を「京戸」としている（「京戸について―都市としての平城京―」『平城京成立史』吉川弘文館、二〇一三年、初出、一九八四年）。通常、正史『続日本紀』においては、その人物を「本籍地十人」で、「武蔵国人」や「左京人」などと表記する。しかしこの「左京七条人」という書き方は珍しく、左京七条に本籍を持っているのか、それとも居住しているのか、断定することができない。しかもこの「他田日奉部直神護解案」は『続日本紀』のような正式な文書ではない。他田日奉部神護が官人として長期間、出仕していることを強調している点を考慮すれば、左京七条に居住していることをアピールしているのかもしれない。

そもそも律令制においては神護のような郡司層は、諸国から出て来て京にて出仕し、その後、本国に帰還する人々が大勢存在したと思われる。そのような人々は皆、本籍を「国→京→国」と遷したのであろうか。

敢粳万呂の場合

また北村氏は天平勝宝元年（七四九）十一月二十一日付の「伊賀国阿拝《あへ》郡《ぐん》柘殖《つげ》郷《ごう》墾田《こんでん》売買券」（『大日古』三ノ三三四）で京戸とある敢朝臣《あへのあそん》粳万呂《うるちまろ》が、もとは伊賀国阿拝郡人であったとする。

［史料］「伊賀国阿拝郡柘殖郷墾田売買券」（『大日古』三ノ三三四）

柘殖郷長解　常地墾田を売買し券を立つる事を申す。

　神田七段　上　限東紀寺《きでら》田　　　限西石部大万呂《いそべのおおまろ》田

　　　　　　　　限南京戸敢朝臣粳万呂　限北物部広万呂《もののべのひろまろ》田

　　柘殖郷戸主敢臣安万呂《やすまろ》之売墾田者

　　　付価銭八貫「天平勝宝三年歳次辛卯年始常地作料　一年直米四斛」

　右墾田、元興寺三論衆《さんろんしゅう》、買ひ得る処なり。

以前、墾田の売買人、法式に依りて券を立つる者《てへ》り。件の如し。仍りて具《つぶさ》に状に録して申送す、以て

解《げ》す。

　　　　天平勝宝元年十一月二十一日郷長　桃尾臣井麻呂《ももおのおみいまろ》

　　　　　　　　田主　敢臣安万呂

　　　　　　　　証人　壬生少粳《みぶのおぬか》　同姓

　　　　　　　　　　　石部石村《いそべのいわむら》

　　　　　　　　　　　印代万呂《いしろのまろ》

　　　　　　筆取　壬生浄足

　　　　　　税長　石部果安麻呂《いそべのはたやすまろ》

これは郷長である桃尾井麻呂が立券を申請したもので、田主の敢安万呂がその墾田七段を銭八貫で、元興寺の三論衆に売却したことが知られる。敢臣安万呂は、天平感宝《てんぴょうかんぽう》元年（七四九）六月二十六日付の「伊賀国阿拝郡柘殖郷舎宅墾田売買券」においては、「敢朝臣安万呂」とあり、伊賀国阿拝郡の大領であることが知られる（『大日古』三ノ一三五）。そして神田七段の四至のうち南の境界が「京戸敢朝臣粳万呂」の田である。粳万呂は京戸とあり、かつ同族の「敢朝臣」の安万呂が伊賀国阿拝郡の大領であることから、粳万呂はもともと伊賀国阿拝郡人で、彼が兵衛として官途につくと同時に、京に貫附（京職の戸籍に登録）されたとする。しかし八世紀において、粳万呂は「伊賀国→京」へとたやすく本籍を遷すことができたのであろうか。

石村石楯の場合

『新撰姓氏録《しんせんしょうじろく》』（平安時代初期に編纂された氏族の系譜書）や同時《どうじ》賜《し》姓記事《せいきじ》（複数の人が同時に賜姓される記事）では、たとえ同族であっても、本籍が京と諸国とに分かれている例が存在する。平澤加奈子氏は、『続日本紀』における同時賜姓記事を十例を挙げ、ここに記載されている京戸は、京貫者（本籍を諸国から京に遷した者）である可能性が高いとする（「中央下級官人の「京貫」からみた古代国家の展開過程」『ヒストリア』二〇六、二〇〇七年）。たとえば天平神護元年（七六五）四月丁亥（二十六日）条の「左京人外衛将監《がいえのしょうげん》従五位下石村村主石楯《いわれのすぐりいわたて》等三人、参河《みかわ》国碧海《へきかい》郡人従八位上石村村主押縄《おしなわ》等九人、姓坂上忌寸《さかうえのいみき》を賜ふ」とあり、石村村主石楯など三人、石村村主押縄など九人が、姓を「石村村主」から「坂上忌寸」へと変えている。左京人の石村石楯は、石村押縄と同じく参河（三河）国碧海郡出身で、後に京貫（＝京に貫附）、つまり京職の戸籍に登録されたと考えるのである。

石村石楯は、『続日本紀』に天平宝字八年（七六四）九月壬子（十八日）条で「軍士《ぐんし》石村村主石楯、押《おし》勝《かつ》（藤原《ふじわらの》仲麻呂《なかまろ》）を斬りて、首を京師へ伝ふ」とあるように、藤原仲麻呂の乱において、琵琶湖畔で仲麻呂の首を斬った人物である。翌月の十月庚午（七日）条において「大初位下石村村主石楯、並びに従五位下」とあるように、大初位下から従五位下に叙位されている。具体的に京に貫附されたことを示す史料はないものの、平澤氏はこの功によって彼は京戸になったと考えている。

道嶋嶋足の場合

同じような人物として道嶋《みちしまの》嶋足《しまたり》がいる。彼は『続日本紀』延暦二年正月乙酉（八日）条によれば「八年恵美《えみの》訓儒麻呂《くすまろ》が勅使を劫《おびやか》せしとき、嶋足と将監《しょうげん》坂上《さかのうえの》苅田《かりた》麻呂《まろ》と詔を奉けたまはりて疾《と》く馳《は》せ、射てこれを殺す」とあるように、藤原仲麻呂の乱において、その三男の訓儒麻呂を坂上苅田麻呂とともに射殺している。

この行為が孝謙・道鏡側を勝利に導いたことから、従四位下勲二等に叙されている。亡くなった時には正四位上まで昇っているが、その卒伝に「陸奥国牡鹿《おじか》郡人」とあるように（『続日本紀』延暦二年正月乙酉〈八日〉条）、本籍は最期まで陸奥国の牡鹿郡にあった。すなわち正四位上に叙されても、京貫されていなかったのである。

河原人成の場合

『続日本紀』神護《じんご》景雲《けいうん》三年（七六九）九月丙戌（二十二日）条には「左京人従八位下河原毘登《かわらのびと》堅魚《かつお》等十人、河内国人河原蔵人人成《かわらのくらひとひとなり》等五人、並びに姓河原連《かわらのむらじ》を賜ふ」とあり、左京人の河原堅魚など十人と河内国人の河原人成など五人が、「河原連」を賜姓されている。河原人成は、正倉院文書でその動向をみることができる。すなわち河原（川原）人成は、天平九年四月六日に皇后宮職《こうごうぐうしき》舎人とみえ（『大日古』二ノ二九）、その後は校生《こうせい》（写経生）として写経事業に参加し、天平宝字六年には造東大寺《ぞうとうだいじ》司《し》史生・造仏所別《ぞうぶつしょべつ》当《とう》にまで出世している（『大日古』五ノ一三二、一九五）。つまり彼は、天平九年（七三七）より天平宝字六年（七六二）まで、二十五年以上官人として仕えているにもかかわらず、神護景雲三年に賜姓された時は「河内国人」だったのである。このように長期間在京し勤務していても、京貫されていないのである。

道嶋嶋足や河原人成の例でみたように、諸国人は正四位上の位階を叙位されても、あるいは二十五年以上官人として働いても、京戸になっていないのである。すなわち他田日奉部神護は京戸ではなく、下総国人であった。敢粳万呂と石村石楯は、それぞれ伊賀国人、参河国人であったわけではなく、もともと京戸であった。八世紀において諸国人は、簡単には京貫されなかった。

2　古代国家の戸籍管理

律令からみた戸籍の種類

古代国家において京戸と諸国人は厳密に区別されていた。つまり京職の戸籍（京戸の戸籍）と諸国の戸籍（諸国人の戸籍）は区別されていたのであり、京職の持つ戸籍（＝京戸が登録される戸籍）は、特別なものと意識されていたのである。このことを古代国家の基本法典である律令から証明したい。

律令において京戸は、職員令66左京職条の「左京戸《こ》口名籍《こうみょうじゃく》」に登録され、諸国人は同令21民部省条の「諸国戸口名籍」に登録される。両者の関係を調べるために、職員令における「名籍」をすべて抜き出してみると、①同令1神祇官条の「祝部神戸《はふりべかんべ》名籍」、②同令3中務省《なかつかさしょう》条の「諸国戸籍」「僧尼名籍」、③同令18玄蕃寮《げんばりょう》条の「僧尼名籍」、④同令19諸陵司《しょりょうし》条の「陵戸名籍」、⑤同令21民部省条の「諸国戸口名籍」、⑥同令26造兵司《ぞうへいし》条の「工戸々口名籍」、⑦同令30刑部省《ぎょうぶしょう》条の「良賤名籍」、⑧同令34典鋳司《てんちゅうし》条の「工戸々口名籍」、⑨同令45正親司《おおきみのつかさ》条の「皇親名籍」、⑩同令48鍛冶司《かじし》条の「鍛戸々口名籍」、⑪同令49官奴司《かんぬし》条の「官戸奴婢名籍」、⑫同令63左馬寮《さめりょう》条の「飼部《うまかいべ》戸口名籍」、⑬同令66左京職条の「左京戸口名籍」、⑭同令68摂津《せっつ》職《しき》・同令69大宰府・同令70大国条の「僧尼名籍」が存在する。それぞれの造籍の規定をみてみたい。

［史料］戸令19造戸籍条

凡そ戸籍は、六年に一《ひと》たび造れ。十一月上旬より起《おこ》りて、式に依りて勘《かむが》へ造れ。里別に巻と為せ。惣《す》べて三通写せ。（略）五月三十日の内に訖《お》へしめよ。二通は太政官に申し送れ。一通は国に留めよ。其れ雑戸、陵戸の籍は、更に一通写して、各本司に送れ。（後略）

戸籍は六年に一度造られるもので、十一月上旬に書式にしたがって造り、里ごとに巻にし、三通写すように定められている。五月三十日以内に終えて二通は太政官に送り、一通は諸国に留めること、さらに雑戸（＝官司に隷属する特殊技術を持つ集団）や陵戸（＝天皇や皇族の陵墓を守る者）の籍は更に一通を写してそれぞれ所属する官司に送れとある。

この条文は「諸国戸口名籍」の造籍規定であり、「二通は太政官に申し送れ」とあるのは、最終的に⑤民部省「諸国戸口名籍」と②中務省「諸国戸籍」に行くものと思われる。民部省は古代国家の財政を扱う官司であり、諸国人の把握がそのまま徴税・徴発に活用されていた。一方中務省は天皇に近侍し、その国事行為に関する事務を扱う官司である。ここに諸国の戸籍が置かれることは、「天皇の民」であることを象徴していた。

またここでは、雑戸陵戸籍についても述べられており、これらも国司が造籍している。職員令集解別記によれば、⑥⑧「工戸々口名籍」の雑工戸と⑩「鍛戸々口名籍」の鍛戸が雑戸であること、また職員令集解伴説から、⑫「飼部戸口名籍」の飼部（馬を飼育・調教する人々）が雑戸であることが知られる。

したがってこの条文中の「本司」は、「陵戸名籍」を持つ④諸陵司、および「工戸々口名籍」を持つ⑥造兵司と⑧典鋳司、「鍛戸々口名籍」を持つ⑩鍛冶司、「飼部戸口名籍」を持つ⑫左馬寮である。この規定により、雑戸陵戸籍が「諸国戸口名籍」に含まれていることがわかる。

そして注意しなければならないのは、これは「里」や「国」とあるように諸国の造籍規定であり、京職の規定ではないということである。つまり⑬「左京戸口名籍」は戸令19造戸籍条に規定されず、⑤「諸国戸口名籍」と別個に存在しているのである。

［史料］戸令36造官戸籍条

凡そ官戸奴婢は、年毎に、正月に、本司色別《いろごと》に、各籍二通造れ。一通は太政官に送れ。一通は本司に留めよ。工能《くのう》有らば、色別に具に注せよ。

ここでは官戸《かんこ》（＝官奴司に所属する賤民）と官奴婢《かんぬひ》（＝官有の奴婢）の造籍について規定している。正月に本司（官奴司）が戸籍を二通造り、一通は太政官に一通は官奴司に留めよとある。このように官戸奴婢の籍は、戸令19造戸籍条とは別に規定されている。そして官戸と官奴婢の籍は官奴司が毎年造るもので、国司の介入がないことがわかる。すなわち⑪「官戸奴婢名籍」も⑤「諸国戸口名籍」とは、別個に存在するのである。

［史料］雑令《ぞうりょう》38造僧尼籍条

凡そ僧尼は、京国の官司、六年毎に籍三通造れ。各《おのおの》出家せし年月、夏臈《げろう》及び徳業を顕《あらは》し、式に依りて印《いん》せよ。一通は職国に留めよ。以外は太政官に申し送れ。一通は中務に送れ。一通は治部に送れ。須《もち》ゐむ所の調度は、並に寺をして人数に准《なぞら》へて、物出《ものいだ》さしめよ。

僧尼名籍が六年ごとに「京国」（京職と諸国）によって三通造られ、それぞれ出家した年月や夏臈（出家後の年数）・徳業（習得した経論）を記して書式にしたがって印を捺し、一通は「職国」（京職・摂津職と諸国）に留め、二通は太政官に送り、一通は中務省、もう一通は治部省に送れとある。つまりこれらは京職か摂津職か諸国と、中務省と治部省被管の玄蕃寮とに留められることが知られる。これが職員令では、⑬左京職条、⑭摂津職・大宰府・大国条、②中務省条、③玄蕃寮条の「僧尼名籍」である。

僧尼は特殊な人々であるが、それは先天的なものではない。出家前は「左京戸口名籍」や「諸国戸口名籍」に登録され、出家の後は「僧尼名籍」に登録され、治部省管下の玄蕃寮の管理下に入った。そして還俗《げんぞく》すれば、元の「左京戸口名籍」や「諸国戸口名籍」に編附されるのである（僧尼令3自還俗条）。このように僧尼名籍は、「左京戸口名籍」や「諸国戸口名籍」と一体の関係にあることがわかる。

律令における造籍の規定は、以上であるが、次に令文に規定のない①神祇官条の「祝部神戸名籍」、⑦刑部省条の「良賤名籍」、⑨正親司条の「皇親名籍」、⑬左京職条の「左京戸口名籍」の造籍について考察したい。

まず「祝部神戸名籍」は、神祇令《じんぎりょう》20神戸条に「凡そ神戸の調庸及び田租は、並に神宮造《じんぐう》り、及び神《じん》に供《ぐ》せむ調度に充てよ。其れ税《おほちから》は、一つ義倉に准へよ。皆国司検校《けんぎょう》して、所司に申し送れ」とあるように、国司が神戸（=神社に付属した戸）の調庸や田租を検校することが規定されている。ここから国司が、神戸を正確に把握していることが想定され、祝部《はふりべ》（=神社に奉仕して、祭祀に従事した神職）・神戸は、陵戸や雑戸と同じように、国司によって造籍されたと思われる。したがって「祝部神戸名籍」も、⑤の「諸国戸口名籍」の職掌に含まれていると考える。

次に⑦「良賤名籍」であるが、これは良民《りょうみん》と賤民《せんみん》（陵戸・官戸《かんこ》・家人《けにん》・奴婢）を区分した籍である。先に戸令19造戸籍条でみたように、諸国がその戸籍を作成する際には陵戸の籍も造られ、また戸令36造官戸籍条でみたように、官戸や官奴婢の戸籍は官奴司が作成していた。このように⑦「良賤名籍」は、⑤「諸国戸口名籍」や⑬「左京戸口名籍」⑪「官戸奴婢名籍」から造られたと思われる。同じく⑨「皇親名籍」も、京職や諸国の造籍の際に作成されたと思われるので、これも⑬「左京戸口名籍」やあるいは⑤「諸国戸口名籍」の職掌に含まれる。

以上の考察により、①から⑭までの「名籍」を整理すると、これらは⑤「諸国戸口名籍」、⑪「官戸奴婢名籍」、⑬「左京戸口名籍」に集約される。このうち⑪「官戸奴婢名籍」の官戸や官奴婢は官有の賤民であり、地域に編附されない特殊な人々である。そのほかの人民は、すべて「諸国戸口名籍」か「左京戸口名籍」に含まれることになる。したがって職員令における「名籍」は、「諸国戸口名籍」と「左京戸口名籍」が中核になっている。

「戸口簿帳」との違い

さて諸国人は民部省の「諸国戸口名籍」において、把握される人々と捉えたが、職員令68摂津職条・同令69大宰府条・同令70大国条には、「戸口簿帳《ここうぼちょう》」が規定されている。つまり諸国人は、「戸口簿帳」にも把握されるのである。この「戸口簿帳」と「戸口名籍」との関係をあきらかにしたいと思う。

まず両者が律令のなかで、具体的にどの文書を指すのか調べてみたい。文字に注目してみると、「籍」としては、(ア)戸籍（戸令19造戸籍条）や(イ)官戸奴婢の籍（戸令36造官戸籍条）・(ウ)門籍（宮衛令1宮閤門条）・(エ)僧尼籍（雑令38造僧尼籍条）がある。このうち「戸口名籍」に該当するのはどれであろうか。(ウ)は出入許可を証明するために門に置かれた籍であり、職員令59衛門府《えもんふ》条や、同令62左兵衛府《さひょうえふ》条の督の職掌に規定されている。また(エ)も先述したように、職員令3中務省条・同令18玄蕃寮条・同令66左京職条・同令68摂津職条・同令69大宰府条・同令70大国条において別個に規定されているので、これらは「戸口名籍」に含まれない。したがって(ア)戸籍と(イ)官戸奴婢の籍が該当する。

一方「簿」としては、(オ)戸籍の作成時において国司が「年を計《かぞ》ふるに、丁老疾に入らむとせむは、課役を徴《はた》り免《ゆる》し、及び侍給ふべく」を見極める際に造られる簿（戸令20造帳籍条）、(カ)班田に際し生益・死亡者などを記した簿（田令23班田条）、(キ)京や「征防遠使処所」などに赴く歳役《さいえき》の丁・雇役丁《こえきてい》・丁匠《ていしょう》・兵士の簿（賦役令《ぶやくりょう》4歳役条・同令22役丁条・同令24丁匠赴役条・軍防令《ぐんぼうりょう》14兵士以上条）、(ク)諸国の調庸物の色数を記した簿（倉庫令《そうこりょう》10調庸物応送京条）などがある。そして「帳」としては、(ケ)計帳（戸令18造計帳条）や、(コ)国郡の器仗《きじょう》を録した帳（軍防令42従軍甲仗条）・(サ)官船が「料理《りょうり》（＝修理）するに堪《た》へず」の場合にこれを報告する帳（営繕令《えいぜんりょう》13有官船条）・(シ)倉の官物のあまりを記す帳（倉庫令3倉出給条）・(ス)大蔵内蔵の官物のあまりを記す帳（倉庫令4大蔵出給条）・(セ)倉に納める官物の数量を記した帳（倉庫令11倉蔵文案孔目条）・(ソ)官私の馬牛帳（厩牧令《くもくりょう》25官私馬牛条）・(タ)没官された闌遺物《らんいぶつ》を記す帳（捕亡令15得闌遺物条）・(チ)強窃盗事件および徒以上の囚を録《づ》す帳（獄令《ごくりょう》47盗発条）などがある。

このうちの「簿」の(ク)、「帳」の(コ)・(サ)・(シ)・(ス)・(セ)・(ソ)・(タ)などは「戸口」の簿帳ではないので、「戸口簿帳」とは関係がない。「戸口簿帳」が指すのは、課役賦課や給侍《きゅうじ》（高齢者や障害者・病人に侍丁を給する制度）に用いられる簿の(オ)、班田（口分田の班給）に用いられる簿の(カ)、歳役丁や雇役丁、丁匠、兵士の徴発などに使われる簿の(キ)、課税の台帳である計帳の(ケ)、犯罪者を記した帳の(チ)である。

以上のことを総合すると、「戸口名籍」は、戸籍のみを指すのに対し、「戸口簿帳」は、計帳と様々な簿・帳とを指すということになる。しかし戸令18造計帳条に「太政官に申し送れ」とあるように、民部省には、戸籍とともに計帳が送られており、また戸令19造戸籍条によれば、諸国には、太政官に申送したものと同一の戸籍が保管されている。以上のように「戸口名籍」「戸口簿帳」は、具体的な文書の違いを指しているとは思われない。

それではどこに違いがあるのであろうか。私見ではこれらが「職掌」として記されていることから、文書の持つ性格に違いがあると思う。その際、注目されるのは、律令で「簿」や「帳」で表される文書は、政務の運営上便宜的に作成されたものといえることである。

このことを職員令の職掌に規定される「帳」でみてみたい。職員令にはａ同令3中務省条の「女王内外命婦宮人等名帳」、b同令5左大舎人寮《おおどねり》条の「左大舎人名帳」、c同令8縫殿寮《ぬいどのりょう》条の「宮人名帳」、d同令13式部省《しきぶしょう》条の「内外文官名帳」、e同令15散位寮《さんにりょう》条の「散位名帳」、f同令17雅楽寮《ががくりょう》条の「男女楽人《がくにん》音声人《おんしょうにん》名帳」、g同令24兵部省《ひょうぶしょう》条の「内外武官名帳」・「兵士以上名帳」、h同令60隼人司《はやとのつかさ》条の「検校隼人及名帳」、i同令61左衛士府条の「衛士名帳」、j同令62左兵衛府条の「左兵衛名帳」、k同令69大宰府条の防人司《さきもりのつかさ》の「防人名帳」などの「帳」が存在する。

そしてこれらの「帳」に共通するのは、「一時的に作成された文書」であり、その内容が流動的なことである。たとえばbは、大舎人（大舎人寮に所属し、宮中で宿直・警固、その他の雑務に従事した人々）が入れ替わる度に変動するが、このことはeやiも同様である。さらにこれらは、人民把握のための基本文書というよりも、それぞれの官司が、官人を把握するために便宜的に造られた文書である。同じ職員令に規定される「名籍」が、一般公民や特殊身分である雑戸や陵戸・官戸奴婢などの戸籍、また基本的身分差である良賤の別を記した籍など、正式で基本的な文書をあらわしたのとは対照的である。

古代国家の戸籍の管理形態

このように諸国人の戸籍は民部省の「諸国戸口名籍」と諸国の「戸口簿帳」とで把握されていた。しかし諸国が保持する戸籍・計帳よりも、民部省が保持する戸籍・計帳の方が、正式で基本的なものと認識されていた。これに対し、職員令66左京職条には「左京戸口名籍」と規定していた。つまり律令において京戸は京職によってのみ把握され、民部省の「諸国戸口名籍」に対置されるものとして設定されていたのである。これまでの考察による「名籍」の管理形態を図示すれば、図7のようになる。

民部省「諸国戸口名籍」――諸国「戸口簿帳」
左京職「左京戸口名籍」
官奴司「宮戸奴婢名籍」

図7　律令における籍帳の管理形態

3　京戸の管理方法

古代国家の浮浪・逃亡政策

ここでは京職と諸国とでは、人民管理の内容が異なっていたことを指摘したい。諸国では、人民からの徴税・徴発が重視されたため、人民を正確に把握することが最重要課題であった。そのために諸国においては自国の人民が逃亡した場合と他国の流浪が逗留した場合に備えて、次の規定が存在した。

［史料］戸令10戸《こ》逃走《とうそう》条

凡そ戸逃走せらば、五保をして追ひ訪《とぶら》はしめよ。三周までに獲《え》ずは、帳除《のぞ》け。其れ地は公に還せ。還さざらむ間、五保及び三等以上の親、均分して佃《つく》り食《は》め。租調は代《かわ》りて輸せ。三等以上の親といふは、同里に居住する者をいふ。　戸の内の口逃げたらば、同戸代りて輸せ。六年までに獲ずは、亦帳除け。地は上の法に准へよ。

ここで戸（＝一戸全体）または戸口（＝戸の構成員）が逃走した時は五保（近隣の五家）が追ひ訪ねることとし、三周（三年）たっても捕まえられない場合は籍帳（＝戸籍と計帳）から除き、口分田も回収することとし、それ以前は五保や三等以上の親戚が均分して口分田を耕し、租や調を代わりに納税することになっていた。戸口が逃走した場合は、同じ戸の戸口が代って輸すこととし、六年経っても捕まらない場合は籍帳から除き、口分田も回収することとなっていた。つまり逃走して六年経てば、籍帳から除かれていたのである。

［史料］戸令17絶貫《ぜつかん》条

凡そ浮逃して貫絶えたらむ、及び家人《けにん》、奴婢、放《ゆる》されて良と為《し》たらむ、若し良と訴へて免せらるること得たらば、並びに所在に貫に附けよ。若し本属に還らむと欲《ねが》はば、聴せ。

ここでは浮逃によって貫が絶えた時、あるいは家人（賤民身分の一つ）や奴婢が許されたり、訴えが認められたりして良民となった時は、所在地（現住地）において籍帳に編附（＝貫附）することとあり、もし本属（＝本貫。もともと本籍のあった所）に還ることを願う場合は本貫地で編附することが許されていた。
　このように国司は、自国内の人民が逃亡して六年経てば、戸令10戸逃走条により除帳し、また他国から浮浪がやって来れば戸令17絶貫条により、自国の籍帳に編附したのである。抜かりなく徴税・徴発するためには、まず人民を把握しなければならない。したがってこれは人民を正確に把握するための、人民の流動に即応した現実的な政策であった。

養老五年格と天平八年格

　そしてこの法令の延長上にあるのが、八世紀の浮浪《ふろう》・逃亡《とうぼう》政策である。浮浪・逃亡政策についての諸《しょ》格《きゃく》（養老五年格《ようろうごねんきゃく》・天平八年格《てんぴょうはちねんきゃく》・宝亀十一年格《ほうきじゅういちねんきゃく》・延暦四年格《えんりゃくよねんきゃく》）は、基本的には除帳《じょちょう》（＝除籍）された浮浪《ふろう》に本貫《ほんがん》への帰還を促すものの、それでも現住地に留まることを希望する者に対する処置を定めたものである。まず養老五年格と天平八年格とについて検討したい。

［史料］『類聚三代格《るいじゅうさんだいきゃく》』（巻十二、**隠首括出浪人事**）**天平八年**（七三六）**二月二十五日勅**
　勅すらく、養老五年四月二十七日格に云《いは》く、浮浪を見獲《げんかく》せば実本貫を得て、如《も》し過ちを悔ひて帰らんと欲する者は、本土に逓送《ていそう》せよ者《てへ》り。更に路次を煩せし。宜しく其の帰らんと欲するに随ひて状を与へて発遣すべし。又云く、自余《じよ》貫無くは、当処に編附《へんぶ》せよ者り。宜しく編附を停め直ちに名簿《みょうぶ》に録し、全く調庸を輸し、当処にて苦使《くし》すべし。

天平八年二月二十五日

養老五年（七二一）格は、この天平八年格の中の「云く」と「者り」の間と、「又云く」と「者り」の間の部分である。つまり「浮浪を見獲せば、実本貫を得て、如《も》し過ちを悔ひて帰らんと欲する者は、本土に逓送せよ」と「自余貫無くは、当処に編附せよ」が養老五年格である。そして天平八年格は、養老五年格の「浮浪を見獲せば、実本貫を得て、如《も》し過ちを悔ひて帰らんと欲する者は」の「本土に逓送せよ」を「状を与へて発遣」に、「自余貫無く」の「当処に編附せよ」を「名簿に録」すことに訂正した。

つまり養老五年格は、見獲した浮浪のうち本貫を得ていて本貫に帰ることを希望する者は、本土まで逓送（＝順々に送ること）し、その他の本貫の無い者は所在地で編附（＝戸籍に登録）することを定めた。そして天平八年格は、浮浪の逓送を止め、状を発行して本貫地に帰らせることにし、また「自余貫無く」の籍帳への編附も止めて、「名簿」で把握することにしたのである。ここではじめて浮浪を戸籍に編附しないという方針が打ち出されたのであり、彼らは名簿によって徴税・徴発された。このことにより後に「浮浪人」と呼ばれる身分ができる。

宝亀十一年格と延暦四年格

次に宝亀十一年格をみてみたい。

［史料］『続日本紀《しょくにほんぎ》』宝亀十一年（七八〇）十月丙辰（二十六日）条

伊勢国言《もう》さく、当土の民、部内《ぶない》に浮宕し、差科の日、徭夫《ようふ》数少し。精《くは》しく検括《けんかつ》を加ふるに、多く隠首を獲《え》たり。並びに悉く本籍に編附するに、口を益すこと千にならんとす。調庸増すこと有りとまうす。是に七道諸国に仰《おほ》せて、心を存《お》きて検括すること一《もは》ら伊勢国に准《なぞら》へしむ。又勅したまはく、天下の百姓《ひゃくせい》、課役を規避《きひ》して、他郷に流離す。懐土の心有りと雖も、遂に法を懼《おそ》れて返ることを忘る。隣保知りて相縦《あひゆる》す。課役、此に因りて人無し。乃《また》、出身を得るに臨みて諠訴《けんそ》多緒《たしょ》にして、勘籍の日更に尋検を煩すこと有り。養老三（五カ）年の格式に依りて、能く捉搦《そくじゃく》を加へ、委《くは》しく帰るや不やを問ひ、留らむことを願ふ輩は、当処に編附し、還らむことを願ふ侶《ともがら》は、綱を差《つか》はして逓送すべし。（後略）

『続日本紀』では、伊勢国司が国内を検括したところ、多くの隠首（ここでは隠れて戸籍に編附されていなかった者）を見つけたので、彼らを本籍に編附したところ、人口が増え、調庸などの税収も増えた。他の七道諸国も伊勢国のように国内の人民を検括せよ、とある。そして他国に浮浪する人々については、天下の百姓は課役を忌避して他国に流浪し、帰還の意思があっても法を懼れて帰ることができないでいる。その結果、課役を負担する人が無く、また官人として出身する際に訴えが多く、勘籍《かんじゃく》（身分照会のための戸籍調査）が煩雑になっている。したがって養老五年格のように、当国に留まることを願う者は編附し、本貫に還ることを願う者は、本国に逓送することとしている。一方、『類聚三代格』にも次の史料がある。

〔史料〕『類聚三代格』（巻十二、隠首括出浪人事）宝亀十一年十月二十六日太政官符

太政官符す。
　京職畿内七道諸国部内《ぶない》浮宕《ふとう》の百姓を括《くく》るべき事
　右伊勢国司解偁《いへら》く、当土の民、部内を浮宕す。差科《さか》の日、徭夫《ようふ》数少し。仍《よ》りて諸郡に仰せて精《くは》しく検括《けんかつ》を加へ、或は逃を罔《し》ひて、帳を除き、或は死を詐りて、名を棄《す》つ。王臣《おうしん》の庄に駈けらる。徒《いたづら》に課役の務を免ず。今訪捉《ほうそく》を加ふるに、多く隠首を獲《え》る。帳を除くを以て走還《そうかん》と為す。死を詐はるの民、以て括出《かつしゅつ》と為す。並びに悉く本籍に編附すること已に訖んぬ。但諂訣《てんゆ》の徒、貫属を詐冒《さぼう》し、尋ねて籍帳を勘するに、既に是、合はず。推詰《すいきつ》を加ふると雖も、猶土民《どみん》を称す。仍ち歴名《れきみょう》を勒《ろく》し、具《つぶさ》に別巻に載す者《てへ》り。内大臣宣す。勅を奉《うけたま》はるに、今解状《げじょう》に據《よ》り口を益すこと、将に千とす。輸す所の調庸、倍有り、常に載せる。国宰の委理、此《か》くの如くすべし。諸国吏、豈《あ》に効かざる哉。宜しく特に心を存し、検括すること一《もは》らに伊勢国司に准へよ。事是、綸旨《りんし》なり。疎漏《そろう》有ること勿《なか》れ。
　宝亀十一年十月二十六日

『類聚三代格』では、まず伊勢国の解（「偁く」から「者り」の間の部分）を引用する。すなわち「伊勢国においては、多くの者が逃亡をしいられたり死を偽ったりして除帳され、王臣の庄園に駆け込み課役を逃れている。そこで伊勢国司は検括を加へ国内の隠首を見つけ、彼らを「走還」「括出」として籍帳に登録した。しかし一方で伊勢国人を名乗るものの、籍帳を調べても素性のわからない者がいる。尋問

しても土民（＝伊勢国人）であると称している。そこで彼らの名前を記録し、別巻に載せて報告するので民部省が持つ諸国の戸籍で照会して欲しい」とある。そしてこれを受けて太政官より、「伊勢国では人口が増え、税収も増えた。国司とは本来このように行動すべきである。他の国々も伊勢国と同じように国内の人民を検括しなさい」と命じている。

このように宝亀十一年格は、『続日本紀』と『類聚三代格』に見られる。両者はともに伊勢国内の浮浪（部内浮宕）を伊勢国司が検括し、本籍に編附していることを記す。部内浮宕とは「当土の民。部内を浮宕す」（宝亀十一年格）とあるように、本貫国内において浮宕する者をいい、他国浮浪《たこくふろう》とは「他郷を流離す」（宝亀十一年十月丙辰条）とあるように、本貫国以外の国で浮宕する者をいう。養老五年格や天平八年格が他国浮浪を対象にしていることは、宝亀十一年十月丙辰条の他国浮浪について述べられている部分に「依養老三《五カ》年格式」とあることや、後述の延暦四年格の「一、応に他国浮浪を勘ずべき事」の部分に「天平八年二月二十五日格に依り」とあることからあきらかである。

そして『続日本紀』では、他国浮浪に関しては養老五年格に依り、留まることを希望する者は、所在地で編附し、帰還を希望する者は本土へ逓送することを定めている。このように他国浮浪は、天平八年の名簿へ登録する形態から、養老五年の籍帳へ編附する形態へと変更されたことがわかる。しかしこの他国浮浪の籍帳への編附も、次の延暦四年六月二十四日官符により廃止される。

［史料］『類聚三代格』（巻十二、隠首括出浪人事）**延暦四年**（七八五）**六月二十四日太政官符**

太政官符

一　応に畿内七道諸国戸口を括責すべき事　（略）

一　応に他国浮浪を勘ずべき事

右無頼《ぶらい》の徒、課役を規避《きひ》し、他郷に容止《ようし》し、巧《たくみ》に方便《ほうべん》を作《な》す。彼此《かれこれ》共に検括して同じく課役を科せば、戸口減らず、調庸増益す。而るに国郡司、顔面阿縦《あじゅう》して、并せて私に隠没《おんぼつ》して己の利と為す。又去る宝亀十一年格に依りて、当処に編附す。茲《ここ》に因りて国司途に觸《ふ》れて妄《みだ》りに欺く。今年編附して口田《くでん》を給ふ。来歳逃亡して地を還さず。遂に人田共に隠没に致る。自今以後、編附の格を停め、天平八年二月二十五日格に依れ。但し先ず田給ひて逃亡せし人の分を公に還せ。

（略）

延暦四年六月二十四日

ここでは無頼の徒（無法な行いをする人）が課役を逃れて他国に定住して、巧に言い逃れをしている。彼らも同じように検括し、課役を科せば、戸口も減ることなく、調庸も増えるはずである。しかし国司・郡司は容認して、彼らを隠して自分たちの利益としている。また宝亀十一年格によって、他国からの浮浪は当国で編附することになった。国司は事にふれて国家を欺き、彼らを今年編附して口分田を班給し、翌年に逃亡したといいながら、口分田を還さないでいる。ここに人も口分田も消えてしまう。今後は編附の格（＝宝亀十一年格）をやめて、天平八年二月二十五日格（他国浮浪を編附せずに「名簿《みょうぶ》」に登録すること）に依りなさい。まず口分田を与えながら逃亡してしまった者の口分田を返還しなさい、とある。

このように延暦四年に天平八年格に戻って「名簿」で把握することに定まり、以後、これが定着するのである。この「名簿」は、『類聚三代格』（巻八、調庸事）延暦十六年八月三日官符の「浮浪帳」や『政事要略《せいじようりゃく》』（巻五十七、交替雑事十七）雑公文上の大帳枝文の「浮浪人帳」と同じものと考えられる。先に律令における「籍」と「簿・帳」の用例を調べ、「籍」が「簿・帳」よりも基本的な文書を指すことを述べたが、ここでも籍帳の方が基本的で、名簿・浮浪人帳は、これを補完するものであった。

除籍されない京戸

これまで諸国における人民管理の政策をみてきた。すなわち諸国では六年以上逃亡した者は除帳され、また当国に逗留する他国浮浪は養老五年格・宝亀十一年格は戸籍に編附し、天平八年格・延暦四年格では名簿に登録していた。しかし京においては、これらのことは該当しなかった。つまり京職には国司のような、逃亡者の除帳と浮浪人の編附を行う権限がなかった。まず逃亡者の除帳の権限がなかったことについては、戸令10戸逃走条（本書102頁）が京職および京戸には該当しないことから窺える。つまりここには「同里居住」とあって「坊」の記載がないので、諸国の規定と考えられる。さらに九世紀に、次の官符が出されている。

〔史料〕『類聚三代格』（巻十七、文書并印章事）**貞観十八年**（八七六）**六月三日太政官符太政官符**

応に六年以上計帳進めざる戸、逃走《とうそう》の例《れい》に准《なぞら》へて帳を除き、地を収むるべき事
右、右京職解を得るに偁《いへら》く、案内を検ずるに、或は戸十余年を経て年々職（＝京職）、写して帳に注《しる》す。即ち若し死亡せざるは、必ず是逃走を知る。而るに責法《せきほう》を立てず、恒に職の写に置く。遂に奸猾《かんかつ》の浪人をして、戸口の冒名《ぼうめい》を為さしむ。仮濫の構、斯より過ぐるは莫し。謹んで戸令を案ずるに云く、戸逃走せらば、五保をして追ひ訪はしめよ。三周までに獲ずは帳除け。其れ地は公に還せ。戸の内の口逃げたらば、六年までに獲ずは、亦帳除け。望み請ふらくは、六年巳上計帳進めざるの戸、戸口逃法に准へて、以て帳を除く期と為し、其の口分田を公家に還収せん。謹んで官裁を請ふ者《てへ》り。右大臣宣す。請ふに依れ。左京職、此に准へよ。
　貞観十八年六月三日

右京職の解によれば、前年の計帳を十年以上写している戸がある。死亡でなければ、これは逃走である。しかし彼らに責任をとらせる法がなく、つねに京職の籍帳に残っている。その結果、狡猾な浪人が替え玉となって戸口を名乗っている。このような違法行為を許してはならない。謹んで戸令をみると、戸が逃走した時は五保（近隣の五家）が追ひ訪ねることとし、三周（三年）たっても捕まえられない場合は、籍帳から除き、口分田も回収することとし、戸口が逃走した場合は、六年経っても捕まらない場合は籍帳から除くこととなっている。したがって右京職においても、戸口逃法（＝戸令10戸逃走条）に準じて、六年をもって除帳することとし、その口分田を収公したい、とある。右京職の訴えは認められ、六

写真6　『正倉院文書』続修第九巻第一紙と第六紙

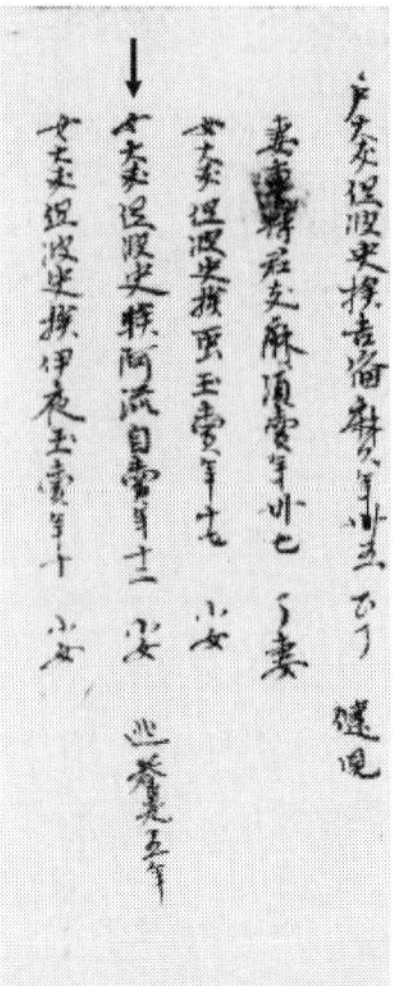

続修第九巻第一紙　神亀二年（七二五）

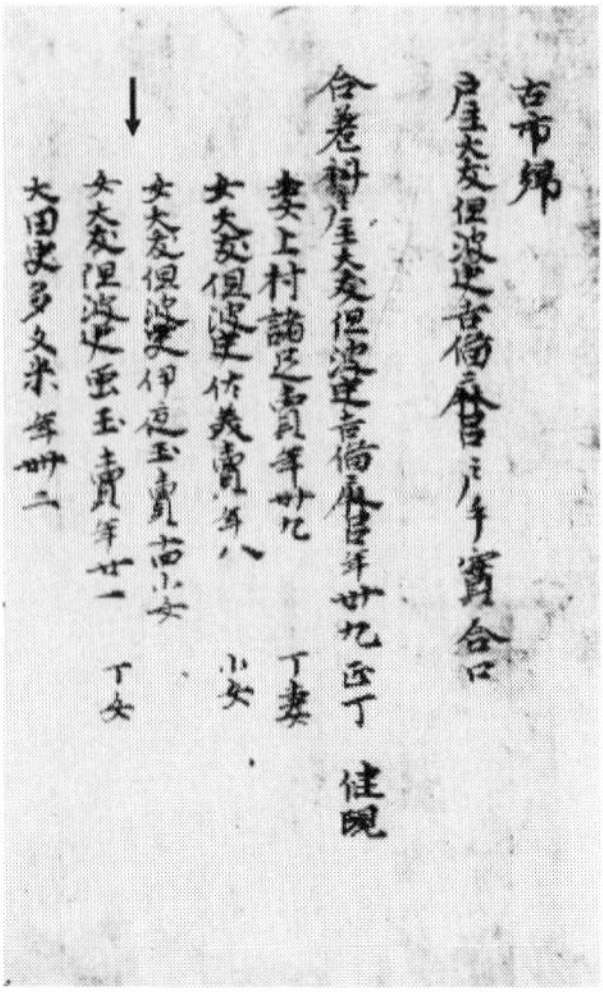

続修第九巻第六紙　天平元年（七二九）

年逃亡した京戸を除帳することが決定した。

ここで六年以上計帳を進めない京戸に対し、「戸口逃法に准へて、以て帳を除く期と為」せという処分を打ち出しているように、それまで京においては、戸令10戸逃走条が適用されていなかったことがわかる。原島礼二氏が指摘するように（「京畿計帳の逃注記について」『日本古代社会の基礎構造』未来社、一九六八年、初出、一九六五年）、近江国志可郡《しかぐん》計帳手実においては、神亀二年（七二五）までは大友但波史族阿流自売《おおとものたんばのふひとのぞくあるじめ》に「逃、養老五年」とあるが、逃亡後八年目の天平元年（七二九）の手実では消えている（『大日古』一ノ三三一〜三三二、三八七〜三八九、写真6参照）。また天平六年（七三四）出雲国計会帳《けいかいちょう》では「逃亡満六年帳」と「神亀五年（七二八）以来逃亡帳」がみえ（『大日古』一ノ五九七）、六年経つと除帳されるので逃亡帳に記されなくなっていることがわかる。ここから畿外国においては満六年後の、逃亡者除帳が行われていたことが確認できる。

しかし京畿内では、少なくとも霊亀元年（七一五）から天平五年（七三三）までの間、戸令10戸逃走条が適用されなかったことがわかる。すなわち天平五年（七三三）右京計帳・神亀三年（七二六）山背国愛宕郡《おたぎぐん》出雲郷《いずもごう》計帳・天平五年山背国愛宕郡計帳において、和銅元年（七〇八）以来の逃注記《とうちゅうき》が見られるのである。

[史料] 天平五年（七三三）右京計帳

・弟秦《はたのお》小宅石床《やけいわとこ》 年二十四 養老七年八月逃（『大日古』一ノ四八八）
・兄国覔《くにまぎ》忌寸東人《あずまひと》、年三十五 正丁 養老五年四月逃（『同』一ノ四九七）

右京においては天平五年（七三三）の計帳において、養老七年（七二三）、養老五年に逃亡した人物が記載されているのであり、彼らは十年以上経っていても計帳に登録されている。六年経っても除帳されなかったことがわかる。

[史料] 神亀三年山背国愛宕郡出雲郷雲上里《うんじょうり》・雲下里《うんげり》計帳

・従父出雲臣法麻呂《のりまろ》 年三十六歳 正丁 養老二年逃 近江国蒲生《がもう》郡（『同』一ノ三三七）
・従父妹出雲臣愛売《えめ》 年四十三歳 正丁 和銅二年逃（『同』一ノ三三八）
・弟出雲臣乎多須《おたす》 年四十歳 正丁 和銅二年逃 武蔵国前玉《さきたま》郡（『同』一ノ三五四）

これらは神亀三年（七二六）の山背国の計帳であるが、ここでも養老二年（七一八）、和銅二年（七〇九）に逃亡した人々が除帳されていない。しかも「近江国蒲生郡」や「武蔵国前玉郡」とあるように、彼らの逃亡先を把握しているのである。

［史料］天平四年山背国愛宕郡計帳

・従父弟白髪部造族《しかみべのみやつこのぞく》老《おゆ》　年四十一歳　正丁　和銅《わどう》五年逃　伊賀国（『同』一ノ五一四）
・母鴨県主《かものあがたぬし》伊毛売《いけめ》　年七十五歳　和銅元年逃　越前国（『同』一ノ五二二）

これも山背国の計帳であり、天平四年（七三二）より六年以上前の和銅元年（七〇八）、和銅五年の逃亡者の名前が記されており、さらに逃亡先が伊賀国、越前国と記されている。直木孝次郎氏は、彼らの逃亡先が越前国・筑紫国・播磨国・遠江国・近江国・越中国などであることから、この「逃」は、夜逃げや逃散ではなく、開墾を目的とした移住であったとする（「奈良時代における浮浪について」『奈良時代史の諸問題』塙書房、一九六八年、初出、一九五一年）。

私は逃亡者の除帳の規定が、一時的に適用されなかったのではなく、元来適用されていなかったと考える。すなわち八世紀を通じて貞観十八年にいたるまで、京職には逃亡者を除帳する権限がなかったのである。

京貫されない諸国人

つぎに京職が原則として、諸国人を京貫する権限がなかったことについて述べたい。戸令17絶貫条には「凡そ浮逃して貫絶えたらむ、及び家人、奴婢、放《ゆる》されて良と為たらむ、若し良と訴へて免せらるること得たらば、並びに所在に貫に附けよ。若し本属に還らむと欲はば、聴せ」とあり、「京」とも「国」ともないので、対象地域がわからない。しかし編附に関する律令の規定をみると、たとえば戸令14新付条では、唐令の「辺州」を「本国」に改め、また戸令16没落外蕃条においても、唐令の「寛郷」を「寛国」に改めているように、新規に編附する時や帰化人などの編附においては、いずれも諸国に編附する規定に改めている（『唐令拾遺』戸令一七・一九条）。つまり日本戸令において、編附に関する条文は、「京に編附」することを想定していないのである。

さらに先にみた八世紀の浮浪・逃亡政策のうち、浮浪人の現住地編附を認める宝亀十一年格は、京には該当しないことが証明できる。宝亀十一年格は、先述したように『続日本紀』（本書106頁）と『類聚三代格』（本書107頁）とに見られるが、『類聚三代格』には他国浮浪の籍帳編附の記述がない。しかし延暦四年格に「去宝亀十一年格に依って当処に編附す」とあるように（本書109頁）、宝亀十一年の原格には、他国浮浪を籍帳に編附するという記載があったはずである。

この原因は「弘仁格《こうにんきゃく》」の編纂方針にある。すなわち『類聚三代格』とは弘仁格・貞観格・延喜格の三つの格を集めたもので、問題の『類聚三代格』所収の宝亀十一年格はもともと「弘仁格」に入っていた。この「弘仁格」は現行の法令として施行されたので、当時、他国浮浪については延暦四年格により、戸籍に編附せずに名簿に登録することになっていた。したがって「弘仁格」では、宝亀十一年格のうち当時の現行法（＝延暦四年格）にそぐわない、他国浮浪の籍帳編附を述べた部分を削除したのである。

さらに弘仁格編纂時には施行対象地域を加筆したと思われる。それは『類聚三代格』の事書きの、「京職畿内七道諸国」とある部分の「京職畿内」である。なぜなら『続日本紀』では本文中に「仰七道諸国」とあり、「京」や「畿内」が対象ではないからである。さらに『類聚三代格』をよく見ると、その文中には「国宰之委理」「諸国吏豈不劾哉」とあり、京職を対象にした語句がない。このように宝亀十一年当時は、『続日本紀』が記すように七道諸国（＝畿外諸国）にのみ施行されたと考える。

以上のように宝亀十一年格は、京を対象としなかった。そして宝亀十一年格の基である養老五年格も、そもそも京を対象にしなかった。さらに養老五年格を訂正した天平八年格、天平八年格に戻すことを定めた延暦四年格も諸国・諸国人を対象にしていたのである。このように逃亡者の除帳と浮浪人の現住地編附という政策は、諸国の間で行われていたのである。

特殊な人民管理

それでは京戸の除帳や諸国人の京貫は、どのように行われたのであろうか。結論をいえば、両方とも中央政府の臨時の処分として行われた。逃亡者の除帳に関しては、『続日本紀』霊亀《れいき》元年（七一五）八月甲戌（二十五日）条に「京の人、畿外に流宕《るとう》するときは、当国に貫して、事に従はしむ」とあり、畿外諸国に逗留する京戸を除帳し、当国に編附することにしている。また『同』天平宝字五年（七六一）三月甲辰（十九日）条にも「京戸の百姓、課役を規避《きひ》して、外国に浮宕《ふとう》すること、習ひて常とす。その数実《まこと》に繁《おほ》し。各《おのおの》在所に占著《せんちゃく》して、その口田《くでん》を給ふ」とあるように、畿外諸国に浮宕する京戸の除帳と現住地での編附が行われている。『続日本紀』天平宝字五年三月甲辰条で再び京戸の現住地での編附が命じられていることから、霊亀元年八月甲戌条の京戸の現住地編附は一時的なものであったことがわかる。

また『続日本紀』宝亀十年九月戊子（二十二日）条に京職の行政措置を改めるべきことを述べた勅のなかに「是を以て、天平神護年中格有り。外居之人、徭銭《ようせん》（雑徭《ぞうよう》を負担する代わりに納める銭）を取ることを聴す」とあり、天平神護年中（七六五～七六七）に京戸でありながら、外居（＝畿外国に居住）する人が存在し、彼らから徭銭を徴収していたことがわかる。つまり彼らは京に本籍を持ったまま畿外国に居住していたのであり、京戸は現住地に編附されていない。すなわち天平宝字五年三月甲辰（十九日）条も、少なくとも六年後には停止されている。このように京戸の除帳は、中央政府の臨時の処分であったといえる。

また同様に「秩満解《ちつみちげ》任《にん》の人」や「王臣子《おうしんし》孫《そん》の徒」と呼ばれる京戸の除帳についても、臨時に行われている。「秩満解任の人」「王臣子孫の徒」とは国司などに補任され、任期が終わっても現地に留まっている人、あるいはその子孫を指し、彼らは皇族・貴族の子孫であった。たとえば後に天慶《てんぎょう》の乱を起こす藤《ふじ》原純友《わらのすみとも》も藤原北家の出身で、伊《い》予掾《よのじょう》として伊予国に赴任したが、任期が終わっても戻らなかったのであり、承平《じょうへい》の乱を起こす平将門《たいらのまさかど》も高望王《たかもちおう》の孫であり、父鎮守府将軍良将《ちんじゅふしょうぐんよしまさ》の遺領を受け継ぎ下総《しもうさ》に勢力をふるっていたのである。

このように地方に土着し、京に戻らない皇族・貴族とその子孫たちは、九世紀半ばにはすでに問題視されており、『類聚三代格』（巻十二、隠首括出浪人事）斉衡二年（八五五）六月二十五日太政官符「応に浪人を検括すべき事」には「宜しく厳しく検括し勤めて本郷に還すべし。情留住を願はば、便に即編附す。去留《きょりゅう》の事。夏月畢《おわ》らしめ、大帳使《だいちょうし》に附《ふ》して別状にて申上せよ」とある。つまり彼らに本籍地に戻るか、現地に留まるかを夏月までに決断させ、現地に留まる場合は、その地に編附することとした。さらに『類聚三代格』（巻十九、禁制事）寛平三年（八九一）九月十一日太政官符「応に京戸子弟《きょうこしてい》、外国に居住するを禁制すべき事」においても「宜しく下知《げち》を加え、厳しく督察《とくさつ》せしめ、来年七月以前に其去留《きょりゅうの》状《じょう》を言上《ごんじょう》せしむべし」とある。寛平三年には、六年以上計帳を進めない京戸の除帳が認められていたが、それでも京戸の子弟が外国（＝畿外諸国）に居住することを禁止するとともに、戻るか留まるかを来年七月以前に申告することを命じている。このように京戸を除帳し、諸国に編附する手続きは、官符到達後の一定期間内に行われたことがわかる。

諸国人の京貫については、史料は少ないが、たとえば『続日本紀』霊亀《れいき》元年（七一五）六月丁卯（十七日）条に「諸国人二十戸。京職に移附《いふ》す。殖貨《しょくか》の由也」とある。これは八世紀初めの記事で、「二十戸」と小規模であり、かつ理由が「殖貨」であることから、平城京の交換経済を発展させることを目的とした特殊な編附であったと考えられる。また第四章で述べる百数十件の京貫記事も、中央政府が下級官人の京貫を一件ずつ許可している。このように諸国人を京に編附するには、中央政府の許可が必要であった。すなわち京職の京戸管理とは、逃亡者を除帳したり、浮浪人を編附することではなく、冒名や脱漏のないように、京戸を正しく登録することであった。

畿内諸国の人民管理

このように京戸は浮浪・逃亡政策の対象外であり、京戸は逃亡しても除帳されず、諸国人は京に居住していても、京戸として貫附されることはなかった。それでは畿内諸国の人々はどうだったのであろうか。「京」とは異なり、畿内諸国も畿外諸国も文面には「諸国」と記されるので、判別ができない。しかし先に見た『類聚三代格』の宝亀十一年格においては（本書107頁）、事書きの「京職畿内七道諸国」とある部分の「京職畿内」は、弘仁格編纂時の加筆であった。つまり宝亀十一年当時は、畿外諸国が対象であった。そしてこの宝亀十一年格は養老五年格を根拠としていることからも、他国からの浮浪を居住地で編附する政策は畿外諸国が対象であったと考えられる。

そして畿内諸国である山背国の八世紀の計帳、すなわち神亀《じんき》三年山背《やましろ》国愛宕《おたぎ》郡出雲郷雲上里《いずもごううんじょうり》・雲下里《うんげり》計帳、天平四年山背国愛宕郡計帳においては、六年を経ても逃亡者の除帳が行われていなかった。このように畿内諸国においても、浮浪・逃亡政策は実施されていなかった。自国の民が逃亡した場合は除帳し、他国の民が来住した場合は自国の戸籍に編附するという、戸令10戸逃走条・戸令17絶貫条、そして養老五年格・宝亀十一年格の政策は、畿外諸国が対象だったのである。

畿内は、地方行政区画上の特別区域であって、はじめは四畿内と呼ばれて、倭（大和）・河内・摂津・山背（山城）の四国を含み、霊亀《れいき》二年（七一六）には河内国の三郡を割いて和泉監《いずみげん》が設けられて畿内五国と呼ばれ、さらに芳野《よしの》監《げん》が置かれると、「四畿内及二監」（天平四年七月丙午〈五日〉条）とも呼ばれた。やがて芳野監が廃止され、天平十二年（七四〇）に和泉監が一旦廃止されて天平宝字元年（七五七）に再び和泉国として独立してからは、五畿あるいは五畿内と呼ばれた。

そして天智《てんぢ》天皇の近江京をはじめ、聖武《しょうむ》天皇の紫香楽宮《しがらきのみや》（信楽宮）や淳仁《じゅんにん》天皇の保良京《ほらきょう》など京が畿外に遷った時でさえ、畿内の境域は不変であった。関晃氏が述べるように、畿内は京の存在とは別のところに存在の根拠があり、それは強力な集権的支配権を掌握した一群の中央豪族の古くからの居住地域であり、かつ官僚の供給地であることから特別区域として定められたものである（「畿内制の成立」『大化改新の研究』下、関晃著作集第二巻、吉川弘文館、一九九六年、初出、一九五四年）。律令規定においても、致仕《ちし》（隠居）した五位以上諸王、三位以上の貴族が畿内に居住していることを想定しており（公《く》式令《しきりょう》56諸王五位条）、また五位以上の官人は、畿外に出る時には奏聞しなければならず、六位以下であっても本司の許可が必要であった（仮寧令《けにょうりょう》11請假条）。

税負担においても、賦役《ぶやく》令1調絹絁条で「京及畿内、皆正丁一人調布一丈三尺。次丁二人。中男四人、各一正丁に同じ」とあるように特例が設けられ、京・畿内の調は布のみで畿外の半分であり、調雑物、副物は出さなかった。庸も免除され、仕丁や衛士も徴発されなかった。さらに平城宮跡で出土した贄の木簡は畿外諸国のみである。大津透氏はこれは大化前代における支配体制、すなわち天皇が国造の服属儀礼を通して畿外の四方国《よものくに》に対する支配をあらわしており、贄《にえ》やツキ（調）などの服属儀礼を伴う貢納物、采女《うねめ》や仕丁《しちょう》の原形となった人身貢献、エダチの国造に率いられる形での労働力徴発などが、そのまま八世紀まで及んでいたとする（「律令国家と畿内」『律令国家支配構造の研究』岩波書店、一九九三年、初出、一九八五年）。

4　京戸管理の目的

人口増加が奨励されない京戸

諸国の人民管理の目的は、人民からの徴税・徴発を増大させることであり、そのため人口増加、すなわち「戸口増益《ここうぞうえき》」が奨励されていた。人口が増加すれば、それは国司・郡司の功績とされた。

［史料］考課令54国郡司条

凡そ国郡司、撫《な》で育《やしな》ふこと方有り。戸口増益せらば、各見戸に准《よ》りて、十分に為《つく》りて論せよ。一分加へたらば国郡司に、（注略）各考一等を進めよ。一分加へたらむ毎に、一等を進めよ。増戸といふは、謂はく、課丁増《ま》せるをいふ。一丁に率《のっと》って、一戸の法に同じ。次丁二口、中男四口、不課口六口毎に、各一丁の例に同じ。（後略）

ここでは増益以前の戸数を基準にして、その十分の一の増加があれば、国司・郡司の考（＝勤務評定）が一段階上昇することが定められていた。戸口が増益するということは、国郡司の善政によって人々が農耕に励み、土地が開け、豊かになった結果と解釈されるのである。しかしこの考課令54国郡司条は、「国郡司」に対する規定であり、京では戸口増益が奨励されなかった。さらに『三代実録』貞観六年（八六四）正月二十五日壬子条に「不課口《ふかこう》を以て戸口増益の功に計ふるを聴《ゆる》さず」、つまり直接税収に結びつかない「不課口」（＝課役を負担しない人）が増加しても、これは国郡司の戸口増益の功とはみなさない、という命令が出たが、ここには「五畿七道諸国に頒下」「諸国之功」「国司」とあるように、京職は対象ではなかった。このように、京職では八・九世紀を通して戸口増益が奨励されなかった。つまり古代国家は、京戸を徴税・徴発の対象として認識していなかったのである。このことは律令条文からも窺える。

　先にみたように諸国人は、最終的に民部省の「諸国戸口名籍」で把握される。これは、民部省被管の主計寮《しゅけいりょう》が「調及雑物を計《かぞ》へ納《おさ》めむ。国用を支度せむ。用度を勘《かむが》へ勾《かむが》へむ」「調庸及び用度を勘《かむが》へ計《かぞ》へむ」、すなわち中央財政の収入と支出を計算することを職掌とし（職員令22主計寮条）、また主税寮《しゅぜいりょう》が「倉廩の出納、諸国の田租、舂米《しょうまい》」、すなわち諸国に蓄積される田租と中央へ運ばれる舂米《しょうまい》を把握することを職掌とするように（同令23主税寮条）、諸国人を把握することで、徴税を正確に実施しようとする意図がみられる。そして職員令大蔵卿の職掌に「諸国の調及び銭」（同令33大蔵省条）、宮内卿に「諸国の調雑物」（同令39宮内省条）、大膳大夫に「諸国の調雑物及び庶《もろもろ》の膳羞《ぜんしゅ》造らむこと」（同令40大膳職条）、大炊頭に「諸国の舂米」（同令42大炊寮条）、主油正に「諸国の調膏油《こうゆ》事」（同令54主油司条）とあるように、諸国人からの徴収物が中央官司に配分されることが確認できる。

さらに諸国人は諸国においても、「戸口簿帳《ぼちょう》」で把握される。国司が作成する多くの「簿」は、兵士・丁匠・雇役丁などの労働力徴発のためのものである。賦役令4歳役条では京・畿内では歳役の代わりに納める庸が免除されるので、畿外諸国が歳役《さいえき》・庸の徴収の対象であった。同令22雇役丁条には「国司親《みづか》ら貧富強弱を知りて（後略）」とあり、諸国から雇役丁をとっていること、同令28丁匠在役遭父母喪条には「凡そ丁匠《ていしょう》役に在りて、父母の喪に遭へらば、皆国司、実を知りて役所に申せ。」とあり、丁匠も諸国人から徴発されている。また軍防令14兵士以上条も「凡そ兵士以上は、皆歴名《れきみょう》の簿二通を造れ（略）一通は国に留めよ」とあり、かつ同令20衛士向京条に「凡そ衛士の京に向ひ、防人《さきもり》の津に至らむ間には、皆《みな》国司親《みづか》ら自《みづか》ら部領《ぶりょう》せしめよ。（略）」とあるように、兵士・衛士・防人も諸国から徴発されることが確認できる。このように徴税・徴発に関する令文は、京を除外している。律令において「京」を意識しているところでは、唐令の「里正」「郷里」を（『唐令拾遺』戸令二一・三七条）、それぞれ「京国官司」（戸令18造計帳条）や「坊里」（同令32鰥寡条）と書き換えているが、これらの条文には、このような書き換えがみられない。つまり日本の律令制定者たちは、これらの条文は「諸国人の負担」とする意識が強かったのである。

不法な京貫の阻止

それでは京職の京戸管理は、どのような目的で行われていたのであろうか。興味深いのは、京において諸国人の不法な京貫を、警戒していたことである。

〔史料〕『類聚三代格』（巻十二、隠首括出浪人事）斉衡《さいこう》二年（八五五）三月十三日太政官符

太政官符

応に左右京五畿内の隠首《おんしゅ》・括出《かっしゅつ》を帳に附《つ》けるを停止《ちょうじ》すべき事

右太政官去る大同元年八月八日符に偁《いへら》く、太政官去る延暦十九年十一月二十六日民部省に下しし騰《とう》勅符《ちょくふ》に偁く、都鄙《とひ》の民、賦役同じからず。除附《じょふ》の事、損益已《すで》に異れり。今聞く、外民《げみん》奸を挟み、競ひて京畿に貫《かん》す。隠首・括出の二色《にしき》、是なり。唯、口を増やし田を貪《むさぼ》るにあらず。実、亦た名を冒《おか》し蔭《おん》を仮《か》る。如《も》し轍《てつ》を改めざれば、何ぞ詐偽を絶たん。自今以後、一切禁断す者《てへ》り。右大臣宣す。勅を奉《うけたま》はるに、今、隠首を禁ずれば、頗《すこぶ》る人民の胤を棄つ。復た括出を断つれば、還《かえ》りて浮宕の類、増す。宜しく令条に依りて籍帳に附《つ》くを聴《ゆる》せ。但し名を冒し蔭を仮るは、法に依りて罪を科せ者《てへ》り。聞《き》く如《な》らく、外土《げど》の民、奸して京畿に附く、多く課役を遁《のが》れ、懐土の心無し。右大臣宣す、勅を奉《うけたま》はるに、宜しく延暦十九年十一月二十六日格に依りて厳しく禁止を加へるべし。有司許容して糺《ただ》さずは、法に依りて責を科す。但し隠首の色、止《や》むを獲《え》ず附《つ》くべき有らば、氏中の長者、実を覆《ふく》し、署を加へて所司に申せ。所司、官に申せ。報を待ちて、しかる後に帳に附けよ。

斉衡二年三月十三日

ここでは延暦十九年（八〇〇）に、「都鄙（みやこといなか）の民は賦役が同じではない。除帳や編附、人口の増減も異なっている。今、外民（＝畿外人）が不法に京・畿内に貫附されていると聞く。その原

因は隠首《おんしゅ》・括出《かっしゅつ》である。これは京戸や畿内人を増やし、口分田を貪るだけでなく、名を冒し蔭《おん》（＝蔭位。高位者の子孫を優遇する制度）を仮りている。如し轍を改めざれば、何ぞ詐偽を絶たん。自今以後、一切禁断す」とあり、隠首・括出の附帳を禁止した。しかし大同元年に「隠首を禁止すると人民の胤（＝血筋）を棄てることになり、括出を断てば浮宕の類が増えてしまう。したがって令条にあるようにまた編附することを許す。ただし他人の名を冒した者は、処罰する」とあり、再び隠首・括出の附帳を許可した。そして斉衡二年には「外土の民（＝畿外人）は不法に京・畿内に貫附されており、彼らは課役を逃れ、本国に帰還する意思もない。右大臣宣す、勅を奉はるに、今後は延暦十九年の格のように隠首・括出の編附を禁止する。関係官司が容認して糺さなかった場合は、法に依って責を科す。ただし隠首をやむを得ず編附する場合は、氏中の長者が事実を精査して署名したうえで京職・畿内諸国に申告しなさい。京職・畿内諸国は太政官に申請し、報を受けてから隠首を籍帳に編附しなさい」と命じ、再び隠首・括出の附帳を禁止した。

このように延暦十九年に、京畿内の隠首・括出の附帳（＝編附）を禁止し、大同元年にこれを許し、斉衡二年に再び禁止したことが知られる。文中の隠首・括出は、考課令55増益条に「凡国郡、戸口増益するを以て、考を進むべくは、若し是れ招き慰《やす》めること、謂《い》はく、戸貫に徙《うつ》さざるを、而も招き慰めて得たる者《ひと》をいふ。括《あなぐ》り出し、隠れたるが首《あらは》れ、走げたるが還れば、功の限に入るること得む」とある。つまり、隠首・括出は貫附（＝編附）されていない者を招き慰めて新たに郡内に本籍地を定め籍帳に附した場合と同様に、国郡司の功績とされた。また『令義解《りょうのぎげ》』（天長十年〈八三三〉に成立した養老令の解説書）では隠首は「謂《いふこころ》は、名無きの民、自ら来たるは首也」とあり、括出は「謂は、籍帳に名無し。而るに官司、勘出せし者也」とある。ここから隠首・括出は、他国からやって来た浮浪で、自首あるいは官司によって摘発された者を指し、この斉衡二年三月十三日官符とその前の延暦十九年十一月二十六日騰勅符は、地方民（＝畿外人）の附帳《ふちょう》を禁じたものと捉えられてきた。櫛木謙周氏は延暦十九年十一月二十六日格を、地方民の京畿籍帳の付貫を禁じたものと述べ（「浮浪・逃亡小論」『奈良古代史論集』一、一九八五年）、鬼頭清明氏も、延暦十九年官符によって京畿内への畿外からの隠首、括出を禁止したとする（「初期平安京についての一試論」『古代木簡と都城の研究』塙書房、二〇〇〇年、初出、一九八三年）。

しかし、延暦十九年騰勅符のなかで、外民《げみん》が隠首・括出として京・畿内に編附されることを、「実亦名を冒《おか》し蔭を仮《か》る」と述べているように、これは他人の名を冒す「冒名」行為であった。さらに『延喜式』巻二十五、主計式下4隠首括出条に、「凡隠首括出の二色、先例損を補ひ、餘る所を功と為せ」とある。当時は浮浪《ふろう》の籍帳編附が放棄されているはずであるが、隠首・括出の貫附は認められ、これは国司の「功」とされている。そして宝亀十一年太政官符において（本書107頁）、伊勢国司が浮浪の編附を認めた宝亀十一年格の施行以前に、隠首・括出を編附したことが見える。つまり隠首・括出とはもともと部内の者で、籍帳に登録されていない者を指す。

隠首・括出の附帳とは、籍帳で人民を登録する際に必然的に起こる脱漏や誤り（官司の事務上の不手際もあれば人民の詐偽もある）を訂正する手段として、認められていたものであった。たとえば戸婚律《ここんりつ》3国郡不覚脱漏増減条では、国郡司の怠慢や失錯を想定し、また戸婚律1脱戸条では人民の課役忌避の手段としての脱漏を想定している。

以上のことから、延暦十九年騰勅符は、本来、京戸や畿内人を正確に編附するための隠首・括出の附帳制度が悪用され、実際には外民（＝畿外人）が編附されていたため、隠首・括出の附帳自体が禁止されたのである。このように京・畿内では、畿外人の不法な京貫を防ぐために、畿外諸国では戸口増益の功として認められる隠首・括出が、延暦十九年〜大同元年の間と斉衡二年以降、禁止されたのである。

そしてこの斉衡二年三月十三日官符において、「但隠首の色、止むを獲ず附すべき者有らば、氏中の長者、実を覆し加署して所司に申せ。所司官に申せ。報を待ちて而る後に帳に附せ」とあるのが注目される。『日本後紀』延暦十八年十二月戊戌（二十九日）条でも本系帳の進上にあたり、「若し元の貴族の別、出すは、宜しく宗中の長者、署を取りて、之を申すべし」とある。氏の系譜の作成において詐冒を防ぐために、「宗中長者」の証明を得ることを命じている。これと同様に隠首を止むを得ず附帳する場合、「氏中長者」に、その隠首が同族であること、つまり京戸であることの証明をさせているのである。このことから古代国家が、諸国人が不法に京貫されることを警戒していたことが窺われる。

皇族・貴族も「京戸」

その理由として考えられるのは、京戸の中には、皇族や有力な貴族たちが存在したということである。京戸に王がいたことは、『延喜式』巻四十二、左右京式52諸王歳満条に「凡そ諸王、歳十二に満たば、毎年十二月名を録して宮内省に送れ」とあり、京職の仕事のなかに十二歳になった王の名前を毎年十二月に宮内省に送るというものがある。また『類聚国史』（巻七十九、政理部一、法制）延暦十一年（七九二）七月乙卯（二日）条に「勅《ちょく》すらく、頃年京職、輙《たやす》く諸王に姓を賜ひ、即ち籍帳に著くこと、以て常と成す。自今以後《じこんいご》、六世以下の王、賜姓《しせい》を願はば、願ふ所の姓を注《しる》し、先ず申請を以てす。然る後に之を行へ」とあり、京職が勝手に王に姓を与えて籍帳に貫附していることが問題視され、今後は賜姓を願う王はその希望する姓を申請し、太政官の許可を得てから籍帳に貫附するように定めている。これらの記事から天皇の孫にあたる王、王を名乗ることのできる五世王、新たに氏姓を賜う六世王が京職の戸籍に附されていることがわかる。

ただし親王は京戸ではなかった。『日本後紀』弘仁六年（八一五）六月戊午（十九日）条では、「皇子源朝臣信《みなもとのあそんまこと》、弟弘《ひろむ》・常《ときわ》・明《あきら》、女貞姫《さだひめ》・潔姫《きよひめ》・全姫《またひめ》・善姫《よしひめ》等八人、右京人従四位下良岑朝臣安世《よしみねのあそんやすよ》・従五位下長岡《ながおか》朝臣岡成《おかなり》等、左京に貫附す」とあり、嵯峨天皇の皇子である源信などは賜姓された後、はじめて京に編附されている。つまり通常、賜姓されない親王は、本籍を持たない（＝編附されない）存在であった。戸籍に貫附されることは「天皇の民」となることを意味するため、天皇と同様に親王も戸籍を超越する存在であった。京戸に五位以上の貴族がいたことは、軍防令46五位以上子孫条に「凡そ五位以上の子孫、年二十一以上にして見《げん》に役任《やくにん》無くは、年毎に京国の官司、勘検して実を知れ」とあり、京職や国司は二十一歳以上の五位以上の子・孫で官人として出仕していない者を把握しなければならなかった。また『延喜式』巻四十二、左右京式53貢挙条に「凡そ三位已上の子孫、并せて四位五位の子、年二十一已上に到らば、式部省に貢挙せよ」とあるように、京職は二十一歳以上の三位以上の子・孫と四位・五位の子を官人として式部省に貢挙（推薦）することになっていた。このように彼らが京職の籍帳で把握されていたことがわかる。

以上のように、京戸には王や有力貴族も存在したが、これらの支配者層の間では「氏」という政治組織が存在した。多くの先行研究であきらかにされたように、これは五・六世紀の大和朝廷が生み出した支配体制で、天皇が中央豪族に王権への奉仕を義務づけるかわりに、彼らに一定の政治的地位を与えたものであった。九世紀においても、この王権との関係は強く意識され、各氏は本系帳《ほんけいちょう》や系図で王権への奉仕の説話をつくり、天皇やその祖先神と自分たちの系譜を結びつけることで、現実の政治的地位を正当化していた。

しかし現実に、ある個人がその氏の継承者であるか、あるいはその氏に所属しているか、ということは本系帳や系図ではなく、籍帳で証明されたのである。その意味で京職の籍帳は、「氏」の後継者や構成員をあきらかにするという大きな役割を担っていた。つまり京戸の除帳や諸国人の京貫が、中央政府の権限で行われ、諸国人の不法な京貫に対して厳しく対処したのは、このような由緒正しい「氏」に他人が入り込み、その組織が乱されることがないようにするためであった。以上のように京職は、「氏」組織を守り存続させるために、京戸を厳密に管理していたのである。

5　在京諸国人の動向　―京戸になりたい諸国人―

八世紀の京職は、諸国のような逃亡者の除帳と浮浪人の編附の権限を持たなかった。そしてこれらのことは中央政府の権限で行われたので、京戸は諸国人に比べ、かなり固定した存在であった。このような状況のなかで八世紀末以降、諸国人が不法に京貫される傾向が激しくなった。これは先述した斉衡二年官符に引用される延暦十九年（八〇〇）騰勅符に見られるように（本書124頁）、畿外人が隠首・括出を冒名したことから知られる。京戸に成りすまし、あわよくば官人として出仕しようとしていたのである。『三代実録』貞観三年（八六一）六月甲辰朔条には、「詔す。民部省、大中臣中臣《おおなかとみなかとみ》両氏絶戸并びに無身戸《むしんこ》、左右京職惣一百三十七烟《えん》を除棄せん。是より先、正五位下守神祇《じんぎ》伯《はく》中臣朝臣逸志《いちし》、少副正六位上大中臣朝臣豊雄《とよお》等奏して言《もう》さく、件の無身・絶戸等、帳を除くことを請ふ。以って冒蔭《ぼうおん》の奸を絶たん。之に従へ」という記事があり、これは大中臣・中臣氏が同族の絶戸并びに無身戸を自ら告発し、その除帳を願い出たものである。その目的は「以って冒蔭の奸を絶たん」とあるが、「冒蔭の奸」とは、官人として出仕する上で特典を有している五位以上の子・孫に成りすます輩のことである。このように、他人が大中臣・中臣氏の戸に入り込み同族を名乗り、官人として出仕することを避けようとしたのである。

絶戸は本来、「戸が絶える」という状態を表し、このような用法は『類聚三代格』などにみえる。しかし九世紀の史料に頻出する「絶戸」は、もっと限定されて使われており、そのほとんどが京戸を指している。つまりこの「絶戸」とは「実在しない京戸」を意味し、これは京職に逃亡者除帳の権限がなかったために、京で多く発生していたと思われる。このような絶戸の冒名は、京戸自身にとっても深刻な事態であったらしく、佐伯有清氏が注目したように、自分たちで絶戸の除帳を申請したり、同族でない者を排除するのである（「新撰姓氏録の成立」『新撰姓氏録の研究　研究篇』吉川弘文館、一九六三年、初出、一九五七年）。先の貞観三年六月甲辰朔条の大中臣・中臣氏の場合もその一例であるが、このような記事は他にもいくつか見られる。そしてこの事態を改善するために、京職に「六年以上計帳を進めない京戸」の除帳を認めた貞観十八年（八七六）六月三日官符が施行されたのである（本書111頁）。ここではじめて、京職に大々的に京戸を除帳する権限が与えられ、絶戸は激減したと考えられる。

しかしこれで諸国人の不法な京貫がなくなったわけではなく、『類聚三代格』（巻十九、禁制事）寛平《かんぴょう》三年（八九一）九月十一日官符では、「年来外国百姓《げこくひゃくせい》、或いは小吏を賄《まいない》し、京畿に貫す。或は戸頭を賄し、氏姓を冒す」とあるように、畿外人が官吏（京職官人・畿内の国司）や戸頭（籍帳に戸主として筆頭に記される人物）に賄賂を送って京・畿内に貫附されているため、「応に外国百姓、奸して京戸に入ることを禁制すべき事」が命じられている。このように諸国人が不法に京貫される傾向は、諸司の取締りにも関わらず、容易には改まらなかったのである。

また八世紀末以降、多くの現職の下級官人が京貫を希望し、中央政府が特別な恩典としてこれを認めた（第四章参照）。これはたとえば、「河内国人大外記《だいげき》外従五位下《げじゅごいのげ》長岑宿祢《ながみねのすくね》茂智麻呂《もちまろ》等五人、本居を改め、右京に貫附す」というような類型的な記事で表され（『続日本後紀《しょくにほんこうき》』天長《てんちょう》十年三月癸巳〈六日〉条）、松瀬洋子氏は、これらを「京貫記事」と呼んでいる（「京貫官人の史的動向」『寧楽史苑』一七、一九六九年）。この京貫記事は、『日本後紀』以降の六国史（『日本後紀』『続日本後紀』『文徳天皇実録』『三代実録』）に一〇〇件以上みえる。『日本後紀』は四〇巻のうち三〇巻が散逸していることや、『三代実録』は仁和三年（八八七）八月までの記事しかないことを考慮すれば、実際の京貫者はかなりの数にのぼっていたであろう。このように現職官人の「諸国人の京貫」は、かなり大規模に行われたと思われる。

以上のように、貞観十八年（八七六）に、はじめて京職に大々的に京戸を除帳する権限が与えられ、また八世紀末以降、隠首・括出や絶戸の冒名による諸国人の不法な京貫が行われ、一方では現職の下級官人が、京貫を申請して次々と認可されていった。このような動向から長期的に見ると、「六年以上計帳を進めない京戸」の除帳と下級官人の京貫などにより、固定的だった京戸が、徐々に入れ替わっていったと考える。

6　古代国家の京戸管理

京には、京戸と在京諸国人がいた。京に永住することが許されていたのは京戸であり、在京諸国人は官司に出仕している間や労役に従事している間のみ、在京が許されていた。

京戸や畿内人は古代国家を構築した天皇・貴族の古くからの直属の民であることから、税負担などで優遇されていた。一方畿外国の人民は徴税・徴発の対象、すなわち収奪の対象として位置づけられ、古代国家はその人口を増やし、税収を増大させることを目指していた。それゆえ八世紀の浮浪・逃亡政策においては、本籍地から離れた浮浪を現住地の戸籍に再び編附する、もしくは別に名簿を作成するなどして、税を徴収しようとしていた。

さらに京戸や畿内人は、官人として出仕するうえでも優遇されていた。それゆえ畿外国に本籍を持つ下級官人は、京戸や畿内人になることを望んだが、八世紀においては厳しい人民管理政策が施行されていた。とくに京においては、諸国人の京への編附は厳しく制限された。第四章で述べるように、下級官人の京への編附が個別に認められるようになるのは八世紀末からであった。

古代国家の人民管理政策においては、京戸の諸国への編附も原則として認めなかった。そのため京において絶戸が増え、また諸国に逗留する京戸があらわれた。そもそも京戸の戸籍には、特権身分である皇族・貴族の構成員をあきらかにする役割があった。しかし絶戸の増大にともなって、諸国人が京戸に成りすますケースがでてきた。危機感を抱いた大中臣氏などは一族の絶戸を自ら申請し、戸籍から削ることで成りすましを防ごうとしていた。

貞観十八年に古代国家は京職に京戸を除帳する権限を与えた。このことにより諸国人の成りすましは減ったであろう。しかし諸国に逗留する京戸が除籍され、一方で八世紀末から下級官人の京貫を認めていたため、固定的だった京戸はしだいに入れ替わっていったのである。

第四章　下級官人の京貫の実態

1　これまでの京貫記事の解釈

　下級官人は、地方豪族出身の者が多い。したがって彼らは諸国の戸籍に登録されていた。下級官人が本籍を京に遷すことを許可した記事を「京貫記事」という。たとえば「河内国人大外記外従五位下長《なが》岑《みね》宿祢《のすくね》茂智麻呂《もちまろ》等五人、本居を改めて右京に貫附す」というように、京貫記事には決まった記述の形式がある。この記事は「長岑宿祢茂智麻呂」の「長岑」が名字（氏名《うじな》）で、「宿祢」が姓《かばね》、「茂智麻呂」が名前である。彼は太政官の大外記《だいげき》の官職に就いており、外従五位下《げじゅごいのげ》の位階を持っている。この記事では河内国人、すなわち河内国に本籍を持つ長岑茂智麻呂等が、その本籍を右京職に遷した、すなわち貫附地を河内国から右京職に遷したということがわかる。彼は河内国の戸籍に登録されていたが、正式な手続きを経てこれを抹消し、新規に右京職の戸籍に登録されたのである。

　このような記事は、延暦十五年にはじめて登場し、その後『日本後紀《にほんこうき》』以降の六国史、すなわち『日本後紀』『続日本後紀《しょくにほんこうき》』『日本文徳天皇実録《にほんもんとくてんのうじつろく》』『日本三代実録《にほんさんだいじつろく》』において一〇〇件以上見られる。内容は、ほとんどが諸国に本籍を持つ下級官人の京貫（＝京職の戸籍に貫附すること）、すなわち京戸になることを認めたものであり、恩恵的な性格が強い。またこれらは本人の願い出により実施され、勅（＝天皇の命令）によって京戸となったのである。

このような下級官人の京貫を認める動きを、喜田新六氏は、律令の精神からは、考えられない画期的変革と評価し（「桓武朝にはじまる地方人の京都貫附について」『古代学』一〇―二・三・四、一九六二年）、また松瀬洋子氏は、「地方豪族出身の官人の実質的な中央官人化」と述べ（「京貫官人の史的動向」『寧楽史苑』一七、一九六九年）、さらに笹山晴生氏は、このことから「在地支配層の権力基盤の動揺」や「在地支配の崩壊」という事態を想定している（「古代国家の変容」『新版　古代の日本』第一巻、角川書店、一九九二年）。

京貫の理由については、地方民が賦課の軽減を求めて、京へ流入したと捉える村山修一氏の説（『日本都市生活の源流』関書院、一九五三年）、人民の本籍と住所が一致しない状況を整理するために行われたとする喜田氏の説がある。

一方松瀬氏は下級官人の京貫を、「地方豪族出身の官人の実質的な中央官人化」と捉え、京貫記事は、多数の地方の卑門出身の実務官僚が生み出された証左としている。そしてこの背景には、平安初期に「延喜《えんぎ》大学寮《だいがくりょう》式《しき》」において、大学寮への情願入学が六位以下下限が示されず、又、年令の制限もなく許されたのをみるように、（略）（地方豪族が）直ちに情願入学できた」こと、そして弘仁《こうにん》期以降「家格や門閥によるよりも、人格・学才・政績の優れた良官能吏を重視しようとした、（略）新官人群による政治の展開」によって地方豪族の仕官が有利になったことなどがあったとしている。しかし松瀬氏は、京貫（＝地方豪族の実質的中央官人化）は、このような背景によって引き起こされた、延暦《えんりゃく》十五年から仁和《にんな》三年までの一時的な現象で、その後、京貫官人は、また旧本籍国との結びつきを強め、在地で勢力を伸ばしはじめたと捉えている。そして土橋誠氏は松瀬氏の見解を受け継ぎ、平安京において長期間の京住の後に、京貫化されるプロセスが成立し、これは新しく造営した都城内に従来の八世紀的な官人ではなく、新しいタイプの官人を集める意図があり、上級貴族官人層の都市貴族化に合わせて行われた実務官人層の一種の再編成であったとする（「京貫官人をめぐる二三の憶説」『京都文化博物館研究紀要　朱雀』一二、二〇〇〇年）。

2　京貫記事の分析

京貫記事の整理

表1は、京貫記事を集成したものである。件別・年月日・人別・人名・旧本籍地・貫附地（＝新本籍地）・官職・位階・人数・単位・改姓・出自・備考とある。「件別」は京貫記事の件数を示す。同日条においてウジ名・旧本籍地が異なる場合は二件と数えた。「人別」は記事に名前があれば一件として数えた。ここで考察する「京貫記事」は、「諸国人を京に貫附する記事」とする。そして予め断っておきたいのは、この表には皇子・皇女を貫附した場合、唐人《とうじん》が帰化《きか》して京に貫附した場合、僧が還俗《げんぞく》したり、孤児や無貫者《むかんしゃ》（＝戸籍に登録されていない者）を貫附した場合、または同族の排斥により除籍された者を改めて京に貫附した例は除外している。また父の氏姓で貫附すべき子どもが母姓で貫附されていたため、

記事の整理

人数・単位	改姓	出自	出典	備考
	なし	なし	日本後紀	なし
	なし	なし	日本後紀	なし
	なし	なし	日本後紀	なし
11人	なし	なし	日本後紀	なし
	なし	なし	日本後紀	なし
なし	なし	なし	日本後紀	なし
なし	なし	なし	日本後紀	なし
なし	なし	なし	日本後紀	なし
なし	なし	なし	日本後紀	なし
なし	なし	なし	日本後紀	なし
なし	なし	なし	日本後紀	なし
なし	なし	なし	日本後紀	なし
なし	弘仁3.6.12「→宿祢」？「→朝臣」	なし	日本後紀	なし
なし	なし	なし	日本後紀	なし
なし	弘仁1.10.21「勇山→」	なし	日本後紀	なし
なし	弘仁1.10.21「勇山→」	なし	日本後紀	なし
なし	弘仁1.10.21「勇山→」	なし	日本後紀	なし
なし	弘仁1.10.21「勇山→」	なし	日本後紀	なし
5人	弘仁2.1.13「玉作→」	なし	日本後紀	なし
16人	？「→宿祢」	なし	日本後紀	なし
	承和9.12.13「→朝臣」	なし	日本後紀	なし
64人	なし	なし	日本後紀	なし
5人	なし	なし	続後紀	なし
なし	なし	なし	続後紀	「戸主」
なし	承和1.5.26「→朝臣」	なし	続後紀	「戸主」
35人	なし	なし	続後紀	なし
なし	なし	なし	続後紀	なし
なし	天長10・2.丙子「丈部→」	なし	続後紀	なし
なし	宿祢	有	続後紀	同3.3.22条にも重出
なし	承和1.5.26「志賀忌寸→」	なし	続後紀／高柳本	なし
なし	伴宿祢	なし	続後紀	なし
なし	なし	なし	続後紀／高柳本	なし
なし	和気宿祢	なし	続後紀	なし
なし	和気宿祢	なし	続後紀	益雄の父
	朝臣	有	続後紀	なし
28烟	朝臣	有	続後紀	なし
2烟	なし	有	続後紀	なし
なし	なし	なし	続後紀	なし
なし	笠朝臣	有	続後紀	なし
なし	笠朝臣	有	続後紀	なし
なし	なし	なし	続後紀	なし
なし	承和1.12.19「大戸首→」	なし	続後紀	なし
なし	承和1.12.19「大戸首→」	なし	続後紀	なし
なし	承和1.12.19「川上造→」	なし	続後紀	なし
なし	なし	有	続後紀	なし

表1　京貫

件別	年月日	人別	人名	旧本籍地	貫附地	官職	位階
A001	延暦15(796).7.19	B001	大枝朝臣長人	大和国	右京	なし	正6上
A002	延暦15(796).7.19	B002	大枝朝臣氏麻呂	河内国	右京	なし	正6上
		B003	大枝朝臣諸上	河内国	右京	なし	正6上
A003	延暦15(796).7.19	B004	菅原朝臣常人	河内国	右京	なし	正7下
A004	延暦15(796).7.19	B005	秋篠朝臣全継	河内国	右京	なし	従7上
A005	延暦15(796).8.10	B006	大野朝臣犬養	山城国	右京	なし	正6上
A006	延暦15(796).11.4	B007	道嶋宿祢赤龍	陸奥国	右京	なし	従5下
A007	延暦18(799).7.1	B008	大伴宿祢助	摂津国	右京	なし	正7上
A008	延暦18(799).8.22	B009	越知直祖継	伊予国	左京	なし	従7下
A009	延暦24(805).8.21	B010	豊山忌寸真足	摂津国	右京	なし	外従5下
A010	延暦24(805).8.21	B011	林朝臣茂継	近江国	左京	なし	正6上
A011	延暦24(805).8.21	B012	中篠忌寸豊次	肥後国	左京	なし	従6下
A012	延暦24(805).11.29	B013	出雲連廣貞	摂津国	左京	なし	外従5下
A013	弘仁2(811).3.9	B014	小子宿祢身成	武蔵国	左京	なし	正6下
A014	弘仁6(815).7.2	B015	勇山連家継	河内国	右京	なし	外従5下
		B016	勇山連文継	河内国	右京	なし	外従5下
		B017	勇山連国嶋	河内国	右京	なし	正7上
		B018	勇山連真継	河内国	右京	なし	正7下
A015	弘仁6(815).7.3	B019	高道連鯛釣	河内国	左京	なし	従7下
A016	弘仁6(815).7.13	B020	當宗忌寸家主	河内国	左京	なし	外従5下
A017	弘仁6(815).12.10	B021	朝野宿祢鹿取	大和国	右京	なし	従5下
		B022	朝野宿祢道守	大和国	右京	なし	従5下
A018	天長10(833).3.6	B023	長岑宿祢茂智麻呂	河内国	右京	大外記	外従5下
A019	天長10(833).8.17	B024	御船宿祢氏主	河内国	右京六条	なし	外従5下
A020	天長10(833).8.17	B025	菅原宿祢梶吉	摂津国	右京二条	なし	外従5下
A021	承和1(834).6.22	B026	伴宿祢直足	大和国	左京	なし	外従5下
A022	承和1(834).9.14	B027	縣犬養宿祢小成	河内国古市郡	右京一条	なし	従6下
A023	承和1(834).11.8	B028	有道宿祢氏道	常陸国	左京七条	なし	外従5下
A024	承和2(835).3.16	B029	物部匝瑳連熊猪	下総国	左京二条	陸奥鎮守将軍	外従5下
A025	承和2(835).10.17	B030	下毛野朝臣田舎麿	近江国	左京	なし	外従5下
A026	承和2(835).10.22	B031	林連馬主	河内国	右京	散位	正6上
A027	承和2(835).11.12	B032	栗田永宗	山城国愛宕郡	左京	鼓吹佑	なし
A028	承和3(836).2.9	B033	縣主益雄	和泉国	右京二条二坊	遣唐使准録事	なし
		B034	縣主文貞	和泉国	右京二条二坊	散位	なし
A029	承和3(836).3.19	B035	讃岐公永直	讃岐国寒川郡	右京三条二坊	大判事明法博士	外従5下
		B036	讃岐公永成	讃岐国寒川郡	右京三条二坊	右大史兼明法博士	なし
A030	承和3(836).3.19	B037	讃岐公全雄	讃岐国山田郡	右京三条二坊	なし	外従7上
A031	承和3(836).3.25	B038	秦宿祢氏継	山城国	四条三坊	式部大録	なし
A032	承和3(836).4.1	B039	三尾臣永主	飛騨国	右京五条二坊	散位	なし
		B040	三尾臣息長	飛騨国	右京五条二坊	右京史生	なし
A033	承和3(836).4.29	B041	朝原宿祢岡野	山城国葛野郡	左京四条三坊	遣唐医師	なし
A034	承和3(836).閏5.8	B042	良枝宿祢清上	河内国	右京七条二坊	遣唐音聲長	外従5下
		B043	良枝宿祢朝生	河内国	右京七条二坊	遣唐画師雅楽答笙師	なし
A035	承和3(836).閏5.8	B044	春道宿祢吉備成	河内国	右京七条二坊	散位	なし
A036	承和3(836).閏5.17	B045	羹見造貞継	美濃国	左京六条二坊	主殿寮少属	なし

なし	なし	なし	続後紀	なし
なし	承和2.2.13「掃守連→」	なし	続後紀	なし
なし	なし	なし	続後紀	なし
なし	なし	なし	続後紀	なし
	？「→宿祢」	なし	続後紀	なし
2烟	承和4.10.23「→宿祢」	なし	続後紀	なし
なし	承和6.11.5「→宿祢」	なし	続後紀	なし
なし	なし	なし	続後紀	池作の弟
なし	なし	なし	続後紀	なし
なし	なし	なし	続後紀	廣宗の弟
なし	なし	有	続後紀	なし
なし	なし	有	続後紀	なし
なし	高柳本／承和3.5.11「和邇部→」	なし	続後紀	なし
なし	なし	なし	続後紀	なし
	なし	有	続後紀	なし
28人	なし	有	続後紀	なし
なし	なし	なし	続後紀	なし
1烟	なし	なし	続後紀	なし
なし	なし	有	続後紀	弘仁6加賀国に貫附
なし	善友朝臣	なし	続後紀	なし
1煙	善友朝臣	有	続後紀	なし
なし	なし	なし	続後紀	なし
なし	なし	なし	続後紀	なし
	承和2.2.27「久美公→」	なし	続後紀	なし
20人	なし	なし	続後紀	全氏の男
なし	朝臣	なし	続後紀	「戸主」
なし	朝臣	なし	続後紀	「戸口」
	なし	なし	続後紀	なし
5人	なし	なし	続後紀	真道の男
10人	なし	有	続後紀	勲七等
	承和3.4.1「宍人首→」	なし	続後紀	なし
1烟	なし	なし	続後紀	玉成の母
	朝臣	なし	続後紀	なし
	朝臣	なし	続後紀	常比麻呂の弟
27人	朝臣	なし	続後紀	なし
なし	なし	なし	続後紀	なし
なし	なし	なし	続後紀	なし
なし	なし	なし	続後紀	なし
なし	なし	なし	続後紀	なし
なし	榎井朝臣	なし	続後紀	「戸主」
なし	榎井朝臣	なし	続後紀	嶋公の兄
なし	榎井朝臣	なし	続後紀	嶋公の弟
男1人女1人	なし	なし	続後紀	なし
なし	なし	なし	続後紀	なし
なし	なし	なし	続後紀	なし
なし	なし	なし	続後紀	なし
なし	なし	なし	続後紀	なし
男女5人	長統朝臣	なし	続後紀	なし
2人	春日臣・斉衡3.8.27「→大春日朝臣」	なし	続後紀	なし
5人	なし	なし	続後紀	なし

A037	承和3(836).閏5.23	B046	神服連清継	大和国	右京	大宰大典	正7下
A038	承和3(836).8.14	B047	善世宿祢豊上	河内国	右京四条二坊	左少史	なし
A039	承和3(836).9.30	B048	石生別公諸上	備前国	右京八条三坊	なし	外従8上
A040	承和3(836).9.30	B049	勝廣吉	美濃国	左京四条三坊	正親大令史	なし
A041	承和3(836).10.13	B050	佐伯直真継	讃岐国	左京六条二坊	散位	なし
		B051	佐伯直長人	讃岐国	左京六条二坊	なし	なし
A042	承和3(836).12.5	B052	山直池作	和泉国	左京五条	右大史	正6上
		B053	山直池永	和泉国	左京五条	なし	なし
A043	承和4(837).1.9	B054	物部首廣宗	伊予国	左京二条四坊	典薬権允	なし
		B055	物部首真宗	伊予国	左京二条四坊	なし	なし
A044	承和4(837).2.17	B056	永野忌寸石友	近江国	左京五条三坊	散位	なし
		B057	永野忌寸賀古麿	近江国	左京五条三坊	散位	なし
A045	承和4(837).3.20	B058	和迩臣龍人	丹波国	左京五条二坊	右近衛府将曹	なし
A046	承和4(837).11.24	B059	秦忌寸伊勢麻呂	山城国	右京九条四坊	造酒司史生	なし
A047	承和5(838).1.22	B060	豊津連弥嗣	摂津国豊嶋郡	右京二条	なし	正6上
		B061	豊津連吉雄	摂津国豊嶋郡	右京二条	民部史生	なし
A048	承和6(839).4.7	B062	味真公御助麻呂	越前国	左京五条二坊	造兵司正	正6上
A049	承和6(839).7.17	B063	酒人真人廣公	大和国	右京五条二坊	なし	なし
A050	承和6(839).8.29	B064	百済公豊貞	加賀国江沼郡	左京四条三坊	なし	正6上
A051	承和6(839).10.19	B065	佐夜部首穎主	摂津国	左京四条二坊	直講博士	従6下
A052	承和6(839).11.5	B066	風早直豊宗	伊予国	左京四条二坊	なし	外従5下
A053	承和7(840).6.9	B067	完人朝臣恒麿	若狭国	左京七条二坊	なし	外従5下
		B068	完人朝臣継成	若狭国	左京七条二坊	散位	正6上
A054	承和7(840).6.10(22)	B069	時統宿祢全氏	丹後国	右京二条二坊	武散位	従8上
		B070	時統宿祢諸兄	丹後国	右京二条二坊	なし	なし
A055	承和7(840).8.16	B071	大和宿祢吉継	大和国	左京三条一坊	なし	従8上
		B072	大和宿祢館子	大和国	左京三条一坊	掌侍	従4下
A056	承和7(840).9.20	B073	安吉勝真道	近江国	右京三条	美濃国大掾	正6上
		B074	安吉勝沢雄	近江国	右京三条	なし	なし
A057	承和7(840).12.27	B075	檜前舎人直由加麿	武蔵国加美郡	左京六条	散位	正7上
A058	承和8(841).閏9.28	B076	春苑宿祢玉成	伯耆国八橋郡	右京三条一坊	陰陽博士	正6下
		B077	曾祢連家主	伯耆国八橋郡	右京三条一坊	なし	なし
A059	承和9(842).6.3	B078	飯高公常比麻呂	伊勢国	左京三条	遠江介	外従5下
		B079	飯高公五百継	伊勢国	左京三条	なし	なし
A060	承和9(842).6.3	B080	飯高宿祢濱永	伊勢国	左京三条	甲斐目	大初位上
A061	承和9(842).7.3	B081	長谷連貞長	越前国	左京二条三坊	散位	正6上
		B082	長谷連貞成	越前国	左京二条三坊	なし	なし
A062	承和11(844).8.23	B083	常澄宿祢成主	丹波国多紀郡	左京一条二坊	齋院主典	従7上
A063	承和11(844).12.8	B084	末使主逆麿	山城国紀伊郡	左京三条	なし	なし
A064	承和12(845).2.2	B085	春世宿祢嶋公	和泉国日根郡	右京二条一坊	なし	正6上
		B086	春世宿祢嶋人	和泉国日根郡	右京二条一坊	左坊城主典	従7上
		B087	春世宿祢嶋長	和泉国日根郡	右京二条一坊	主税大允	正6上
A065	承和13(846).3.15	B088	百済公清水	播磨国揖保郡	左京三条二坊	散位	正8上
A066	承和13(846).3.15	B089	佐伯直宅守	播磨国揖保郡	右京六条二坊	散位	正8上
		B090	佐伯直仲成	播磨国揖保郡	右京六条二坊	なし	大初位下
A067	承和13(846).9.13	B091	額田首呰人	河内国河内郡	右京五条三坊	式部位子	従6下
A068	承和13(846).12.27	B092	物部宮守	尾張国山田郡	左京六条四坊	内蔵少属	正6上
A069	承和14(847).3.1	B093	建部公弟益	肥後国飽田郡	左京三条	平朝臣高棟家令	正7上
A070	承和14(847).8.15	B094	春日部雄継	越前国丹生郡	左京	大学助教	外従5下
A071	承和14(847).8.15	B095	山代宿祢祖継	山城国愛宕郡	左京六条	散事	従5下

なし	上毛野朝臣	なし	続後紀	なし
なし	忠世宿祢	なし	続後紀	なし
なし	忠世宿祢	なし	続後紀	貞直の兄
なし	なし	なし	続後紀	なし
なし	なし	なし	続後紀	なし
なし	なし	なし	続後紀	なし
なし	なし	なし	続後紀	なし
なし	なし	なし	続後紀	なし
なし	なし	なし	続後紀	なし
なし	なし	なし	続後紀	なし
なし	なし	なし	続後紀	なし
なし	興統公	なし	続後紀	なし
なし	なし	なし	続後紀	なし
なし	なし	なし	続後紀	なし
なし	宿祢	なし	文徳実録	なし
なし	大秦公宿祢	なし	文徳実録	なし
	宿祢	有	三代実録	なし
	宿祢	有	三代実録	なし
3人	宿祢	有	三代実録	なし
2人	なし	なし	三代実録	なし
	なし	なし	三代実録	なし
2人	なし	なし	三代実録	なし
	貞観9.11.20「→紀朝臣」	なし	三代実録	なし
	なし	なし	三代実録	なし
3人	なし	なし	三代実録	なし
なし	貞観5.8.17「→御春朝臣」	なし	三代実録	なし
なし	貞観6.8.8「→良階宿祢」	なし	三代実録	なし
なし	なし	なし	三代実録	なし
なし	貞観6.8.17「→御春朝臣」	なし	三代実録	なし
なし	なし	なし	三代実録	なし
なし	貞観6.5.11「→春道宿祢」	なし	三代実録	なし
	なし	なし	三代実録	なし
3人	なし	なし	三代実録	なし
なし	なし	なし	三代実録	なし
なし	なし	なし	三代実録	なし
なし	なし	なし	三代実録	なし
なし	なし	なし	三代実録	なし
	貞観6.8.17「→菅野朝臣」	なし	三代実録	なし
4人	貞観6.8.17「→菅野朝臣」	なし	三代実録	なし
なし	貞観9・4.25「→惟良宿祢」	なし	三代実録	なし
なし	貞観9・4.25「→惟良宿祢」	なし	三代実録	なし
なし	なし	なし	三代実録	なし
なし	なし	なし	三代実録	なし
なし	なし	なし	三代実録	なし
なし	なし	なし	三代実録	なし
なし	なし	なし	三代実録	なし
なし	なし	なし	三代実録	故人
なし	なし	なし	三代実録	なし
なし	なし	なし	三代実録	なし

A072	承和14(847).10.1	B096	檜前公綱主	上野国那波郡	左京四条	左近衛府将監	正6上
A073	嘉祥1(848).8.6	B097	筑紫火公貞直	肥前国養父郡	左京六条三坊	大宰少典	従8上
		B098	筑紫火公貞雄	肥前国養父郡	左京六条三坊	豊後大目	大初位下
A074	嘉祥2(849).1.3	B099	客公成人	山城国愛宕郡	右京六条三坊	散位	正8下
A075	嘉祥2(849).2.23	B100	綾公姑継	讃岐国阿野郡	左京六条三坊	内膳掌膳	外従5下
		B101	綾公武主	讃岐国阿野郡	左京六条三坊	主計少属	従8上
A076	嘉祥2(849).4.28	B102	紀朝臣核継	大和国添上郡	左京六条一坊	なし	従7下
		B103	紀朝臣核主	大和国添上郡	左京六条一坊	なし	正6下
		B104	紀朝臣核吉	大和国添上郡	左京六条一坊	大宰帥親王家令文学	従7下
		B105	紀朝臣生永	大和国添上郡	左京六条一坊	越中博士	従7下
		B106	紀朝臣実	大和国添上郡	左京六条一坊	なし	従8下
A077	嘉祥2(849).7.27	B107	小槻山公家嶋	近江国栗太郡	左京五条三坊	木工大允	正7下
A078	嘉祥2(849).10.5	B108	物部弥範	近江国愛智郡	左京六条二坊	音博士	従6下
		B109	物部弘範	近江国愛智郡	左京六条二坊	散位	従6上
A079	嘉祥3(850).7.10	B110	佐伯直正雄	讃岐国	左京	大膳少進	従7上
A080	天安1(857).9.27	B111	秦忌寸永岑	山城国	右京	中宮少属	正7上
A081	貞観4(862).2.23	B112	志紀縣主貞成	河内国志紀郡	左京	木工助兼右大臣家令	外従5下
		B113	志紀縣主福主	河内国志紀郡	左京	鼓吹佑	正6上
		B114	志紀縣主福依	河内国志紀郡	左京	散位	大初位上
A082	貞観4(862).2.28	B115	高橋朝臣藤野	摂津国川辺郡	左京	内膳典膳	正6上
A083	貞観4(862).3.4	B116	賀陽朝臣宗成	備中国賀夜郡	左京	左大史	正6上
		B117	賀陽朝臣真宗	備中国賀夜郡	左京	備中権博士	従6下
A084	貞観4(862).5.13	B118	刈田首安雄	讃岐国刈田郡	左京	直講	従6上
		B119	刈田首氏雄	讃岐国刈田郡	左京	散位	従7上
		B120	刈田首今雄	讃岐国刈田郡	左京	阿波博士	従8上
A085	貞観4(862).7.28	B121	飛鳥戸造豊宗	河内国安宿郡	左京	主計助	外従5下
A086	貞観4(862).7.28	B122	阿刀物部貞範	摂津国西成郡	左京	陰陽允	なし
A087	貞観4(862).7.28	B123	日奉部若善	飛騨国荒城郡	左京	太政大臣家扶	なし
A088	貞観4(862).7.28	B124	百済宿祢有世	河内国安宿郡	左京	皇太后宮少属	正8上
A089	貞観4(862).7.28	B125	川上舎人名雄	近江国犬上郡	右京	左馬大属	正6上
A090	貞観4(862).7.28	B126	物部門起	因幡国巨濃郡	右京	中宮大属	正6上
A091	貞観5(863).8.8	B127	若湯坐連宮足	摂津国河辺郡	右京	散位	正6上
		B128	若湯坐連仁高	摂津国河辺郡	右京	主殿允	正6上
A092	貞観5(863).8.17	B129	當世宿祢高門	和泉国大鳥郡	右京	大蔵大録	正7上
A093	貞観5(863).8.17	B130	大和宿祢永胤	大和国城下郡	右京	なし	正6上
		B131	大和宿祢継子	大和国城下郡	右京	典兵	外従5下
A094	貞観5(863).8.22	B132	刑部造真鯨	讃岐国多度郡	左京	齋院権判官	正6上
A095	貞観5(863).9.5	B133	葛井連宗之	河内国丹比郡	右京	左少史	従6下
		B134	葛井連居都成	河内国丹比郡	右京	兵部少録	正7下
A096	貞観5(863).9.5	B135	錦部連安宗	河内国錦部郡	左京	木工権少属	従7上
		B136	錦部連三宗麻呂	河内国錦部郡	左京	式部位子	正7上
A097	貞観5(863).9.10	B137	蔵史乙継	河内国古市郡	右京	木工大属	正7上
A098	貞観5(863).9.13	B138	葛木直貞岑	摂津国豊嶋郡	右京	左史生	従6上
A099	貞観5(863).9.13	B139	長谷部貞宗	美濃国可児郡	左京	左史生	従8上
A100	貞観5(863).10.21	B140	葛井連居都人	河内国丹比郡	右京	なし	正6下
		B141	葛井連高長	河内国丹比郡	右京	なし	大初位下
A101	貞観6(864).8.8	B142	春江宿祢安生	河内国若江郡	左京	なし	従5下
		B143	春江宿祢良並	河内国若江郡	左京	式部大録	正6上
		B144	春江宿祢敏雄	河内国若江郡	左京	大宰大典	従6上

なし	なし	なし	三代実録	なし
なし	なし	なし	三代実録	なし
なし	なし	なし	三代実録	なし
なし	なし	なし	三代実録	なし
なし	なし	なし	三代実録	なし
なし	なし	なし	三代実録	なし
なし	なし	なし	三代実録	応天門の変の功
なし	元慶1. 12. 27「→菅原朝臣」	なし	三代実録	なし
なし	元慶1. 12. 27「→菅原朝臣」	なし	三代実録	なし
なし	貞観4. 5. 13「六人部→」	なし	三代実録	なし
なし	貞観4. 5. 13「六人部→」	なし	三代実録	なし
なし	元慶1. 12. 16「→菅野朝臣」	なし	三代実録	なし
なし	貞観15. 12. 2「→善淵朝臣」	なし	三代実録	なし
なし	なし	なし	三代実録	なし
なし	なし	なし	三代実録	貞宗の父
なし	なし	なし	三代実録	なし
なし	飯高朝臣	有	三代実録	なし
なし	なし	なし	三代実録	なし
なし	なし	なし	三代実録	なし
なし	なし	なし	三代実録	なし
なし	なし	なし	三代実録	なし
なし	貞観17. 12. 27「→阿保朝臣」	なし	三代実録	なし
なし	貞観17. 12. 27「→阿保朝臣」	なし	三代実録	なし
なし	元慶1. 12. 25「→宿祢」	なし	三代実録	なし
なし	貞観6. 8. 8「日下部→」	なし	三代実録	なし
なし	貞観6. 8. 8「日下部→」元慶1. 12. 25「→宿祢」	なし	三代実録	歳直の男
なし	貞観5. 10. 11「飛鳥戸造→」	なし	三代実録	なし
なし	なし	なし	三代実録	なし
なし	なし	なし	三代実録	なし
なし	なし	なし	三代実録	なし
	なし	なし	三代実録	なし
5人	なし	なし	三代実録	富麿の男
なし	元慶7. 12. 25「→惟宗朝臣」	なし	三代実録	なし
なし	元慶7. 12. 25「→惟宗朝臣」	なし	三代実録	直宗の弟
なし	なし	なし	三代実録	なし
男3人女1人	なし	なし	三代実録	なし
男7人女7人	元慶1. 12. 25「日置首→」	なし	三代実録	なし
男3人女1人	なし	なし	三代実録	なし
男女9人	なし	なし	三代実録	なし
父子6人	なし	なし	三代実録	なし
なし	なし	なし	三代実録	なし

は『三代実録』と表記した。

		B145	春江宿祢常嗣	河内国若江郡	左京	蔭子	正6上
A102	貞観6(864).8.10	B146	丈部谷直平雄	山城国乙訓郡	左京	内膳典膳	正6上
		B147	丈部谷直福麻呂	山城国乙訓郡	左京	散位	正7上
A103	貞観6(864).8.10	B148	安原宿祢臣雄	河内国丹比郡	右京	大宰大典	正6上
		B149	安原宿祢貞臣	河内国丹比郡	右京	左近衛将曹	従6下
A104	貞観6(864).9.4	B150	蜂田連瀧雄	和泉国大鳥郡	左京	民部少録	正7下
A105	貞観8(866).11.4	B151	民伊美吉能津	山城国紀伊郡	右京三条	大炊大属	正6上
A106	貞観9(867).4.25	B152	土師宿祢長雄	河内国丹比郡	右京	太政官史生	正8下
		B153	土師宿祢常見	河内国丹比郡	右京	散位	従7上
A107	貞観9(867).8.29	B154	善淵朝臣永貞	美濃国厚見郡	左京	助教兼越後介	従5下
		B155	善淵朝臣愛成	美濃国厚見郡	左京	少外記	従6下
A108	貞観9(867).11.20	B156	船連副使麿	河内国丹比郡	右京	直講	外従5下
A109	貞観13(871).11.13	B157	越智直廣峯	伊予国越智郡	左京	直講	外従5下
A110	貞観14(872).8.13	B158	伴連貞宗	紀伊国那賀郡	右京	左少史	正6上
		B159	伴連益継	紀伊国那賀郡	右京	なし	正6上
A111	貞観14(872).9.10	B160	榎原忌寸良員	摂津国豊嶋郡	左京	式部少録	正6上
A112	貞観15(873).12.2	B161	伊部造豊持	越前国敦賀郡	左京五条三坊	右大史	正6上
A113	貞観15(873).12.2	B162	桜井田部連貞相	讃岐国三木郡	右京六条一坊	大判事兼明法博士丹波権掾	従5下
		B163	桜井田部連貞世	讃岐国三木郡	右京六条一坊	明法得業生	大初位下
A114	貞観15(873).12.2	B164	桜井田部連豊貞	讃岐国三野郡	右京六条一坊	右近衛将監	正6上
A115	貞観15(873).12.2	B165	長統朝臣河宗	大和国城下郡	左京四条四坊	右大史	正6上
A116	貞観15(873).12.2	B166	小槻山公今雄	近江国栗太郡	左京四条三坊	左少史兼算博士	正6上
		B167	小槻山公有緒	近江国栗太郡	左京四条三坊	主計算師	大初位下
A117	貞観15(873).12.2	B168	弓削連是雄	河内国大縣郡	右京三条二坊	陰陽允	正7上
A118	貞観15(873).12.2	B169	日下部連歳直	摂津国嶋上郡	右京二条三坊	散位	正6上
		B170	日下部連利貞	摂津国嶋上郡	右京二条三坊	陰陽権允	従7上
A119	元慶1(877).12.25	B171	百済宿祢有雄	河内国安宿郡	右京三条	主税助	外従5下
A120	元慶1(877).12.25	B172	狛人野宮成	山城国相楽郡	右京五条	侍医	外従5下
A121	元慶1(877).12.25	B173	宇治宿祢常永	山城国宇治郡	左京三条	左衛門少志	従6下
		B174	宇治宿祢春宗	山城国宇治郡	左京三条	鎮守府軍曹	従8上
A122	元慶1(877).12.25	B175	大和酒人連富麿	大和国城下郡	左京	散位	正6上
		B176	大和酒人連宗雄	大和国城下郡	左京	式部大録	正6上
A123	元慶1(877).12.25	B177	秦公直宗	讃岐国香河郡	左京六条	左少史	正6上
		B178	秦公直本	讃岐国香河郡	左京六条	弾正少忠	正7上
A124	元慶2(878).12.25	B179	小野朝臣當岑	山城国愛宕郡小野郷	左京	勘解由次官	従5下
A125	元慶3(879).閏10.4	B180	美努連清名	河内国若江郡	左京三条	直講	外従5下
A126	元慶6(882).11.1	B181	菅原朝臣永津	紀伊国那賀郡	左京四条	主殿権助	外従5下
A127	元慶6(882).11.1	B182	丸部臣百世	因幡国法美郡	右京二条	左大史	正6上
A128	仁和1(885).11.17	B183	凡直春宗	讃岐国大内郡	右京三条	右少史兼明法博士	正6上
A129	仁和1(885).12.15	B184	秦忌寸氏立	山城国葛野郡	左京四条二坊	大膳少進	正6上
A130	仁和3(887).7.17	B185	私造萬福	大和国城下郡	右京四条三坊	右近衛将監	正6上

出典は『続日本後紀』は『続後紀』、『日本文徳天皇実録』は『文徳実録』、『日本三代実録』
網掛けは、本書で取り上げた記事。

これを訂正した場合などは、「特殊な事情による京貫」と捉え、含めていない。さらに『三代実録』貞観三年十一月十一日辛巳条で佐伯豊雄《さえきのとよお》などが京貫されているが、これは先に京貫された佐伯正雄《まさお》〔A079〕と同族であることを根拠に、豊雄の祖父、田公《たきみ》の子孫を京貫しているので、これも「特殊な事情による京貫」に分類した。

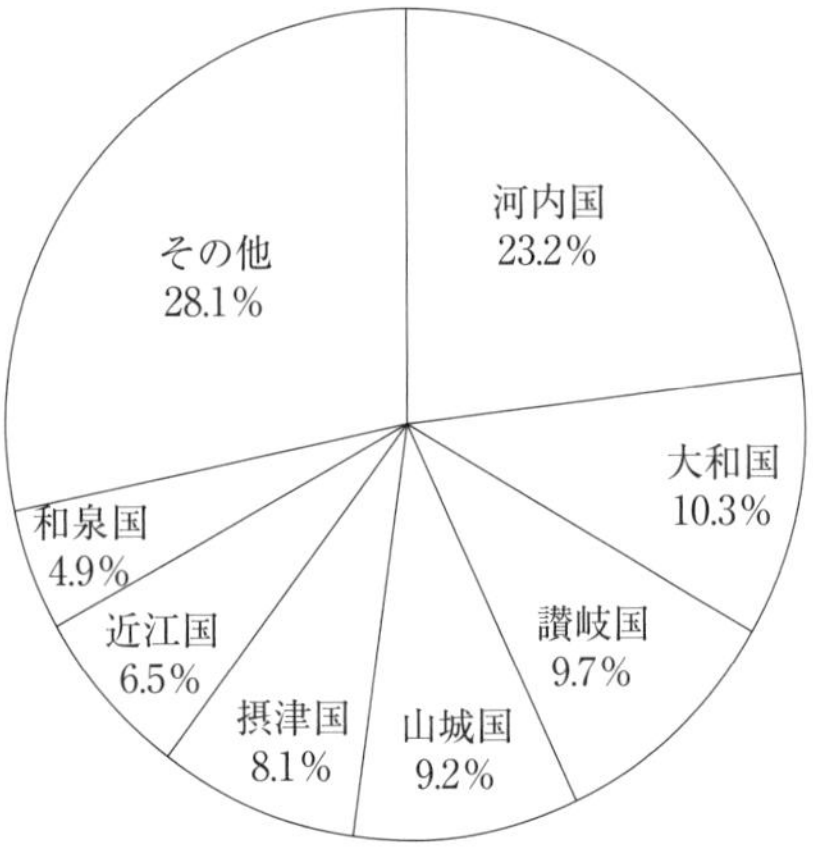

図8　京貫記事の旧本籍国

旧本籍地の分布

旧本籍地とは、下級官人のもとの戸籍の登録地であり、京貫記事には必ず記されている。国名や国郡名を記すものが多い。郷名まで記すものも一件〔B179〕ある。集計は人別に行った。図8は円グラフにしたものであり、その詳細は次の通りである。

畿内国（合計103件）

河内国（43件）　大和国（19件）　山城国（17件）　摂津国（15件）　和泉国（9件）

畿外国（合計82件）

讃岐国（18件）　近江国（12件）　美濃国（5件）　越前国（5件）　伊予国（5件）

紀伊国（3件）　伊勢国（3件）　飛騨国（3件）　播磨国（3件）　武蔵国（2件）

若狭国（2件）　丹波国（2件）　因幡国（2件）　伯耆国（2件）
備中国（2件）　肥前国（2件）　肥後国（2件）　尾張国（1件）　下総国（1件）
常陸国（1件）　上野国（1件）　陸奥国（1件）　加賀国（1件）　備前国（1件）

全体的にみると、旧本籍国は畿内国が多い。畿外国では讃岐国・近江国が多いが、この両国は官人供給地であることが指摘されている。

貫附地について

貫附地は下級官人が京貫された地であり、京貫記事には必ず記載されている。「左京」「右京」とのみ記すもの、「△京△条」まで記すもの、「△京△条△坊」まで記すものがある。貫附地の分布状況については、後述する。

官職について

京貫者は、ほとんどが現職の官人であり、その官職は多様である。初期においては官職を記さないものが多いが、承和《じょうわ》年間（八三四〜八四八）以降は、記載するようになる。人別に集計すると、散位《さんに》が二二件と一番多く、続いて左少史が五件、直講《ちょっこう》・明法博士《みょうほうはかせ》・右大史が四件である。その他、遣唐使関係のもの（遣唐使准録事一件・遣唐医師一件・遣唐音声長《おんじょうちょう》一件・遣唐画師《がし》一件）や陰陽寮《おんみょうりょう》（陰陽博士《おんみょうのはかせ》一件・陰《おん》陽允《みょうのじょう》二件・陰陽権允《ごんのじょう》一件）、大学寮（明法博士《みょうほうはかせ》四件・大学助教二件・直講博士《ちょっこうはかせ》一件・直講四件・明法得業《とくごう》

生《しょう》一件・音博士《おんはかせ》一件・算博士《さんはかせ》一件）、木工寮《もくりょう》（木工助《もくのすけ》一件・木工大允《もくのだいじょう》一件・木工大属《だいぞく》一件・木工権少属《ごんのしょうぞく》一件）、近衛府（左近衛府将監《しょうげん》一件・左近衛府将曹《しょうそう》一件・右近衛府将監二件・右近衛府将曹一件）、大宰府（大宰大典《だざいのだいてん》三件・大宰少典一件）、諸国の介（遠江介一件・越後介一件）、掾（美濃大掾一件・丹波権掾一件）、目（豊後大目一件・甲斐目一件）、博士（越中博士一件・備中権博士一件・阿波博士一件）、家政機関（文学《ふみのはかせ》一件・家令《かれい》三件・家扶《かふ》一件）などがある。

散位は位階をもちながら官職についていない者で、このような人々は式部省管下の散位寮にプールされ、臨時の諸使諸役のために出勤していた。左少史・右大史は太政官の実務を担う重要なポストである。直講や明法博士、そして遣唐使・陰陽寮・大学寮関係の人々は専門的な知識・技術を持っていた。このように古代国家にとって貴重な人材の京貫を認めていたことがわかる。

位階の分布

京貫者の位階は人別に集計すると、従四位下《じゅしいのげ》～大初位下《だいそいのげ》に分布し、特に正六位上《しょうろくいのじょう》と外従五位下《げじゅごいのげ》が多い。図9は円グラフにしたものであり、その詳細は次の通りである。

正六位上（46件）　外従五位下（28件）　正七位上（11件）　従六位下（10件）
従五位下（8件）　従七位上（8件）　従八位上（7件）　正七位下（6件）
従七位下（5件）　大初位下（5件）　正六位下（4件）　従六位上（4件）
正八位上（3件）　正八位下（2件）　大初位上（2件）　従四位下（1件）

従八位下（1件）外従七位上（1件）外従八位上（1件）

古代国家においては貴族は五位以上とされ、六位以下との間には、身分・待遇に著しい格差があった。律令では官人は六～八年に一度、位階昇進の機会があり、一定の評価が得られれば機械的に昇進することができた。しかし五位と六位の間にはガラスの天井があり、下級官人が五位に叙せられることは、そう多くはなかった。外五位は神亀五年（七二八）三月二十八日格により設けられたもので、内五位の位禄・位田を半減、位分資人を五分の一に減じ、その蔭位も一～二等下げられた。藤原・橘などの有力氏族の出身者は「正六位上→従五位下」と昇進するが、中央氏族でも勢力の劣る家の者は、「正六位上→外従五位下→従五位下」と間に外五位をはさんだ。

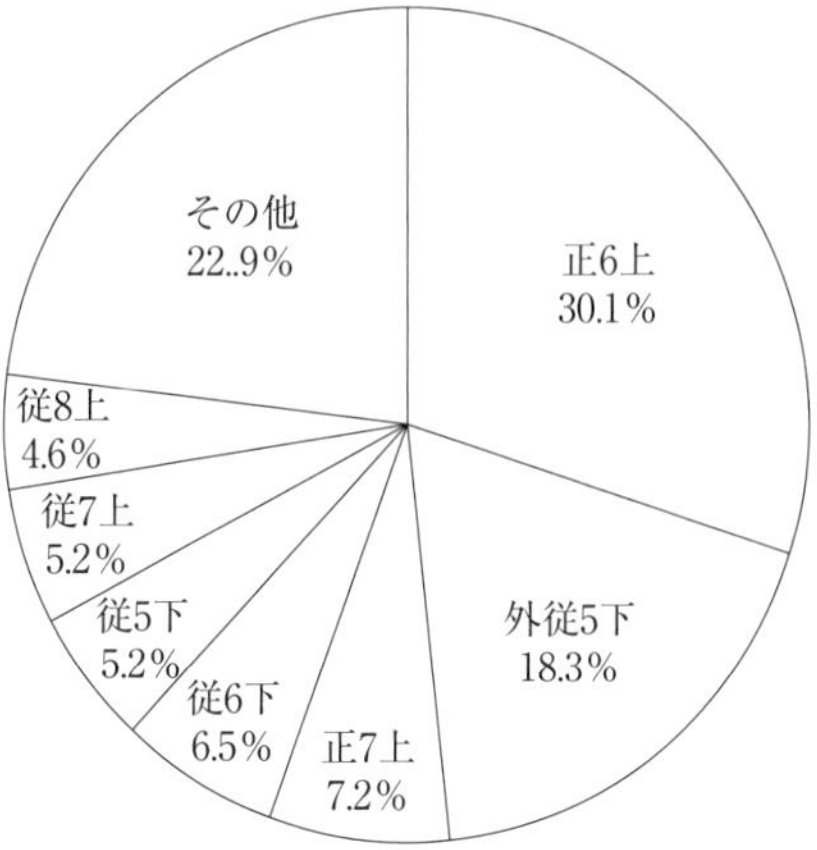

図９　京貫官人の位階

地方豪族をルーツとする京貫者の多くが正六位上・外従五位下であることは、彼らがすでに長期間にわたって勤務し、官人として順調に出世していたことを示している。

京貫の人数・単位について

人数・単位は、京貫記事に表記されているものを、そのまま掲載した。人数は一人から数人が圧倒的に多いが、なかには六四人（一件）、三五人（一件）、二八人（一件）、というものもある。また単位は「人」が多いが、なかには「烟《えん》」や「煙」というものもある。また「男一人女一人」とか「父子六人」と記す例もある。

改姓について

ここでは京貫者本人が、京貫と同時に改姓された場合、あるいは京貫の前後に改姓された場合について、その年月日と新しい「ウジナ（氏名）＋カバネ（姓）」または旧い「ウジナ＋カバネ」を記した。〔B078〕の「朝臣」は、飯高公常比麻呂《いいたかのきみつねひまろ》が承和九年六月三日に、京貫と同時に「朝臣」を賜姓《しせい》され、飯高朝臣常比麻呂となったことを示す。〔B042〕の「承和1・12・19『大戸首《おおとのおびと》↓』」は、大戸首清上が承和元年十二月十九日に「大戸首」から「良枝宿祢《よしえのすくね》」に改姓して良枝宿祢清上となり、さらに承和三年閏五月三日に京貫されたことを示す。また〔B124〕の「貞観6・8・17『↓御春朝臣《みはるのあそん》』」は、百済宿祢有世が貞観四年七月二十八日に京貫され、さらに同六年八月十七日になって「御春朝臣」を賜って御春朝臣有世となったことを示す。〔B094〕の「春日臣《かすがのおみ》・斉衡3・8・27『↓大春日朝臣《おおかすがのあそん》』」は、春日部雄継《かすかべのおつぐ》が承和十四年八月十五日の京貫と同時に「春日臣」を賜わり春日臣雄継となり、その後さらに斉衡三年八月二十七日に「大春日朝臣」を賜わって大春日朝臣雄継となったことを示す。

京貫と同時、あるいはその前後にウジナかカバネ、もしくは両方を改めた例は人別に集計すると七六件であり、約四一%を占める。

出自について

改姓記事には出自の記載がよくみられるが、京貫記事においてはあまりない。しかし承和年間から記載されるケースが増えてくる。たとえば〔A052〕には「伊予国人外従五位下風早直豊宗等一烟、姓善友朝臣を賜ふ。兼ねて辺籍を除き、左京四条二坊に貫附す。天神饒速日命《にぎはやひ》之後也」とあり、風早豊宗等が、『日本書紀』において神武東征に先立って大和国に移った饒速日命の子孫であることが記されている。

出典について

『日本後紀』、『続日本後紀』、『文徳実録』、『三代実録』に見られる。高田淳氏は、高柳旧蔵本『続日本後紀』の行間傍書・裏書は、『類聚国史《るいじゅうこくし》』からの書き写しとしており（「高柳光寿博士旧蔵『続日本後紀』（巻五・八）について」『国学院大学図書館紀要』三、一九八九年）、『類聚国史』にも、京貫記事が収録されていたと考えられる。

京貫された時期

表2は、京貫記事と畿内貫附記事を年ごとに件別で集計したものである。『日本後紀』は全四〇巻の

図10　京貫・畿内貫附の時期の分布

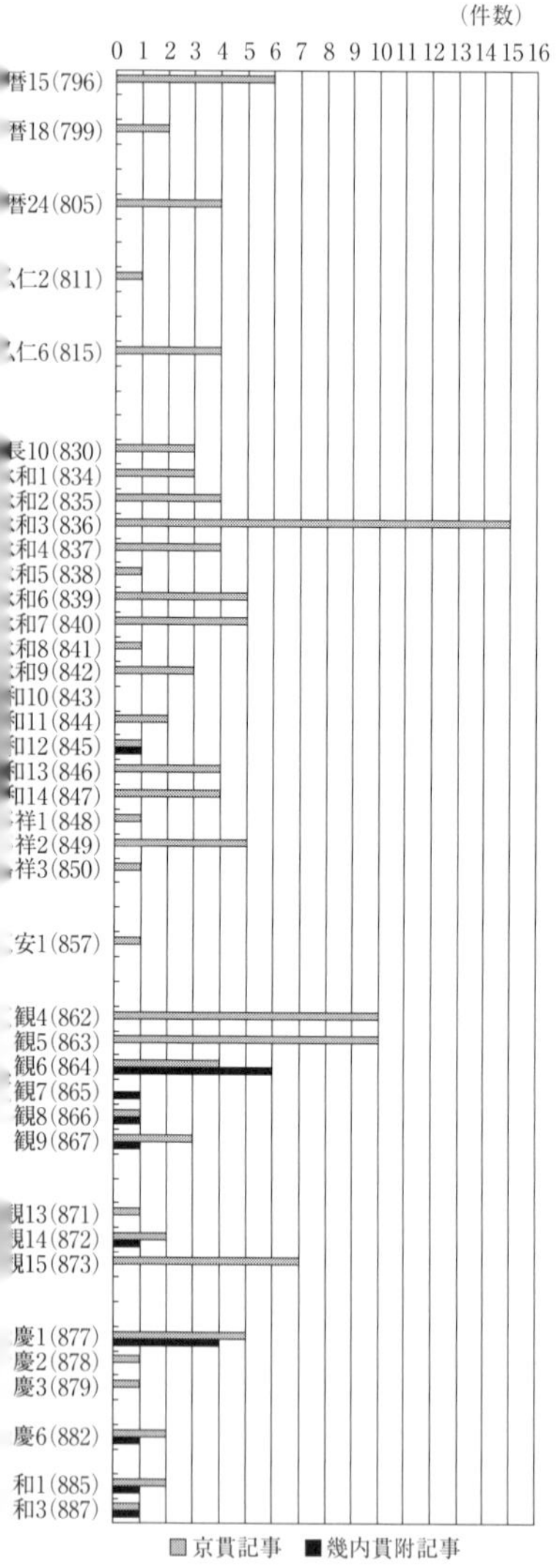

表2　京貫・畿内貫附の時期の分布

年	京貫件数	畿内貫附件数	出典	備考
延暦15(796)	6		後紀	延暦15. 6まで闕
			後紀	延暦16. 4～同17. 12まで闕
延暦18(799)	2		後紀	
			後紀	延暦19. 1～同22. 12まで闕
延暦24(805)	4		後紀	
			後紀	大同1. 10～同3. 3まで闕
			後紀	大同4. 5～弘仁1. 8まで闕
弘仁2(811)	1		後紀	
			後紀	弘仁4. 3～同5. 6まで闕
弘仁6(815)	4		後紀	
			後紀	弘仁7. 1～天長9. 12まで闕
天長10(833)	3		後紀・続後紀	天長10. 2まで闕
承和1(834)	3		続後紀	
承和2(835)	4		続後紀	
承和3(836)	15		続後紀	
承和4(837)	4		続後紀	
承和5(838)	1		続後紀	
承和6(839)	5		続後紀	
承和7(840)	5		続後紀	
承和8(841)	1		続後紀	
承和9(842)	3		続後紀	
承和10(843)	0		続後紀	
承和11(844)	2		続後紀	
承和12(845)	1	1	続後紀	
承和13(846)	4		続後紀	
承和14(847)	4		続後紀	
嘉祥1(848)	1		続後紀	
嘉祥2(849)	5		続後紀	
嘉祥3(850)	1		続後紀	
天安1(857)	1		文徳実録	
貞観4(862)	10		三代実録	
貞観5(863)	10		三代実録	
貞観6(864)	4	6	三代実録	
貞観7(865)	0	1	三代実録	
貞観8(866)	1	1	三代実録	
貞観9(867)	3	1	三代実録	
貞観13(871)	1		三代実録	
貞観14(872)	2	1	三代実録	
貞観15(873)	7		三代実録	
元慶1(877)	5	4	三代実録	
元慶2(878)	1		三代実録	
元慶3(879)	1		三代実録	
元慶6(882)	2	1	三代実録	
仁和1(885)	2	1	三代実録	
仁和3(887)	1	1	三代実録	

出典は『日本後紀』は『後紀』、『続日本後紀』は『続後紀』、『日本文徳天皇実録』は『文徳実録』、『日本三代実録』は『三代実録』と表記した。

表3　貫附地の分布

右京〔合計58件〕						左京〔合計71件〕				
四坊	三坊	二坊	一坊	条別合計＋坊不明		条別合計＋坊不明	一坊	二坊	三坊	四坊
0	0	0	0	1	一条	1	0	1	0	0
0	1	2	1	7	二条	3	0	0	1	1
0	0	3	1	8	三条	8	1	1	0	0
0	1	1	0	2	四条	10	0	3	4	1
0	1	2	0	4	五条	6	0	2	3	0
0	1	1	2	5	六条	10	1	3	2	1
0	0	2	0	2	七条	2	0	1	0	0
0	1	0	0	1	八条	0	0	0	0	0
1	0	0	0	1	九条	0	0	0	0	0

うち現存するのは一〇巻なので、その闕（欠損部分）を備考に記した。図10は、これを棒グラフにしたものである。これをみると、承和以前は闕が多く、その状況を知るのは難しいが、その後、承和三年に一五件と飛び抜けて多いことが注目される。さらに貞観四年・五年に一〇件とあるのが注目される。

貫附地の分布

表3は、表1の京貫記事の貫附地を件別に集計したものである。分布の状況としては、先ず左京・右京の別では、左京は七一件、右京は五八件である。「条」では、二条から六条が、「坊」では二坊・三坊がやや多い。

畿内貫附記事の整理

表4は、表1の京貫記事と同一の方法で、畿《き》内《ない》貫附《かんぷ》記事《きじ》を整理した表である。畿内貫附記事とは、畿内国（山城・大和・河内・摂津・和泉国）に貫附された記事である。たとえば〔a001〕では「筑前国宗形郡人権主工従八位上難波部主足、本姓を改め、美努宿祢

を賜う。河内国若江郡に貫す」とあり、難波部主足は美努宿祢主足となり、さらに本籍を筑前国宗形郡から河内国若江郡に遷している。

畿内貫附記事の初見は京貫記事よりも遅く、承和《じょうわ》十二（八四五）から仁和《にんな》三年（八八七）まで、件別一七件・人別二〇件見られる。いずれも畿外国から畿内国に編附されており、編附地は人別で山城国一三件、河内国五件、摂津国二件であり、とくに京に隣接する山城国愛宕《おたぎ》郡《ぐん》（六件）、葛野《かどの》郡《ぐん》（四件）が多い。旧本籍国の分布も人別に集計した。結果は次の通りである。

播磨国（5件）　相模国（2件）
近江国（2件）　讃岐国（2件）
伊賀国（1件）　尾張国（1件）
甲斐国（1件）　美濃国（1件）
信濃国（1件）　丹波国（1件）
備前国（1件）　備後国（1件）

附記事の整理

人数・単位	改姓	出自	出典	備考
なし	美努宿祢	なし	続後紀	なし
なし	連・元慶1. 12. 25「→宿祢」	なし	三代実録	貞観15. 12. 2に京貫
なし	連	なし	三代実録	利貞の父、貞観15. 12. 2に京貫
なし	元慶1. 12. 25「→宿祢」	なし	三代実録	貞観15. 12. 2に京貫
なし	なし	なし	三代実録	是雄の父
なし	なし	なし	三代実録	なし
なし	なし	なし	三代実録	なし
なし	なし	なし	三代実録	なし
なし	なし	なし	三代実録	なし
なし	なし	なし	三代実録	なし
なし	なし	なし	三代実録	なし
なし	なし	なし	三代実録	貞観14. 8. 1条にも重出
なし	なし	なし	三代実録	なし
なし	なし	なし	三代実録	なし
なし	なし	なし	三代実録	なし
なし	なし	なし	三代実録	なし
なし	なし	なし	三代実録	なし
男３女４人	なし	なし	三代実録	なし
なし	なし	なし	三代実録	なし
なし	なし	なし	三代実録	なし

筑前国（1件）

位階は、従五位下《じゅごいのげ》～従八位下《じゅはちいのげ》までで、官職は多様であり、これらのことは京貫記事と大差はない。また畿内貫附された人別二〇件のうち三件が、後に京貫されている。

3　京貫記事の考察

京貫の開始と終焉

表2にあるように、京貫記事は、延暦十五年（七九六）から仁和三年（八八七）まで見られる。京貫記事の初見は延暦十五年であるが、『日本後紀』は、延暦十一年（七九二）から延暦十五年六月まで闕があるので、正確な開始時期は不明である。

下級官人の京貫の終焉についても不明であるが、六国史の完結する仁和三年（八八七）にも、

表4　畿内貫

件別	年月日	人別	人名	旧本籍地	貫附地	官職	位階
a001	承和12(845).9.26	b001	難波部主足	筑前国宗形郡	河内国若江郡	権主工	従8上
a002	貞観6(864).8.8	b002	日下部利貞	播磨国餝磨郡	摂津国嶋上郡	陰陽大属	正6上
		b003	日下部歳直	播磨国餝磨郡	摂津国嶋上郡	武散位	正6下
a003	貞観6(864).8.8	b004	弓削連是雄	播磨国餝磨郡	河内国大縣郡	陰陽寮陰陽師	従8下
		b005	弓削連安人	播磨国餝磨郡	河内国大縣郡	なし	正6上
a004	貞観6(864).8.8	b006	春良宿祢諸世	近江国犬上郡	山城国愛宕郡	左近衛府生	正7下
a005	貞観6(864).8.11	b007	伊賀朝臣春野	伊賀国名張郡	山城国葛野郡	左史生	従6下
a006	貞観6(864).8.17	b008	物部吉宗	美濃国多藝郡	山城国愛宕郡	太政官史生	正8下
a007	貞観6(864).11.10	b009	品治公宮雄	備後国品治郡	山城国葛野郡	左史生	従8上
a008	貞観7(865).3.21	b010	上村主真野	相模国鎌倉郡	河内国大縣郡	大皇太后宮少属	従8上
		b011	上村主秋貞	相模国鎌倉郡	河内国大縣郡	武散位	従8上
a009	貞観8(866).閏3.17	b012	丹波直副茂	丹波国丹波郡	山城国愛宕郡	左近衛将曹	従6上
a010	貞観9(867).3.11	b013	物部連善常	信濃国高井郡	山城国紀伊郡	なし	従8上
a011	元慶1(877).12.25	b014	桜井田部連豊直	讃岐国三野郡	山城国	遠江介	外従5下
a012	元慶1(877).12.25	b015	高尾張宿祢松影	尾張国海部郡	山城国	玄蕃少允	従6上
a013	元慶1(877).12.25	b016	矢田部造利人	讃岐国寒川郡	山城国愛宕郡	木工大允	正6上
a014	元慶1(877).12.25	b017	秦経尚	近江国浅井郡	山城国葛野郡	陰陽権允	正8下
a015	元慶6(882).11.1	b018	壬生直益成	甲斐国巨麻郡	山城国愛宕郡	左近衛将曹	従6上
a016	仁和1(885).9.10	b019	田使首良男	備前国津高郡	山城国愛宕郡	なし	正7上
a017	仁和3(887).7.17	b020	佐伯直是継	播磨国印南郡	山城国葛野郡	散位	従5下

京貫記事が見える。松瀬洋子氏は、「地方豪族は、九世紀の末には又、在地で勢力を伸ばすことを主とする方向へ、転身していった」という考えから、「仁和三年の京貫記事の終焉＝地方豪族の京貫の終焉」とみている。しかし私は次の史料から、仁和三年以降も下級官人の京貫が行われていたと考える。

［史料］『類聚符宣抄《るいじゅうふせんしょう》』（**第七、改姓事**）**貞元《じょうげん》二年**（**九七七**）**五月十日太政官符**

太政官符す民部省　外　改姓名

応に左《さ》少史正六位上《しょうししょうろくいのじょう》錦宿祢《にしきのすくね》時佐《ときすけ》を改姓すべき事

男十三人本貫左京三条三坊

女五人

今三善《みよしの》朝臣姓を請ふ

右時佐《ときすけ》去二月二日解を得るに偁《いへら》く、謹んで旧記を検ずるに、時佐の先、漢《かん》の東海王《とうかいおう》の後波能志《はのし》より出づ。誉田天皇《ほむたのすめらみこと》の御世、葛木《かつらぎの》襲《そ》津《つ》彦《ひこ》に随いて帰化す。大鷦鷯天皇《おおさざきのすめらみこと》の御世、居地に随ひ、名錦織の姓を賜ふ。三善朝臣、枝葉異なると雖《いえど》も、本源是同じ。謹んで先例を検ずるに、外記・官史・主計主税の助、改姓の者、古今尤も多し。近きは則ち右少史高安連佐忠《たかやすのむらじすけただ》、内蔵朝臣姓を給ふ。右大史川瀬《かわせの》連保基《むらじやすもと》は紀朝臣、大外記御船宿祢《みふねのすくね》伝説《つたとき》は菅野朝臣姓、主計助山前連義忠《やまさきのむらじよしただ》は伴宿祢《とものすくね》姓、主税助錦《にしきの》宿祢《すくね》茂明《しげあき》は三善朝臣《みよしのあそん》姓等是なり。自余の例勝《あ》げて計ふるべからず。しかのみならず去る延喜五年十二月二十九日宣旨に偁く、居姓を改むること、濫《みだ》りに申請有り。自今以後、外記《げき》・史《し》・諸道博士・主計《しゅけい》主税助《しゅぜいのすけ》・左右近衛将監の外、進む所の申文、執り申すこと得ざれ者《てへ》り。時佐、適《たまたま》愚昧の身を以て、許す所の職を忝《はずかし》める。望み請ふらくは、殊に官裁を蒙り、先例に因准して、三善朝臣姓を給はらん。将に奉公の貴を仰がんとす者《てへ》り。左大臣宣す。勅を奉《うけたま》はるに請ふに依れ者《てへ》り。省宜しく承知して宣に依って之を行ふべし。符到らば奉行せよ。

左少弁　　　　　　　　　左大史

貞元二年五月十日

これは貞元二年五月十日に民部省に錦宿祢時佐および男十三人、女五人に三善朝臣姓への改姓を命じたものである。時佐は二月二日に、祖先が漢東海王（後漢の東海王）の末裔である波能志《はのし》の子孫で、誉田天皇《ほむたのすめらみこと》（第十五代応神《おうじん》天皇）の御代に葛木襲津彦《かずらぎのそつひと》にしたがって帰化し、大鷦鷯《おおさざき》天皇（第十六代仁徳《にんとく》天皇）の御代に居住地にしたがって錦織の姓を賜った。三善朝臣と祖先を同じくすることから三善朝臣に改姓したい、と願い出ている。

そしてその解のなかで太政官の外記（大外記・少外記）、弁官の史（左右の大史・少史）、そして民部省被管の主計寮・主税寮の助は改姓が認められた者が多いこと、延喜五年十二月二十九日の宣旨で今後は外記、史、諸道博士、主計・主計助、左右近衛将監以外は申請を取り次がないことが決定されたが、幸いにも時佐は左少史であるから、三善朝臣への改姓を認めて欲しいと訴えている。この延喜五年（九〇五）十二月二十九日宣旨の「居姓を改むること、濫《みだ》りに申請有り」という部分は、改姓と京貫とを指している。つまり延喜五年に「外記、史、諸道博士、主計・主税助、左右近衛将監」を除いて、京貫が禁止されたことがわかる。このように下級官人の京貫は延喜五年に抑制されたが、その後も継続して行われていたのである。

以上のように、八世紀末以降の下級官人の京貫は延暦十五年（七九六）以前にはじまり、延喜五年（九〇五）以降も継続して行われていたと考える。

京貫の手続き

京貫者はほとんどが現職の官人であることから、すでに京に居住していた。そして本人の申請により京貫された。

［史料］〔A105〕**『三代実録』貞観八年十一月四日乙巳条**

勅すらく、大炊大属正六位民伊美吉《たみのいみき》能津《よしつ》、応天門の火を救ひ、頗る功を立つこと遠し。今、居を改むることを請ふ。誠に優許すべし。仍りて本居山城国紀伊郡を改め、右京三条に貫附す。

この記事は、貞観八年（八六六）閏三月に応天門が放火され、同年八月に大納言伴善男《とものよしお》が処罰された「応天門の変」に関連した京貫である。民能津は、炎上する応天門にいち早く駆けつけ、消火活動にあたったらしくその行為が褒賞された。彼は功を立てたことにかこつけ、本籍を山城国紀伊郡から右京三条に遷すことを願い出て許可されている。ここで「今、居を改めんことを請ふ」とあるように、民能津が自ら申請していることがわかる。そして貞観八年十一月四日条に「勅」とあるように、改姓と同様に、京貫も勅によって認められた。

このように京貫は、まず官人が自ら申請し、その後、勅によって認可される。この一連の手続きについては、次の史料がある。

［史料］『続日本後紀』承和四年（八三七）二月庚戌（十七日）条

近江国人散位《さんに》永野忌寸《ながののいみき》石友《いわとも》・散位同姓賀古麿《かこまろ》等、本居を改め、左京五条三坊に貫附す。石友の先、後漢の献帝《けんてい》の苗裔《びょうえい》也。

これは典型的な京貫記事である。永野石友・賀古麿等が、近江国から左京五条三坊に貫附されている。「後漢の献帝の苗裔」とあるように、その出自も記されている。

［史料］『三代実録』元慶《がんぎょう》三年（八七九）九月四日辛卯条

近江国野洲郡《やすぐん》百姓永野忌寸吉雄等男女一百五十一人、本籍を還附す。是より先、散位従七位上穴太《あなほの》曰佐浦吉《おさうらきち》、官に向ひて指陳《しちん》して言す。野洲郡百姓永野忌寸石友・男長歳・賀古麿。豊浜の四人、太政官承和四年二月二十五日符の旨に依り、左京に貫附す。吉雄等是石友の子孫と雖《いえど》も、其名は官符に載せず、奸して国籍を脱し、偸《ぬす》みて京戸に入る。一百余人、本貫を脱出す。数十年間、調庸を減損す。仍りて所司をして虚実を検覈《けんかく》せしむるに、浦吉の陳ぶる所、一《もはら》に乖違《かいい》無し。是に至りて国宰をして実に依りて還隷せしむ。

『三代実録』元慶三年九月四日条では、永野吉雄以下一五一人が本籍を近江国に還附している。その経緯については穴太曰佐浦吉の訴えにより、永野石友・長歳・賀古麿・豊浜が承和四年二月二十五日太政官符により左京に貫附された。吉雄は承和四年に京貫された石友の子孫であるが、太政官符に名前を載せていない。彼らは不法に近江国籍を脱し、京戸となった。その数は百人余り、本貫を脱出して、数十年にわたり近江国の調庸を減損している。関係官司に調べさせたところ、浦吉の述べた通りであった。そこで近江国司に吉雄など一五一人を還附させたとある。

永野石友などを左京に貫附した記事、すなわち『続日本後紀』承和四年二月庚戌（十七日）条は典型的な京貫記事である。この承和四年二月十七日という日付は、京貫認可の勅が出た日付である。そして元慶三年九月四日辛卯条に「太政官承和四年二月二十五日符旨に依って、左京に貫附す」とあるので、承和四年二月二十五日に太政官符が発布されたことがわかる。つまりこの場合、承和四年二月十七日に勅による認可がなされ、二月二十五日に太政官符が発布されたのである。以上のように京貫の手続きは、「本人の申請→勅による認可→太政官符の発布」という流れがあることがわかる。

また承和四年二月庚戌条の京貫記事は、京貫者を「散位永野忌寸石友。散位同姓賀古麿等」とし、その人数がはっきりしないが、元慶三年九月四日条によって京貫者は、太政官符に「石友。男長歳。賀古麿。豊浜四人」と明記されていたことがわかる。さらに太政官符に名が記されていなかった「吉雄等男女一百五十一人」が、近江国に還附されたことから、太政官符には京貫者全員の名が記載されるべきものであったことがわかる。

ここで太政官符に名が記載されていなかった永野吉雄などが、近江国に還附されたが、その後さらに『三代実録』元慶五年（八八一）十二月十九日癸巳条に「近江国百姓戸主正六位上永野忌寸真雄・弟三人・男四人・孫二人、戸主従八位上永野忌寸春貞・弟従父弟姪男三人、戸主右兵衛従六位下永野忌寸福成・兄一人・男四人・姪男二人、合二十二人、左京職に還隷す。真雄等官に向ひて訴えらる。祖父石友・親父長歳、承和四年二月十七日、近江国野洲郡の本居を改め、左京五条三坊に貫せらる。石友・長歳等、すべからく子孫真雄等を官符に申載すべし。而るに偏へに父子、籍を別けざるに憑きて、脱漏して載せず。然ると雖も計帳に注着し、毎年職（＝京職）に進む。既に歴すること四十五年。而るに穴太曰佐浦吉の告訴に依り、元慶三年九月四日近江の本籍に返附す。望み請ふらくは実を尋ねて本職に貫かん。之を許す」とある。

ここで元慶三年九月四日条によって、近江国に編附された永野真雄など二二人が、左京へ還附されていることがわかる。真雄などは、京貫された石友の孫、長歳の子にあたるが、石友・長歳などは、「父子不レ別レ籍」によって、真雄などは当然含まれていると考えたため、その名前を太政官符から脱漏してしまったと弁解している。これは名例律《みょうれいりつ》6八虐《はちぎゃく》の不孝条に「祖父母父母在るとき、別籍《べつじゃく》異財《いざい》す」とあるように、祖父母・父母が健在のうちに籍を分けることは不孝に当たった。つまり、真雄などが石友・長歳と同籍であったことが考慮され、真雄などの京貫が認められたのである。

貫附地と居住地

京貫を許された下級官人は、京内の左京または右京の「△条△坊」に貫附されている。この貫附地は、京貫者の居住地だったのであろうか。古代国家としては遷都のたびに宅地班給をしていたように、本来は貫附地と居住地を一致させる方針であったと思われる。したがって大方の京貫者は、その居住地に貫附されたものと思われる。ただし〔A064〕は、右京二条一坊に貫附されているが、ここは平安京の宮城（＝大内裏）の領域であり、このなかに京貫者が居住することはあり得えない。これは一例だけなので、誤記の可能性もある。

しかし皇子については、たとえば『三代実録』貞観八年（八六六）三月二日戊寅条に「是日、勅すらく、沙弥深寂《しんじゃく》、姓貞朝臣《さだのあそん》、名登《のぼる》を賜ひ、正六位上に叙し、。右京一条一坊に貫す。（略）深寂、是仁《にん》明《みょう》天皇更衣三国氏、生みし所也。承和の初、姓源朝臣を賜ひ、時服《じふく》・月料《げつりょう》に預かる。厥後、母の過失に依り、属籍を削らる（略）」とある。すなわち深寂は、仁明天皇の皇子であったが、母の過失によって籍を削られた。清和天皇の代になって貞朝臣登となり、正六位上に叙され、右京一条一坊に貫附された。このような皇子の宮城内貫附の例がいくつか見られる。この場合は、居住地とは関係なく、皇子に対する名誉的な貫附であったと考えられる。したがって本章では慎重を期して、貫附地とは、あくまでも籍帳におけるものと捉え、居住地とは切り離して考えておきたい。

畿内貫附記事と京貫記事

畿内貫附記事とは、畿内国に本籍を遷すことを許可した記事である。しかし畿内貫附者のうち人別二〇件中三件が後に京貫されている（表4〔b002〕〔b003〕〔b004〕）。このことから畿内貫附は、京貫よりも軽んじられていたと思われる。しかし畿内貫附者の官職・位階などは、京貫者と大差なく、彼らがなぜ京ではなく畿内に貫附されたのか、その理由は不明である。

畿内貫附の利点としては、官人としての出仕が有利になったことが挙げられる。畿外国に本籍がある畿外人は時代が遡るが、『続日本紀』和銅《わどう》三年（七一〇）三月戊午（七日）条には「制すらく、輙《たやす》く畿外人を取りて、帳内《ちょうない》・資人《しじん》に用ふ。自今以去、更に然るを得ず。官の処分を待ちて、而る後に之に充てよ」とあり、畿外人をたやすく帳内・資人に採用することが禁じられた。この帳内・資人の採用に関しては、翌年の『同』和銅四年五月己未（十五日）条に「是より先、畿外人を取りて、帳内・資人に充つるを禁ず。ここに至りて始めて之を許す」とあって、畿外人への差別が是正されている。しかし『類聚国史』（巻百七、大舎人寮）延暦十四年（七九五）六月己酉（十四日）条には「勅すらく、自今以後《じこんいご》、左右大舎人、蔭子孫《おんしそん》を以て之に補せ。其位子《いし》者、令に依り簡試の人、容止端正にして書算に於いて工《たくみ》なる者を以て、之に補せ。妄《みだ》りに、雑色《ぞうしき》及び畿外人を以て之を補すこと得ず」とあり、大舎人には蔭子孫や位子を補任すべきであり、みだりに雑色や畿外人を補任してはならないとある。これらの史料から官人の採用において畿外人が、差別されていたことがうかがわれる。また後述する八世紀の式部省関係考選木簡における下級官人の出身地をみても、京戸・畿内人ですでに全体の六～七割を占めているように、現実問題として畿外人であることが、出仕や出世において不利になっていたと思われるのである。その意味では官人にとっては、京戸・畿内人と畿外人との間に明確な差別意識があったと推測される。

4　京貫の意義とその背景

京貫が許された理由

まず京貫が恩恵であったことは、〔A052〕承和六年十一月癸未（五日）条に「辺籍を除く」とあったり、先の〔A105〕貞観八年十一月四日条で「応天門の火を救ひ、頗る功を立つること遠し」とあることから知られる。そして貞元二年五月十日官符のなかの延喜五年十二月二十九日宣旨では、改姓や京貫の申請の取り次ぎを禁止したものの、外記、史、諸道博士、主計・主計助、左右近衛将監は許可された。このことは「官人のなかでも要職にある者には恩恵として改姓や京貫を認める」という意味があったと思われる。参考に、京貫記事において要職である「外記、史、諸道博士、主計・主税助、左右近衛将監」に当たるものを挙げると、外記（大外記一件・少外記一件）、史（左大史二件・右大史四件・左少史五件・右少史一件）、諸道博士（明法博士四件・直講博士一件・音博士一件・算博士一件・陰陽博士一件）、主計主税助（主計助一件・主税助一件）、左右近衛将監（左近衛府将監一件・右近衛府将監二件）の二十七件である。

また表1で見たように、京貫記事には〔A081〕の「神八井耳命《かんやいみみのみこと》の後、多朝臣《おおのあそん》と同祖也」や、〔A112〕の「孝昭《こうしょう》天皇《てんのう》皇子天足彦国押人命《あめたらしひこくにおしひとのみこと》より出づる也」など、改姓記事と同じように、出自を記載しているものがある。改賜姓は、本人だけでなく始祖以来の功績によって行われるために出自が記載される。つまり京貫も本人の功績とともに、先祖代々、官人として王権に仕えた功績も考慮されて、認可されたことを示す。

以上のことから京貫は、本人そしてその父祖の代からの、「官人としての勤務」に対する恩恵として行われたと考える。

京貫と改姓を望む人々

先述したように京貫記事を見ていくと、京貫と同時に改姓される者がいることに気づく。京貫者本人が改姓された例は七五件（人別件数）になる。このうち京貫と同時に改姓された例は三〇件であり、京貫前に改姓されていた者が二〇件、京貫後に改姓された者が二七件である（内、重複が二件〔B094〕〔B170〕）。この数は京貫者本人の改姓なので、京貫者の父や子が改姓された場合も合わせれば、当時の下級官人の「京貫＋改姓」は、かなりの数になっていたものと思われる。

また改姓の内容としては、カバネ（姓）のみ変更した者が二五件、ウジナ（氏の名）またはウジナとカバネを変更した者が五三件になり（内、重複が三件〔B013〕〔B094〕〔B170〕）、ウジナを変えることが多い。これは笹山晴生氏が指摘するように、当時の下級官人が旧来のウジナを嫌い、新しいウジナを求める傾向があったことを示す。たとえば〔B076〕の「宍人首《ししひとのおびと》」や〔B135〕〔B136〕の「錦部連《にしごりのむらじ》」は、それぞれ鳥獣の肉を調理する宍人部《ししひとべ》の管理という職掌、錦・綾を製作する渡来系工人集団の長を意味するウジナを捨てて改姓した例である。また〔B066〕の「風早直《かざはやのあたい》」や〔B157〕の「越智直《おちのあたい》」はそれぞれ伊予国風早郡、伊予国越智郡という本拠地の地名を意味するウジナを捨てて、改姓した例である。

このように当時の下級官人は、古来の職掌や本拠地を意味するウジナを捨て、新姓を賜うことを願い出ていたのである。つまり八世紀末からの、下級官人の京貫の背景には、下級官人側の古来の職掌や本拠地から離脱しようとする意識があったと思われるのである。

京貫の意義

瀧浪貞子氏は、「『宅地班給』は京中付貫（京貫）の前提」と捉え、京貫の意義を「戸籍に付されることを通して、当該地の家地所有権を認められること」としている（「京戸の存在形態」『古代文化』四六ノ三、一九九四年）。しかし京貫者は現職の官人で、官司に勤務していたので、京貫される以前から京に居住していた。そして北村優季氏も指摘するように、遷都のたびに行われる「宅地班給」の対象は、官司に出仕する官人が中心だったのであり（北村優季「条坊の論理」『平城京成立史論』、吉川弘文館、二〇一三年、初出、一九九三年）、必ずしも京に本籍がある必要はなかったのである。

私は第三章において京戸の籍帳が、律令において特殊な管理形態にあったことや、逃亡者の除帳と浮浪人の現住地編附を規定する戸令10戸逃走条・同令17絶貫条が、京や京戸に適用されず、さらにこの政策の延長上にある八世紀の浮浪・逃亡政策の諸格（養老五年格・天平八年格・宝亀十一年格・延暦四年格）も、京や京戸には該当しないことを指摘した。そして『類聚三代格』貞観十八年（八七六）六月三日太政官符において、はじめて京職に京戸を大々的に除帳する権限が与えられたことなどから、八世紀の浮浪・逃亡政策において、京職は諸国のような逃亡者の除帳と浮浪人の編附の権限を持たず、それらはすべて中央政府の権限で臨時に行われていたと考えた。すなわち諸国人の京貫は、一件ごとに中央政府の認可を経なければならないので、かなり抑制された状態であったと考えた。そしてこれは、下級官人も例外ではなかった。

下級官人の本籍地

八世紀の下級官人の出身地については、平城宮出土の式部省《しきぶしょう》関係考選《こうせん》（考課・選叙《せんじょ》）木簡《もっかん》から知ることができる。考選木簡とは官人の毎年の勤務評価を記したもので、六～八年勤務し「上・中・下」のうち「中」以上を取得し続けると位階が一つ上がった。

〔史料〕『平城宮発掘調査出土木簡概報』（4）九頁、木簡番号六三八〇

・去上　位子従八位上伯祢広地《はくねのひろち》年三十二 河内国安宿郡

→本籍地

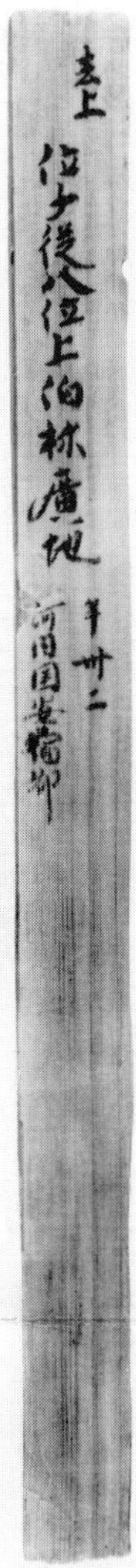

写真7（奈良文化財研究所提供）

位子とは、六位以下、八位以上の位階にある人の嫡子のことで、伯祢広地は位子であり、この時は従八位上であった。年齢は三十二で、本籍地は「河内国安宿郡」であった。「去上」は去年の勤務評価のことで、「上・中・下」のうちの「上」であった。

『平城宮木簡六　解説』（奈良文化財研究所）では、SD四一〇〇溝出土木簡を、『平城宮木簡四』『同五』で報告した神護《じんご》景雲《けいうん》年間から宝亀《ほうき》元年（七六七～七七〇）にかけてのCJ六六以東の地区の木簡をA群、『平城宮木簡六』の養老《ようろう》・神亀《じんき》年間から天平初年（七一七～七二九）にかけてのCJ六七地区（B1群）・SD一一六四〇溝（B2群）・SE一四六九〇井戸（B3群）出土木簡をB群に分け、A群を式部省内の事務に関わる木簡、B群を式部省を含めて各官司から式部省に集められた諸官司の六位以下の官人に対する考選の事務に関わる木簡とする。その本籍地の内訳は「表5木簡にみる本籍地の分布」に示した。その結果、A群は京が二一・九％、諸国が七八・一％（畿内が四三・〇％、畿外が三五・一％）であり、B群は京が二六・九％、諸国が七三・一％（畿内四四・八％、畿外二八・四％〈四捨五入しているので、合計は七三・一％にならない〉）となった。このように下級官人の七～八割が諸国人なのであり、彼らの京貫は認められていなかったのである。したがってこのような状況のなかで、八世紀末にいたって中央政府

表5　木簡に見る本籍地の分布

	A群	B群総計
左京	17	13
右京	42	10
京	24	13
京	83	36
大倭	39	17
山背	29	13
河内	62	18
摂津	25	10
和泉	8	2
伊賀	4	2
伊勢	3	
尾張	6	1
参河	6	
遠江	9	2
駿河	1	1
甲斐	2	2
伊豆	2	
相模	1	
武蔵	2	
上総	3	
総	1	
下総	4	
常陸	5	
近江	24	7
美濃	5	1
飛騨	2	
信濃	5	1
上野	4	
下野	1	1
陸奥	2	
出羽	1	1
若狭	2	
越前		2
能登	1	
越中	3	
越後		
越	1	1
丹波	3	
丹後	1	
但馬	3	1
因幡		1
出雲	1	2
隠伎		
石見		
播磨	7	2
美作	2	1
備前	2	
備中	2	3
備後	1	
安芸	1	
周防	0	1
紀伊	4	
淡路		
讃岐	4	1
阿波		
伊予	2	
土佐		
筑後		1
肥前		2
肥後		1
総計	377	134
京	83(22.0%)	36(26.9%)
畿内	161(42.7%)	60(44.8%)
畿外	133(35.3%)	38(28.4%)

(　)は%。四捨五入しているので、合計は100%にならない。

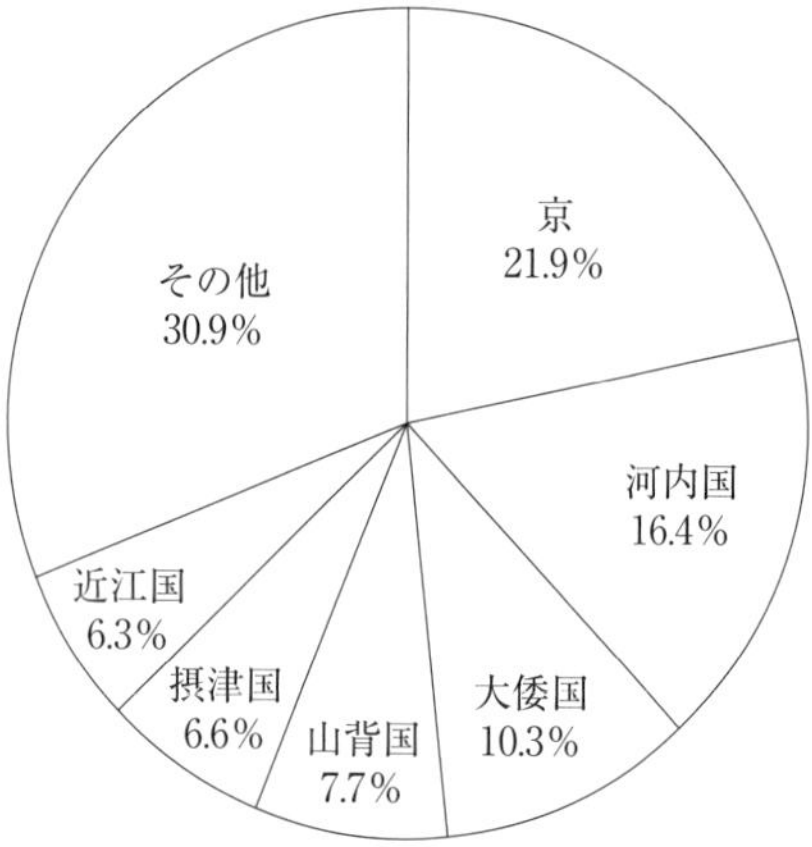

図11　A郡木簡の本籍国

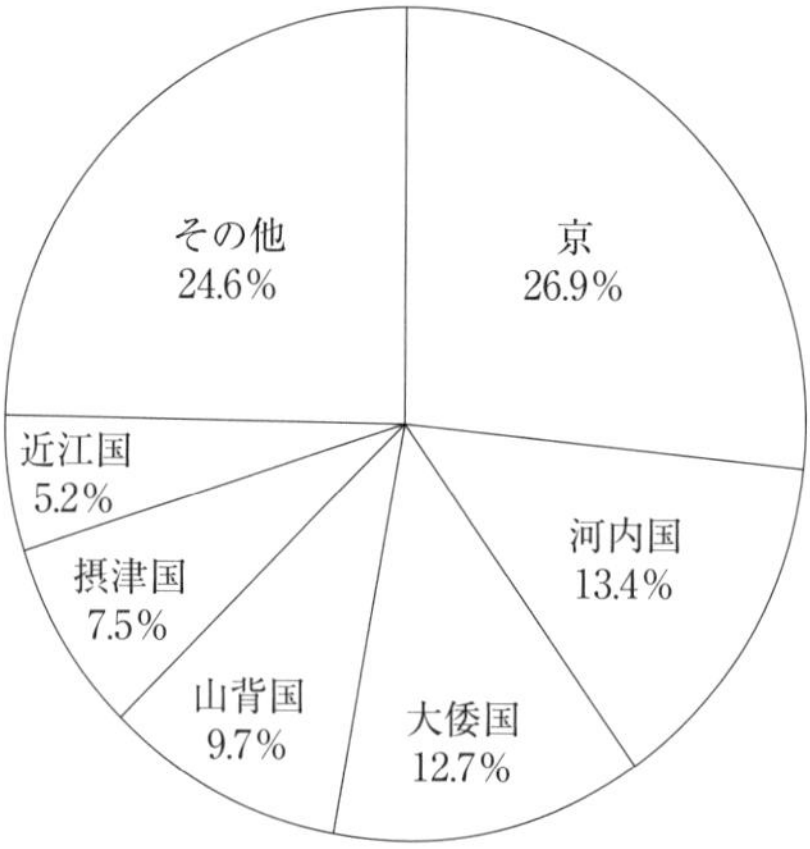

図12　B郡木簡の本籍国

が下級官人の京貫を次々と認めたのは、喜田新六氏の指摘するように、画期的変革であったと考える。

さて式部省関係考選木簡の「京・畿内」対「畿外」の割合は、A群が六四・七％対三五・三％、B群が七一・七％対二八・三％である。ただし近江国を除くと、畿外の割合は、A群においても三〇％以下になる。そして図11・12の円グラフで示したように、A群・B群ともに河内国が一番多く、大倭・山城・摂津・近江国と続く。一方、京貫記事の「畿内」対「畿外」の割合は、五五・七％対四四・三％であり、また図8に示すように（本書146頁）、河内国、大和国、讃岐国、山城国、摂津国、近江国の順に多い。京貫記事では、讃岐国が多いが、大体において木簡も京貫記事も、同一の傾向を持っている。鬼頭清明氏は、さらに正倉院文書の優婆塞《うばそく》・経師《きょうし》等の貢進解から彼らの出身地を調べているが（「初期平安京についての一試論」『古代木簡と都城の研究』塙書房、二〇〇〇年、初出、一九八三年）、これも京貫記事や考選木簡の出身地と同一の傾向を持っている。京貫は改姓と同じく、本人の功績とともに、先祖代々、官人として王権に仕えた功績によって認可されていたことを踏まえると、京貫者の多くは、八世紀に活躍していた下級官人の子孫ではないかと思われる。

不安定な立場

このような諸国に本籍を持つ官人は、官司との関係において在京が許可されており、解任されれば本国（＝本籍国）に帰還すべき存在であった。これについては、次の史料がある。

［史料］『続日本紀』天平勝宝四年十一月壬子（十日）条

制すらく、諸司故《ゆえな》無く上《のぼ》らずは、本貫《ほんがん》に放還せしめ、其有位の者は外散位《げさんに》と為せ。无位の者は、還りて本色に従はしめよ。

ここで「故無く上らざる者」、すなわち無断で欠勤する者に対し、諸司が本国に放還する権限を持っていることが知られる。つまり彼らは原則として「本籍国に居住すべき人々」と捉えられており、官司に勤務している期間のみ、在京が許可されていたのである。そして官司から解任されれば、ここにあるように、有位者は、中央官人としての出世の道を絶たれ、外散位（＝位階だけあって官職に就いていない者）として本籍国で勤務することとなり、無位（＝无位）者は、白丁《はくてい》として本籍国で口分田を耕作し、課役を負担することになるのである。このように諸国に本籍を持つ官人は、本来は「本籍国→（出仕）→在京→（解任）→本籍国」と移動する人々で、官人としての立場は不安定だったのである。

京戸への憧憬

実態として京貫された官人は八世紀初頭から官人として長期間在京し、次第に下級官人の身分を世襲するようになり、そうすることで在地との関係が疎遠になっていった。そして軍防令47内六位条には「凡そ内六位以下、八位以上の嫡子、年二十一以上にして、見に役任無くは、年毎に京国の官司、勘検して実を知れ。状を責《こ》ふて簡び試みよ。分ちて三等を為《つく》れ。儀容端正にして、書算に工《たくみ》ならば、上等と為《せ》よ。身材強幹《しんざいごうかん》にして、弓馬に便ならば、中等とせよ。身材劣《つたな》く弱《よわ》くして、文算《もんざん》識らずは、下等と為よ。十二月三十日以前に、上等下等をば式部に送りて簡び試みよ。上等をば大舎人《おおどねり》と為よ。下等をば使部《しぶ》と為よ。中等をば兵部に送りて、試練して兵衛と為よ。如し足らずは、通《かよ》ひて庶子を取れ」とある。八位以上の嫡子であれば、簡試を経て上等・中等・下等に振り分けられ、それぞれ大舎人、兵衛、使部として出仕する道が開かれていた。つまり下級官人も八位以上になれば、子を出仕させることが可能となり、下級官人の身分を子孫に踏襲させることができるのである。

そして八世紀末になって、下級官人が古来の職掌や本拠地を意味するウジナを嫌い、京に永住することを希望したように、彼らの間に新たに古代国家の官人としての意識が芽生えた。このような状況のなかで行われた下級官人の京貫には、すでに八世紀から下級官人身分を世襲してきた人々を、中央政府がこれからも古代国家を支える官人として、その存在を認めるという意義があった。そして下級官人にとって京貫は、官人としての地位を確立するという意義があったのである。

下級官人の再出発

先行研究において村山修一氏や松瀬洋子氏は、京貫者を地方豪族と捉えたが、私見ではすでに地方豪族という性格を失いつつあった人々、と捉えた。そして諸国に本籍を持つ官人は八世紀から存在し、京貫者は八世紀から下級官人身分を世襲していた人々、と考えた。つまり松瀬氏のように九世紀になって「地方豪族」の仕官が有利になり、卑門出身の実務官僚が生み出されたという現象はなかったと考える。

さらにこの下級官人の京貫の背景には、八世紀から官人として活躍し、長期間在京するうちに、在地との関係が疎遠になった下級官人たちの、「在地支配の崩壊」という事態があったと考える。そしてまた下級官人自身の、古来からの職掌や本拠地から離脱し、新たに古代国家の官人として再出発しようとする堅固な意識があったと考える。

一方、中央政府にとって下級官人の京貫は、これからも古代国家を支える官人として、その存在を認めるという意思表示であり、このことにより下級官人は、官人としての地位を確立していったと思われる。そして京貫された下級官人とその子孫は、中央で官人として活躍していくのである。

第五章　京戸の変質

1　これまでの京戸の解釈

「京戸」は、これまで明確に定義されずに、ただ漠然と「京の住民」を意味するものとして、解釈されてきた。さらに「京戸は、如何なる人々であったのか」という問いには、様々な見解が存在する。鬼頭清明氏は、「平城京内には、平城京造営以前に存在した周辺村落をそのまま京内に囲いこんだものがある」と述べたうえで、「したがって京内に居住する京戸もその大半は農民であった」とし、京戸は、その居住地が京域に取り込まれた人々であるとした（「都城と都市」『日本古代都市論序説』法政大学出版局、一九七七年）。舘野和己氏も、「そもそも一般京戸は、京がその居住地に置かれたことにより、たまたま京戸になった」と述べる（「古代都市―宮から京へ―」『日本の古代国家と城』新人物往来社、一九九四年）。

一方、浅野充氏は、京戸は、「全国的に析出《せきしゅつ》されて成立してきた人民」とし（「律令国家における京戸支配の特質」『日本古代の国家形成と都市』校倉書房、二〇〇七年、初出、一九八六年）、古代宮都は、天皇を唯一の首長に擬し、貴族から一般京戸までがいることで、「幻想としての首長制的共同体《しゅちょうせいてききょうどうたい》にその他の地（農村など）の民衆を取り込む意味を持つ」とする（「古代日本と朝鮮・中国の都市民と国家の形成の特質」『日本古代の国家形成と都市』校倉書房、二〇〇七年）。さらに吉村武彦氏は、天皇は「在地首長制の首長制とは質的に異なる」としつつも、京戸は諸国から集められ、京には凝縮された「天下公民《てんかこうみん》」が存在したとし、「天下公民を統治する政治的空間の縮図を京という場に実現させ、京戸百姓を直接支配した」とする（「古代の政事と藤原京・平城京」『律令制国家と古代社会』塙書房、二〇〇五年）。つまり京戸は全国からさまざまな人々を抜き出して（摘出して）、人為的に設定したとする。

しかし第三章において、「京戸」とはその居住地に関わりなく、京に戸籍（＝本籍）を持つ人々を指し、京には、諸国に戸籍を持ちながら在京する「在京諸国人」が、多く存在していたことを指摘した。そして八世紀において、京職には諸国のような、逃亡者を除帳する権限と浮浪人を編附する権限がなく、その京戸管理は閉鎖的であったことを指摘した。このような特別な扱いを受ける京戸が如何なる人々で、いつ、どのように成立したのかを考えていきたい。

2　京戸の成立

京戸の語義

はじめに「京戸」の語義を考えたいと思う。「京戸」は、『続日本紀』以降の六国史に見られ、また戸令《こりょう》集解《しゅうげ》15居狭条に、「穴云《あないは》く、問ふ、古令《こりょう》に云く、京戸、此例に在らず」とあることから、「古令」、すなわち大宝令《たいほうりょう》（大宝元年〈七〇一〉に制定された律令）にも京戸の存在が確認できる。しかし養老令《ようろうりょう》（大宝令を修正したもの。養老二年〈七一八〉成立といわれる）にいたっては、その用例は見えず、獄令《ごくりょう》1犯罪条では「京及諸国人」とあるように、「諸国人」に対して「京人」とされている。「京戸」と「京人」の用法については、次の史料がある。

［史料］『続日本紀』霊亀《れいき》元年（七一五）八月甲戌（二十五日）条
京人畿外に流宕《るとう》せば、則ち当国に貫《かん》し、而るに事に従はしむ。

［史料］『同』天平宝字《てんぴょうほうじ》五年（七六一）三月甲辰（十九日）条
京戸百姓《ひゃくせい》、課役を規避《きひ》し、外国《げこく》に浮宕《ふとう》し、習ひて常と為す。其数実に繁なり。各在所占著《せんちょ》して、其口田《くでん》を給はむ。

両記事は、畿外国に居住する「京人」・「京戸」を現住地で貫附したとある。当時、京戸の口分田は畿内国において班給されているので、京戸が畿内国に居住することは問題ない。しかし彼らが「外国」や「畿外」、すなわち畿外国に居住することは浮浪と認識され、霊亀元年と天平宝字五年に畿外国の戸籍に編附することにしたのである。ここにおいては「京人」も「京戸」も、京の戸籍に貫附される人々を指しており、「京戸＝京人」である。しかし人物表記に関しては、「左京人无位《むい》紀朝臣家《きのあそんのいえ》」のように（『続日本紀』養老七年十月癸卯〈十三日〉条）、「左京人＋人名」と記されるのが一般的である。一方「京戸」は、

「左京戸・右京戸」という表現が見られない。つまり「京戸」は、京が左右に分割される以前にできた言葉である。

京は大宝元年《たいほう》（七〇一）の大宝令《たいほうりょう》制定にともない、藤原京《ふじわらきょう》において左右に分かれたと考えられており（岸俊男「日本における『京』の成立」『日本古代宮都の研究』岩波書店、一九八八年、初出、一九八二年）、『日本書紀《にほんしょき》』持統《じとう》三年（六八九）七月丙寅（十五日）条の「左右京職及び諸国司に詔して、射を習ふ所を築く」などは、潤色を加えたと考えられている。つまり京戸は大宝元年以前にできた言葉であり、「京人」より古い言葉である。

また京戸は「戸」のつく人々であり、このような「―戸」の例としては、「雑戸《ざつこ》・駅戸《えきこ》・神戸《かんべ》・封《ふ》戸《こ》・陵戸《りょうこ》・官戸《かんこ》」などがある。「雑戸」は官司に世襲的に隷属し、手工業的な特殊技術をもって仕えた集団で、「駅戸」は諸国の駅に所属し、駅馬《えきば》の飼育や駅田《えきでん》の耕作に従事した人々である。「封戸」は貴族や神社、寺に支給され、その田租の二分の一と調庸が封主に給される戸で、「神戸」は特定の神社に付属し、その租調庸は神社の造営や供神料に充てられた戸である。「陵戸」は天皇・皇族の陵墓の守護・管理を世襲の職とした賤民で、「官戸」も官奴司に所属し、雑役に駆使された賤民である。

それぞれの成立時期については諸説存在し、早いもので「神戸」の孝徳《こうとく》朝、遅いもので「陵戸」の持統朝である。しかしかつて岸俊男氏は、「飛鳥部」と「飛鳥戸」の如く、「部」と「戸」のつく氏姓を検討し、「―部」は共同体的同族的結合の強固な集団であるが、「―戸」は渡来した個々の家族的集団の総括されたものであると分析し、渡来人の間ではじめて、従来の部民制と異なる、「戸」を対象とした総括支配の原則が発生したと述べた（「日本における『戸』の源流」『日本古代籍帳の研究』塙書房、一九七三年、初出、一九六四年）。つまり「京戸」も「戸」を対象とした総括支配の原則が生じた後の呼称であり、その起源は部民制までは遡らないのである。また「―戸」は、戸令38官奴婢条において、「官奴婢」が戸を為すと「官戸」になるように、「編戸」を意味する。つまり「京戸」の語義とは、「京において編戸される人々」である。そして「京」とは「土地」ではなく、王権とともに移動する「場」である。その意味で、京に編戸される京戸は、物理的に王権の近くにいることを想定された人々である。

「京」はいつ成立したか？

では「京」は、いつ成立したのであろうか。かつて岸俊男氏は、近江令に「京」のあらわれる可能性を指摘し、また国―評―里制の「国」の成立が天智初期であることから、京の成立もその時点まで遡ると推定した。また今泉隆雄氏は、『日本書紀』天武元年（六七二）七月壬辰（三日）・癸巳（四日）条における壬申《じんしん》の乱の倭京《わきょう》攻防戦において、倭京で「道路の橋板」をとって楯となし「京辺の衢《ちまた》」にたてて防衛したことから、「京辺」とは京の北辺のことで、京が一定の範囲を持っていたことを示すとする（「律令制都城の成立と展開」『古代宮都の研究』吉川弘文館、一九九三年、初出、一九八四年）。そしてこのような倭京の状況は、天智《てんぢ》六年（六六七）の大津宮遷宮以前、さらには斉明《さいめい》七年（六六一）～天智二年の百済救援戦争以前の斉明朝に遡り、斉明二年（六五六）の大規模な工事によって一定の範囲を持つ倭京が実現したとする。

京戸の戸籍はいつ作成されたか？

それでは京戸の戸籍は、いつ作成されたのであろうか。

【史料】『続日本後紀』承和六年（八三九）**七月壬辰**（十三日）**条**

左右京職并びに五畿内七道諸国をして庚午《こうご》年籍《ねんじゃく》を写し進《すす》めしむ。以て之を中務省《なかつかさしょう》庫に収む。

【史料】『続日本後紀』承和十年（八四三）**正月甲辰**（十五日）**条**

中務省言す、令条を案ずるに、京職畿内七道諸国の庚午年籍、応に省中に在るべし。而るに年終《ねんしゅう》帳《ちょう》に載せず。遠く遷代して前司《ぜんし》等、言上の心無《な》く、久しく遺漏《いろう》を致す。若し申し顕《あら》はさざるは、恐るるは後責《ごせき》有らん者《てへ》り。左右京職・五畿内七道諸国をして写し進めしむ。

承和六年に中務省に庚午年籍を収納するため、左右京職と五畿内七道諸国に庚午年籍を写して進上することが命じられた。そして同十年に中務省の言上により再び左右京職と五畿内七道諸国に庚午年籍を写して進上することが命じられている。ここで左右京職にも書写が命じられていることから、京に庚午年籍が存在したことがわかる。しかも承和十年正月甲辰（十五日）条には、「京職畿内七道諸国庚午年籍」とあり、京職の庚午年籍は左右に分かれていなかったことを示している。

井上光貞氏の指摘するごとく（「庚午年籍と対氏族策」『井上光貞著作集』第四巻、岩波書店、一九八五年、初出、一九四五年）、庚午年籍は、『日本書紀』天智九年（六七〇）二月条に「戸籍を造る。盗賊と浮浪とを断《や》む」とあるように、人と土地との関係を確定したものであった。そして戸令《こりょう》22戸籍条に「凡そ戸籍は、恒に五比《ごひ》留めよ。其れ遠き年のは、次に依りて除け。近江の大津の宮の庚午の年の籍は、除くことせず」とあり、戸籍は五比（＝五回分）、すなわち戸籍は六年に一回作られるので、三十年間保存することになっていたが、庚午年籍は永年保存することが定められている。また『続日本紀』大宝三年（七〇三）七月甲午（五日）条に「籍帳の設《もうけ》は、国家の大きなる信《まこと》なり。時を逐ひて変更《か》へば、詐り偽《いつはかく》すこと必ず起らむ。庚午年籍を以て定《さだめ》とし、更に改め易《か》ふること無かるべし」とあるように、庚午年籍をもって定姓の台帳とすることが定められ、以後は氏姓を正す根拠とされた。

それに加え私見では、庚午年籍には「本貫」を定めるという役割もあったと考える。『続日本紀』養老四年（七二〇）三月己巳（十七日）条では、「又無知の伯姓《ひゃくせい》、条章に閑《なら》はずして、傜役《ようえき》を規避《きひ》し多く逃亡すること有り。他郷を渉《わた》り歴《へ》て、歳を積みて帰ることを忘る。その中縦《たと》ひ過《あやま》ちを悔いて本貫に還ることと有りとも、その家業散失《なりはひさんしつ》せるに縁りて、存済《そんせい》に由《よし》無し。望み請《こ》はくは、逃《のが》れて六年以上を経て能く過ちを悔いて帰る者には、復《ふく》一年（＝一年間の課役免除）を給ひて其産業《なりはひ》を継《つ》がしめむことを、とまうす。奏するに可としたまふ」とある。これは第三章で述べたように、逃亡して六年以上経ち、すでに除帳された者に対して、過ちを悔いて本貫に還る場合は、その生計を立てるために一年間課役免除することとした。

このようにすでに除帳されて戸籍に貫附されていないにもかかわらず、彼らには「本貫」がある。つまり「本貫」とは、現時点での本籍地や貫附地を指す言葉ではない。「本貫」とは、庚午年籍以来、先祖代々が貫附されてきた京・国を指していると思われる。庚午年籍は、はじめて行われた全国的な造籍であり、人民はこの時にそれぞれ京や国に貫附された。すなわち人民にとって、庚午年籍の貫附国が永く「本貫」と意識されたのであり、庚午年籍は「氏姓」ばかりでなく、「本貫」の根本台帳にもなっていたと考える。

「京戸」となったのは誰か？

では庚午年籍の造られた天智九年（六七〇）に、京戸となったのは、どのような人々であろうか。今泉隆雄氏は、大化元年（六四五）における大和から難波への遷都によって（『日本書紀』大化元年十二月癸卯〈九日〉条）、一定の官人の集住が可能になったとする。すなわち孝徳朝の難波遷都の段階ですでに、王権に従って移動する豪族層が存在したのであり、このような当時の支配者層、後の官人層こそが、庚午年籍で京戸になった可能性が高い。

実際、藤原京遷都の時には、『日本書紀』持統五年（六九一）十二月乙巳（八日）条で、「右大臣に賜ふ宅地四町。直広弐《じきこうに》より以上には二町。大参《だいさん》より以下には一町。勤《ごん》より以下、無位に至るまでは、其の戸口《こ》に随《したが》はむ。其の上戸には一町。中戸には半町。下戸には四分之一。王等も此れに准《なぞら》へよ」とある。前半は、直広弐（冠位四十八階の十二番目）以上は二町、直大参《じきだいさん》（十三番目）以下は一町で、勤大壱《ごんだいいつ》（十七番目）から無位までは、一戸のうちの課丁の人数でその宅地面積が定められている。ここでは高位の者から宅地を班給しているのであり、官人を藤原京に住まわせようとする意図がみられる。では後の官人層が、すべて京戸になったのであろうか。

官人層にはカバネの秩序が存在する。『日本書紀』天武十三年（六八四）十月己卯（一日）条に「詔して曰はく、更諸氏《またもろもろのうじ》の族姓《かばね》を改めて、八色《やくさ》の姓《かばね》を作りて、天下万姓《あめのしたよろづのかばね》を混《まろか》す。一つに曰はく、真人《まひと》。二つに曰はく、朝臣《あそん》。三つに曰はく、宿祢《すくね》。四つに曰はく、忌寸《いみき》。五つに曰はく、道師《みちのし》。六つに曰はく、臣《おみ》。七つに曰はく、連《むらじ》。八つに曰はく、稲置《いなぎ》」とあり、これは旧来の臣・連・伴造・国造という身分秩序に対して、臣・連のなかから皇室と関係の深いものだけを抽出し、真人・朝臣・宿祢として上位におき、他を下位にとどめ、新しい身分秩序の形成をはかったものである。その二年前の『同』天武十一年八月癸未（二十二日）条で「詔して曰はく、凡そ諸《もろもろ》の考選《しなさだめかうぶりたま》はむ者は、能く其の族姓《うからのかばね》及び景迹《こころばせ》を検《かむが》へて方《まさ》に後《のち》に考《しなさだ》めむ。若《たと》ひ景迹《こころばせし》行能《わざ》灼然《いちしろ》しと雖《いえど》も、其の族姓《うからかばね》定まらずは、考選《しなさだめかうぶりたま》の色には在らじ」とあり、族姓が決まらない者は官人の任用・昇進の対象からはずされた。このように八色《やくさ》の姓《かばね》は、官人の帯びる族姓を、考選の規準に加えることを表明した直後に実施された政策であり、のちの官人考選法の規準にすべく、定められたものであった（熊谷公男「天武政権の律令官人化政策」『日本古代史研究』吉川弘文館、一九八〇年）。

そして『同』天智三年（六六四）二月丁亥（九日）条の「其の大氏の氏上《うじのかみ》には大刀を賜ふ。小氏の氏上には小刀を賜ふ。其の伴造等の氏上には干楯《たて》・弓矢を賜ふ。亦其の民部《かきべ》・家部《やかべ》を定む」とは、「大氏＝臣＝朝臣」「小氏＝連＝宿祢」という関係にあった（井上光貞「庚午年籍と対氏族策」（『井上光貞著作集』

第四巻、岩波書店、一九八五年、初出、一九四五年)。『古語拾遺《こごしゅうい》』には、「浄御原朝《きよみはらちょう》に至り、天下万姓を改む。分ちて八等を為す。唯当年の労を序し、天降の績を本とせず。其二曰く朝臣。以て中臣氏に賜ひ、命大刀を以ってす。其三曰く、宿祢。以て斎部《いむべ》氏に賜ひ、命小刀以ってす」とあり、「大刀・小刀」が、天智三年二月丁亥条と符合し、さらに「八色の姓」の「朝臣」五二氏中四〇氏が旧姓臣で、「宿祢」五〇氏中四四氏が旧姓連である。

カバネとの関係

つまり後の官人層に発展していく人々は、天智三年に大氏・小氏・伴造などを与えられ、続く八色の姓によって、上位の姓を与えられたと思われる。しかしこのような人々が、すべて京戸であるとは限らない。弘仁《こうにん》六年(八一五)に完成した『新撰姓氏録《しんせんしょうじろく》』は、京畿内の一一八二氏を左京・右京・山城・大和・摂津・河内・和泉にわけ、それをさらに皇別《こうべつ》・神別《しんべつ》・諸蕃《しょばん》に分類している。そして薗田香融氏が指摘するように、ここ記載されているのは、諸氏の出身地ではなく、現在の貫附地であるが(「萬葉貴族の生活圏—萬葉集の歴史的背景—」『萬葉』八、一九五三年)、たとえば「三国真人」は、京と山城国に貫附され、「為名真人」は京と摂津国、「小野朝臣」は京と山城国、「粟田朝臣」も京と山城国、「道守朝臣」は京・和泉国・河内国に分布し、「秦忌寸」にいたっては、京・大和国・山城国・摂津国・河内国・和泉国に分布している。このように『新撰姓氏録』に記載される諸氏は、京か畿内国に貫附されており、とくに京戸であることが有利になっていたとは思われない。官人としての出身資格に密接に関係していたのは、カバネである。

「藤原朝臣」は京戸

『日本書紀』天智八年（六六九）十月庚申（十五日）条において、中臣鎌足《なかとみのかまたり》はその死の前日に「藤原朝臣」を賜姓される。これは庚午年籍の前年のことであったが、調べた限りでは、「藤原朝臣」はすべて京戸である。また天智天皇や天武天皇の子孫にあたる氏族は、『新撰姓氏録』によると、すべて京に貫附されている。すなわち『新撰姓氏録』において分流して京と畿内国とに貫附されたのは、庚午年籍の造籍時に、諸国に本拠地を持ち、かつ本拠地とのつながりが強固な氏族である。喜田新六氏は同族であるにもかかわらず、京戸と諸国人とに分かれているケースが多いことを指摘している（「桓武朝にはじまる地方人の京都貫附について」『古代学』一〇―二・三・四、一九六二年）。たとえば『続日本紀』天平神護《てんぴょうじんご》元年（七六五）三月癸巳（二日）条に「左京人散位大初位下尾張須受岐《すずき》、周防国佐波《さば》郡人尾張豊国等二人には、尾張益城《ましき》宿祢（を賜ふ）」とあるように、彼らは同族で一緒に賜姓されているにもかかわらず、左京と周防国に分かれて貫附されているのである。

八世紀の京戸の実態

このように当時の支配者層、後の官人層がすべて京戸になったわけではない。では京戸には、他にどのような人々が存在したのであろうか。参考に、八世紀の京戸を見てみたい。まず京戸には皇親や貴族がおり、先行諸説が指摘するように農民も存在した。そして藤原清河《きよかわ》を迎えるために唐に遣わされた高《こう》元度《げんど》を送って来日した沈惟岳《しんいがく》は、宝亀十一年（七八〇）に左京に編附（＝貫附）された（『続日本紀』宝亀十一年十二月甲午〈四日〉条）。つまり京戸には元唐人も存在した。また職員令集解《しきいんりょうのしゅうげ》内蔵寮条の別記に「百済戸十戸・左京六戸・紀伊国四戸は、臨時に役に召す。雑戸と為して調傜を免ず」、同令集解大蔵省条の別記に「百済手部十戸・左京八戸・右京二戸（略）を雑戸と為す。調役を免じる也」とあり、さらに同令集解諸陵司条の別記に「借陵守及び墓守并せて百五十戸。京二十五戸」とあるように、雑戸《ざっこ》も陵《りょ》戸《うこ》も存在した。『三代実録』天安《てんあん》二年（八五八）十一月二十六日癸未条には、「左京職言《もう》す。毎年、鍛冶戸百済品部戸等計帳を進む。公家に益無し。職吏を煩はすこと有り。除棄して進めざることを請ふ。之に従へ」とあり、左京職から毎年鍛冶戸・百済品部戸などの計帳を進めているが益なく、京職官人を煩わせているという理由で、以後進めないこととなった。つまり天安二年までは京職は雑戸の計帳を作成していたのである。

　このように京戸には、皇親・貴族・官人、そして農民とともに、元唐人や雑戸・陵戸も存在したのであり、あらゆる身分の人々が存在したといえる（奴婢は「京戸の所有物」なので除外する）。そして先述したように京戸は、物理的に王権の近くにいることを想定された人々である。たとえば雑戸が、京・畿内とその近国にしか存在しないのは、王権が彼らの持つ軍事的技術を必要とし、宮廷工房などに上番させていたことが理由であろう（狩野久「品部雑戸制論」『日本古代の国家と都城』東京大学出版会、一九九〇年、初出、一九六〇年）。また陵戸の前身「借陵守・墓守」の一部が京戸になっているのも、彼らの陵墓を守るという職掌が王権に密着しているからであろう。おそらく庚午年籍の造籍時においても、その身分を限定せずに、王権に密着した人々が京戸になったものと思われる。

京戸・畿内人・畿外人の成立

先に庚午年籍において、京戸が成立したことを述べたが、この時に畿内人と畿外人、すなわち「京戸・畿内人・畿外人」の別が成立した。そして第三章において、八世紀において、京戸は固定的な存在であったと考えた。つまり戸令10戸《こ》逃走《とうそう》条で「凡そ戸逃走せらば、五保《ごほ》をして追ひ訪《とぶら》はしめよ。三周までに獲《え》ずは帳除《のぞ》け。（略）戸の内の口逃げたらば、同戸代りて輸《いだ》せ。六年までに獲ずは、亦帳除け。（略）」とあり、戸令17絶貫《ぜつかん》条で「凡そ浮逃して貫絶えたらむ、（略）並びに所在に貫に附けよ。若し本属に還らむと欲《ねが》はば聴せ」とあるように、国司は、自国内の人民が逃亡して六年経てば、戸令10戸逃走条により除帳し、また他国から浮浪人がやって来れば、戸令17絶貫条により、自国の籍帳に編附した。古代国家は諸国においては人民の流動に即応した政策を採っていたが、京においては、逃亡者の除帳と浮浪人の編附は抑制されていたのである。

すなわち戸令17絶貫条の延長にあるのが、浮浪・逃亡政策の諸格（養老五年・天平八年・宝亀十一年・延暦四年格）であるが、先に取り上げた宝亀十一年格は、『類聚三代格《るいじゅうさんだいきゃく》』と『続《しょく》日本紀《にほんぎ》』に掲載されており（本書106～107頁）、前者は「京職《きょうしき》畿内七道諸国《ないしちどうしょこく》」、後者は「七道諸国」を対象とする。そして『類聚三代格』には、弘仁格《こうにんきゃく》編纂時の加筆があったことから、本来、宝亀十一年（七八〇）格の対象は、『続日本紀』の記すように、「七道諸国」のみであったことを述べた。それゆえ宝亀十一年格の基である養老五年格や、養老五年格を訂正した天平八年格の対象も、「七道諸国」であった可能性が高いと考えた。

さらに京戸が、戸令10戸逃走条を適用されていなかったことは、『類聚三代格』貞観十八年（八七六）六月三日太政官符に「応に六年以上計帳進めざる戸、逃走例に准へて帳を除き、地を収むるべき事」とあることから（本書111頁）、あきらかである。すなわち貞観十八年（八七六）にはじめて、六年以上計帳を進めない京戸の除帳が認められたのであり、これ以前は、天平五年（七三三）右京計帳《うきょうけいちょう》（『大日古』一ノ四八一～五〇一、二四ノ一六）の逃注記《とうちゅうき》にみられるように、逃亡して六年を経ても除帳されなかったのである。このように八世紀においては、京戸が畿内人・畿外人になること、そして畿内人・畿外人が京戸になることは、抑制されていたのである。

畿内人の管理

このような八世紀の京戸管理は、畿内人においても同様であった。畿内人は、第三章でみたように神亀三年（七二六）山背国愛宕郡《おたぎぐん》出雲郷《いずもごう》雲上里《うんじょうり》・雲下里《うんげり》計帳（『大日古』一ノ三三三～三八〇）や天平四年（七三二）山背国愛宕郡計帳（『大日古』一ノ五〇五～五四九）の逃注記に見えるごとく（本書113～114頁）、逃亡しても除帳されなかった（原島礼二「京畿計帳の逃注記について」『日本古代社会の基礎構造』未来社、一九六八年、初出、一九六五年）。そして先述したように、浮浪・逃亡政策の宝亀十一年（七八〇）格は、「七道諸国」のみが該当したのであり、京とともに畿内国も対象外であった。浮浪・逃亡政策の目的は、人民を正しく把握することで、着実に徴税・徴発を実現することにあり、その徴税・徴発を増大させるためにも、戸口増益《ここうぞうえき》（＝人口増加）は大いに奨励された。

第三章において、京戸については、徴税・徴発が重視されておらず、戸口増益の対象でなかったことを述べた。そして制度上、畿内人もその基本的な負担は京戸と同じであり、庸は免除、調は畿外人の半分とされ（賦役令1調絹絁条・同令4歳役条）、実態として仕丁《しちょう》や衛士《えじ》も徴発されなかった（大津透「律令国家と畿内—古代国家の支配構造」『律令国家支配構造の研究』岩波書店、一九九三年、初出、一九八五年）。つまり畿内人も京戸に準じて、徴税・徴発の対象として重視されていなかった。すなわち古代国家は、畿外人から収奪することに主眼を置いていた可能性が高い。

かつて関晃氏が述べたように、畿内は「強力な集権的支配権を掌握した一群の中央豪族の古くからの居住地域」として、京とともに特別区域として認識されていた（「畿内制の成立」『関晃著作集』第二巻、吉川弘文館、一九九七年、初出、一九五四年）。そして旧知のごとく官人出身の上で、京戸・畿内人と畿外人との間には大きな隔たりが存在し、『新撰姓氏録《しんせんしょうじろく》』に登録される有力な氏族の本貫は、京と畿内国に留まり、また平城宮出土の式部省《しきぶしょう》関係考選木簡《こうせん》における下級官人の本籍地のうち、京・畿内が全体の六五〜七〇％をも占めていた。このような負担体系や官人出身のあり方は、畿内勢力が天皇の下に結集して畿外勢力への支配を行う、という古代国家の支配構造が反映されている。

閉鎖的な人民管理

以上のように畿内人も京戸と同じく、その人民管理は閉鎖的で、畿内人が京戸・畿外人になることや、京戸・畿外人が畿内人になることは抑制されていた。つまり八世紀において、庚午年籍の時に成立した「京戸・畿内人・畿外人」の別は、固定化するのであり、三者の間での流動は制限されていた。しかし八世紀において京戸・畿内人・畿外人の間で、まったく流動がなかったのではなく、婚姻やその他の理由で本籍を移動することがあった。

京には諸国に本籍を持つ人々が多数居住していたので、京戸と諸国人との婚姻も珍しくなかった。奈良国立博物館所蔵の山代忌寸真作《やましろのいみきまつくり》墓誌《ぼし》には「所知天下軽天皇（文武天皇）御世以来至于四継仕奉之人河内国石川郡山代郷従六位上山代忌寸真作、戊辰（神亀五年〈七二八〉）十一月二十五日□□□（逝去）又妻京人同国郡蚊《か》屋忌寸《やのいみき》秋庭《あきにわ》、壬戌（養老六年〈七二二〉）六月十四日□□□（逝）」とある。文武天皇から聖武天皇まで四代の天皇に仕えた河内国石川郡山代郷の山代忌寸真作が神亀五年に、妻の蚊屋忌寸秋庭が養老六年に逝去したとあり、夫婦合葬である。古代においては、妻は夫の戸籍に附されるが、氏姓を変更しない。山代真作は河内国人であり、彼の妻蚊屋秋庭は、「京人」であったが、その後、婚姻により河内国石川郡に本籍を遷している。

その他にも事務的なミスや死亡詐称による脱漏を訂正した場合などもあった。さらに名例律《みょうれいりつ》24犯流応配条に「役満つる及び赦に会ひ役を免じるは、即ち配処に於いて、戸口例に従へ」とあり、流刑者で役（強制労働）を勤めあげた者、または赦免され役を免除された者は、その配流された地の戸籍に編附されることが定められていた。賊盗律《ぞくとうりつ》18移郷《いごう》条では「凡そ人を殺して死すべきが、赦に会ひて免されば、移郷せよ」とあり、殺人犯が赦に会った時に、遺族の復讐行為を防ぐために本籍を他の土地に遷す場合もあった。このような場合は、本籍の移動が認められていたのである。

3　貫附地と居住地

左京・右京の別はいつできたか？

さて庚午年籍において成立した京戸は、左京・右京の別を持たず、また条坊もなかった。『続日本紀』文武元年（六九七）九月丙申（三日）条には、「京人大神大網造百足《おおみわのおおよさみのみやつこももたり》が家に嘉稲《よきいね》を生《おほ》す」とあり、また次の史料には「京職」とある。

［史料］『続日本紀』文武三年（六九九）正月壬午（二十六日）条

京職言《まう》さく、林坊の新羅《しらぎ》が女牟久売《めむくめ》、一びに二男二女を産む。（後略）

これは多産記事で、一度に二男二女（四つ子）を産んだ牟久売を讃えているが、彼女の本籍地は「林坊《はやしのぼう》」であり、これを報告したのは「京職」である。しかし『続日本紀』大宝二年（七〇二）正月乙酉（十七日）条に「正五位下美努王《みぬおう》、左京大夫《さきょうのだいぶ》と為す」とあるのをはじめとして、以後はすべて左右の区別がある。つまり岸俊男氏が指摘するように、大宝元年（七〇一）に制定された大宝令において左京・右京の区別ができたと思われる。また岸氏は先述した山代忌寸真作《やましろのいみきまつくり》墓誌において、妻の蚊屋秋庭《かやのあきにわ》を「京人」と記しているので、二人は京が左右に分かれる前に結婚したとする（「山代忌寸真作と蚊屋忌寸秋庭―墓誌の史料的考察―」『日本古代籍帳の研究』塙書房、一九七三年、初出、一九五四年）。

さらに藤原京においては条坊は当初、固有名詞がついていた。

［史料］『平城宮木簡』一九二六号（『木簡研究』二ノ六四）

・関々司の前に解す。近江国蒲生郡阿伎里《がもうぐんあきのさと》の人、大初上阿□勝《すぐり》足石《たるいわ》の許《もと》の田作人

・同伊刀古麻呂《いとこまろ》　大宅女《おおやけめ》右二人左京小治町大初上笠阿曾弥安《かさのあそんやす》戸人右二

送り行く。乎我都《おがつ》・鹿毛牡馬歳七　　里長尾治都留伎《おはりのつるき》

この木簡は旧下ツ道西側溝（SD一九〇〇）から出土し、その年代は大宝元年（七〇一）～霊亀元年（七一五）の間とされている（『平城宮木簡二　解説』奈良国立文化財研究所、一九七五年）。過所《かしょ》木簡（通行手形）であり、田を耕すために近江国蒲生郡阿伎里に来ていた伊刀古麻呂と大宅女の二人と奴婢・牝馬が左京の小治町《おはりまち》までの関を通行できるように、里長が作成したものである。ここには「△条△坊」ではなく「小治町」とある。また先の文武三年（六九九）九月壬午（二十六日）条には「林坊」とある。ここから数詞による条坊の表記は、和銅三年（七一〇）の平城京遷都以降に用いられたと推定される。つまり

大宝令施行以降の藤原京において左京・右京ができ、その後、平城京において数詞による条坊の表示が行われたと思われる。

貫附地は居住地なのか?

さて京戸を左右京の「△条△坊」に登録することは、京内の具体的な場所に貫附することを示す。そもそも王権は、宅地班給によって貴族・官人などを都城に集住させたのであり、貫附地に宅地を与えるか、あるいは宅地の所在地に貫附するという方法により、京戸の貫附地と居住地とを一致させたのではないだろうか。このことを「平城京居住者一覧表」(『古代都城制研究集会第3回報告集　古代都市の構造と展開』、奈良国立文化財研究所、一九九八年)を使って調べてみたい。ただしこの表は、「貫附地」と「家の所在地」とが混在しているので注意を要する。たとえば正倉院文書に伝わる「優婆塞貢進解《うばそくこうしんげ》」には「僧霊福《れいふく》謹んで解《げ》す　度人《どにん》を貢《みつ》ぐ事を申す/槻本《つきもと》　連《のむらじ》　堅満侶《かたまろ》　年二十八　左京三条二坊戸主従八位上槻本連大食戸口」とある(『大日古』二ノ三一九〜三二〇)。僧の霊福が優婆塞(在家の男性の仏教信者)の槻本堅満侶を推薦しているが、この場合の「左京三条二坊」は槻本堅満侶の本籍地なので、貫附地である。一方、「月借銭解」は銭を借りる際にその質物として自分の所有する家を記載している。たとえば「丈《はせつか》部濱足《べのはまたり》月借　銭解《げっしゃくせんげ》」(『大日古』六ノ二七三)の「質物家一区　在右京三条三坊」は、右京三条三坊が「家の所在地」である。

北村優季氏は、①丈部浜足《はせつかべのはまたり》(『大日古』一九ノ二九七)②田部国守《たべのくにもり》、占部忍男《うらべのおしお》(『同』六ノ四二六)③他《おさ》

田舎人《だのとねり》建足《たてたり》、桑内連《くわうちのむらじ》真公《まきみ》（『同』六ノ四二七）④山部針間万呂《やまべのはりままろ》（『同』六ノ五一〇）⑤大宅首《おおやけのおびと》童子《わらわ》、同姓男小万呂《おまろ》（『同』六ノ五六七）⑥船木麻呂《ふなきのまろ》（『同』六ノ五八五）⑦石川宮衣《いしかわのみやえ》（『同』一九ノ三一五）の「月借銭解」を挙げ、「本貫地」（＝本籍地）の記載のある場合は「家の所在地」の記載がなく、逆に「本貫地」の記載のない場合は「家の所在地」が記されていることから、これらの月借銭解の「本貫地」と「家の所在地」が一致しているとする（「京戸について―都市としての平城京―」『平城京成立史論』吉川弘文館、二〇一三年、初出、一九八四年）。しかし「本貫地」の記載があるのは⑤のみであり、必ずしもそうは言い切れない。

宅地班給と居住地

また次の史料のように、「家の所在地」が「居住地」であるとは限らない。

［史料］「**家屋資財請返解案**《かおくしざいせいへんげあん》」（『大日古』六ノ一一八）

解《げ》す。父母の家并びに資財《しざい》、奪取《だっしゅ》せらるに依り、□□を請ふ事を申す。

某姓《ぼうせい》ム甲　左京七条一坊□外従五位下《げじゅごいのげ》ム甲

合家四区　一区無物　□在左京七一坊

一区　板倉三宇　二宇稲積満　一宇雑物積　檜皮葺板敷屋一□　板屋一宇物在　並父所□□

草葺厨屋一宇　板屋三宇　並在雑物□□

在右京七条三坊　一区　板□　板屋二宇　［　　］□□家　草葺板敷東屋一宇
在右京七条三坊　一区　草葺板倉［　］　板屋一宇［　　］　所□［　］
草葺屋一宇　板屋三宇　並空　釜一口甑三口　馬船二隻　在大和国□［　］
　上件の二家、父母共に相ひ成る家なり。
以前ム甲が親父、ム国守に補任して退下し、然る間、去宝字□を以て
死去す。然るに父が妹三人、同心して処々に□
奪取す。此をム甲、哭き患ひ□
間、久しからず在り、しかもム甲が弟□□ム甲が父に従ひて□［　］
彼が参上来なむ時にム甲が□［　］
即ち職の符は久しく汝が申す事□［　］
遣はして所々家屋倉并びに雑物等を□［　］
期限は待たずして更に職の使、条令□［　］
倉稲下并びに屋物等をも□［　］

このように天平宝字年間（七五七〜七六四）ごろに作成された「家屋資財請返解案」において、ム甲の「貫附地」は、二行目にあるように左京七条一坊であるが、彼が父の妹三人に奪われたとする「家の所在地」は、京内では左京七条一坊と右京七条三坊にあった。この場合、どちらを「居住地」にすべきか

が問われるのである。

貫附地と家の所在地

以上のことから、慎重を期して「居住地」という言葉は使わず、「貫附地」と「家の所在地」とを調べたい。そしてその方法で、先の「平城京居住者一覧表」を見た場合、「家の所在地」と「貫附地」の両方が判明する例は極めて少ない。たとえば(a)藤原氏の「家の所在地」は、左京一条二坊・二条二坊の不比等《ふひと》邸、左京四条二坊の仲麻呂《なかまろ》邸、左京二条二坊の麻呂《まろ》邸があきらかになっているが（図1参照、本書17頁）、その「貫附地」は、『新撰姓氏録』において左京とされていることしか判明しない。ただし後述するように「丹波川人郷長解写《たんばのかわひとごうちょうげうつし》」によって、寛平《かんぴょう》元年（八八九）当時は左京一条一坊に貫附される藤原氏がいることが知られる。また(b)新田部親王《にいたべしんのう》の「家の所在地」は、右京五条二坊であるが、その「貫附地」は、『新撰姓氏録』において「新田部王之後（＝子孫）」とされる「三原朝臣《みはらのあそん》」が左京とされ、また同じく「新田部親王之後」とされる高原王も左京人であったことが知られるのみである（『三代実録』貞観元年〈八五九〉九月五日丁巳条）。(c)大中臣朝臣清麻呂《おおなかとみのあそんきよまろ》の「家の所在地」は右京二条二坊であり、その「貫附地」については、清麻呂の曾孫にあたる壱演《いちえん》が右京人であったことが知られるが（『三代実録』貞観九年〈八六七〉七月十二日己酉条）、『新撰姓氏録』においては「大中臣朝臣」は左京になっている。また(d)山部宿祢針間麻呂は、左京八条四坊の家地を質に入れているが、その「貫附地」は左京八条一坊である（『大日古』六ノ五一〇、三ノ七九）。

このように(d)以外は、「貫附地」は左京・右京しか判別せず、また本人ではなくその氏や子孫の状況しか知り得ない。さらに後述するように、九世紀以降、貫附地を右京から左京に遷した人々も存在する。そして田令《でんりょう》17宅地条「凡そ宅地売り買はむことは、皆所部の官司に経《ふ》れて、申牒《しんちょう》して、然うして後に聴《ゆる》せ」とあるように、京内においては宅地の売買が可能であり、さらに「家屋資財請返解案」のように、京内に二カ所の家を持っていた可能性もある。以上のように実態例から、京戸の貫附地と居住地とが一致していたのかを調査するのは困難である。

しかし「家屋資財請返解案」は、その建物数や資財・稲の収納数から、右京七条三坊の家が中心となっていたと思われるにも関わらず、ム甲の貫附地の左京七条一坊に、家地を保有していたことが注目される。また天平五年（七三三）右京計帳において、右京八条一坊の国覓忌寸《くにまぎのいみき》弟麻呂戸手実に、朱書で「居住に依って左京に移す」とある。この「移」は、貫附地の移動を表すと考えられ、居住地の移動によって貫附地が移された可能性が高い。さらに『続日本紀』霊亀《れいき》元年（七一五）六月丁卯（十七日）条には、「諸国人二十戸。京職に移附す。殖貨《しょくか》の由也」とあり、平城京の経済を発展させるために、富裕な人々を京に貫附しているが、これも「貫附地」に居住することを目的とした移貫であった。

以上のように平城京では、京戸の貫附地と居住地との一致が意図されていたと思われる。古代においては遷都のたびに宅地班給が行われていた。この宅地班給の直後は貫附地と居住地が一致していたと思われる。

4　入れ替わる京戸

旧平城京住民の除籍

これまで述べてきた京戸のあり方も、九世紀以降、徐々に変質していった。

［史料］『三代実録』貞観《じょうがん》四年（八六二）**四月十一日己酉条**

是より先、大和国言《もう》さく、左京絶戸《ぜつこ》七百十三烟《えん》、まさに籍を削《けず》られんとす。百姓《ひゃくせい》の愁《うれ》ひに依りて、貞観二年、且さに四十四烟を免ず。百姓の愁、猶ほ未だ弭《や》むこと有らず。是に至りて六百十二烟を免ず。編戸すること旧の如し。

同様な記事として、『三代実録』貞観四年五月四日辛未条・同年十月二日丁酉条がある。ここでは大和国が、左京絶戸七百十三烟が削籍（＝除帳）されんとしていることを言上し、百姓の愁によって合計六百五十六烟が免除されたことが窺える。村井康彦氏は当該条と貞観四年五月四日条について、「貞観四年（八六二）四・五月に、大和国が百姓の愁訴により、左京絶戸七百十三烟、右京絶戸百七十九烟の除帳を申し出て許されている」と述べている（『古京年代記―飛鳥から平安へ―』角川書店、一九七三年）。

しかしながら、その後半部分で貞観二年に四十四烟を免じ、それでも百姓の愁が止まないことから、さらに六百十二烟が免ぜられているので、大和国が百姓の愁訴によって削籍したのではなく、百姓の愁訴によって削籍が免除されたものと思われる。すなわち私見では、「大和国言」の内容を、「左京絶戸～猶ほ未だ弭むこと有らず」と捉え、「是より先に、大和国が、『左京絶戸七百十三烟が削籍されんとしている。百姓の愁により貞観二年に四十四烟を免じたが、いまだに百姓の愁が止まない』と言上した。是に至って六百十二烟も免じた」と解釈する。

また舘野和己氏は当該条から、平城旧京の人は京戸としての位置づけを与えられていたとするが（「遷都後の都城」『古代都城制研究集会第3回報告集　古代都市の構造と展開』奈良国立文化財研究所、一九九八年）、北村優季氏が主張するように、「左京絶戸」の左京は、「旧平城京」ではなく「平安京」であると考える。さらに北村氏は、「大和国に居住した『京戸』に対して、同国が絶戸たることを摘発したもの」とするが（「京戸の法制史―平安初期における京戸の変容―」『平安京―その歴史と構造―』吉川弘文館、一九九五年）、私見では大和国は、左京絶戸七百十三烟を代弁して、平安京における削籍の免除を打診していたと捉える。

すなわち平安京遷都とともに、京の戸籍も平安京に遷された。旧平城京に居残った京戸は、平安京では「絶戸」とされていた。そして佐伯有清氏が主張するように、当時の平安京においては同族による絶戸・無身戸の告発と、これによる除帳が盛んに行われていたため、この「左京絶戸七百十三烟」も削籍の対象となってしまった（「新撰姓氏録の成立」『新撰姓氏録の研究』研究篇、吉川弘文館、一九六三年、初出、一九五七年）。これを知った「左京絶戸七百十三烟」は、居住していた大和国に働きかけ、大和国は彼らを代弁して、平安京における削籍の免除を打診していたと考える。

「絶戸」とは、喪葬令《そうそうりょうの》義解《ぎげ》身喪戸絶条に「戸絶ふるは、戸口皆悉く絶へ尽くす也」、同令集解同条で「私案ずるに、（略）之を案ずるに、身死して更に子孫相承くる无《な》し、是を絶戸となす」とあるように、基本的には死亡して戸が絶えた状態を示す。しかし貞観十八年（八七六）六月三日太政官符に、「即ち若し死亡せざるは、必ず是逃走を知る」とあるように、死亡していなかった場合は逃亡したと考えられ、この場合も「絶戸」とされていた。そして「絶戸」が除帳されていない場合は、戸令18造計帳条の「若し全《また》き戸、郷に在らずは、即ち旧《もと》の籍に依りて転写せよ。并《あは》せて在らざる所由《しょゆ》顕《あらは》せ」にしたがって、京職が旧籍帳から転写していた。つまり貞観四年（八六二）四月十一日条の左京絶戸七百十三烟は、平安京に遷らず大和国に居残っていたのであり、京職に計帳を進めず、徴税・徴発にも応じていなかったと思われる。

平安京に遷らない京戸

京戸は本来、王権とともに移動する人々であり、遷都においては当然、移動すべきであった。では遷都先の京域内の住民は京戸になったのであろうか。『続日本紀』延暦《えんりゃく》四年（七八五）五月癸丑（十九日）条では、長岡京《ながおかきょう》遷都の時に「長岡村の百姓《ひゃくせい》の、家大宮処《おおみやところ》に入れる者は、一《もは》ら京戸の例に同じくせよ」とあり、長岡京内の民戸を京戸として扱うことにしている。そして先述したように鬼頭清明氏や舘野和己氏は京戸は、その居住地が京域に取り込まれた人々であるとする。

しかし長岡京遷都においては、この延暦四年五月癸丑条の前、『続日本紀』延暦三年六月丁卯（二十八日）条で「百姓《ひゃくせい》の私宅の新京の宮内に入るもの五十七町に、当国の正税《しょうぜい》四万三千余束を、その主に賜ふ」とあり、長岡京内に宅地が入る百姓に山背国の正税から稲を給付しているので、これは移転費用であったと思われる。また『同』慶雲《けいうん》元年十一月壬寅（二十日）条には「始めて藤原宮の地を定む。宅の宮中に入れる百姓《ひゃくせい》一千五百五烟に布賜ふこと差《しな》あり」とあり、藤原京遷都において百姓の宅が京域に入る場合は、布を与えているが、この布も立ち退き料であったと考える。また『同』和銅《わどう》元年十一月乙丑（七日）条には「菅原《すがわら》の地の民九十余家を遷す。布と穀《もみ》とを給ふ」とあるように平城京に遷都する際にも、住民に布と穀を与えて移動させている。

このように遷都先の居住者は、原則として立ち退いたのであり、京戸にはならなかった。つまり京戸は天皇とともに移動してきた。しかし平安京遷都においては、大和国に左京・右京の絶戸が存在したように、旧平城京から移動しない京戸が発生していたのである。

京戸の官人化

そして在京諸国人《ざいきょうしょこくじん》においても、八世紀末から新たな動きが見られるようになる。すなわち延暦十五年（七九六）を初見として、下級官人が京貫を申請し、中央政府がこれを認めるようになったのである。第四章において述べたように、京貫された人々は現職の官人であり、古代国家は恩恵として一件ずつ認可していた。その背景には、八世紀を通して官人として活躍し、長期間在京するうちに、在地との関係が疎遠になった下級官人たちの、「在地支配の崩壊」という事態があり、また下級官人自身の、古来からの職掌や本拠地から離脱し、新たに古代国家の官人として再出発しようとする強固な意識があったと考えた。京貫記事は、『日本後紀』以降の六国史に一〇〇件以上見られ、延喜《えんぎ》五年（九〇五）以降も継続して行われていた。その全体数は不明であるが、かなりの数にのぼっていたと思われる。すなわちこの下級官人の京貫により、京戸における官人の比率が高くなっていったと思われる。

不法な京貫を画策する人々

さらに一方で八世紀末以降、諸国人の不法な京畿内貫附が、冒名《ぼうめい》（他人の名をかたり替え玉になること）を通して行われるようになった。『類聚国史《るいじゅうこくし》』（巻百五十九、田地部上、班田）延暦十九（八〇〇）年十一月庚申（二十六日）条に「勅すらく、都鄙の民、賦役同からざる。除附《じょふ》の事、損益《そんえき》已に異れり。今聞く、外民《げみん》奸を挟み、競ひて京畿に貫す。隠首《おんしゅ》・括出《かっしゅつ》の二色是也り。唯《た》だ口を増し、田を貪《むさぼ》るに非らず。実亦た名を冒し、蔭《おん》を假《か》る。如し轍を改めざれば、何そ詐偽を絶たん。自今以後《じこんいご》、一切禁断す者《てへ》り。班田に預ること莫《なか》れ」とあり、外民（＝畿外人）が隠首・括出の制度を用いて京や畿内国に不法に貫附されている様子がうかがわれる。とく天長《てんちょう》五年（八二八）五月二十九日太政官符（『類聚三代格』巻十七、募賞事）には、「今左右京職進む所の授口、昔を以て今は況《いわん》や、人数已に倍なり。茲《ここ》に因りて籍帳を比《くら》べ校《か》むがみるに、弘仁三年九月損益猶同じ、天長元年隠首《おんしゅ》多し。或は一嫗《おうな》戸頭にして、十男寄口《きこう》なり。彼の貫属を尋ぬるに、生れる所、明らかならず。或は戸主耆耄《きもう》にして、幼群れて新しく附す。父を以て子と言ふ。物情已に乖《そむ》く。此の如きの色、編して戸を為す」とあり、左右京職の人口がすでに倍になっており、しかも調べてみると一人の老女を戸頭（戸主）にして、素性のわからない十人の男が寄口《きこう》として貫附されていたり、あるいは戸主は年寄りなのに、幼い子どもが新しく貫附され、父子を名乗っていると述べている。とりわけ天長元年（八二四）以降、顕著になっている。

自衛する京戸

そして『三代実録』貞観三年（八六一）六月甲辰朔条において「詔す。民部省、大中臣中臣《おおなかとみなかとみ》両氏絶戸《ぜっこ》并びに無身戸《むしんこ》、左右京職惣一百三十七烟を除棄《じょき》せん。是より先、正五位下守神祇伯《じんぎはく》中臣朝臣逸志《いちし》、少副正六位上大中臣朝臣豊雄《とよお》等奏して言す、件の無身《むしん》・絶戸《ぜっこ》等、帳を除くことを請《こ》ふ。以って冒蔭《ぼうおん》の奸を絶たん。之に従へ」とあるように、大中臣・中臣氏が同族の絶戸并びに無身戸を自ら告発し、その除帳を願い出た。このように京戸自身が絶戸の除帳を申請し、同族ではない者を排除するようになる。先に見た貞観四年（八六二）四月十一日己酉条の左京絶戸の削籍も、このような動きに対応したものである。

ここでは「百姓之愁」により、その大半が免除されたが、十四年後には京戸を対象に、「応に六年以上計帳進めざる戸、逃走例に准《なぞら》へて帳を除き、地を収むるべき事」を定めた貞観十八年（八七六）六月三日太政官符が施行されるのであり、その大部分は除帳されたものと思われる。すなわち貞観十八年六月三日太政官符は、庚午年籍以来はじめて、京戸を大々的に除帳することを認める政策だったのであり、除帳の対象になったのは、旧平城京に居残ったり、口分田所在地に定住していた農民を中心とする京戸であった。

畿内制の消滅

以上のように本来、京戸にはあらゆる身分の人々が存在したが、八世紀末からの下級官人の京貫と貞観十八年以降の京戸の除帳などにより、京戸における官人の比率が高まっていった。そして下級官人層が京戸になると、畿内人の位置づけが相対的に低下していった。たとえば播磨国人であった日下部《くさかべ》利貞・歳直は、一旦、摂津国に貫附されたものの、九年後、さらに京貫されたように（『三代実録』貞観六年八月八日壬戌条、『同』貞観十五年十二月二日癸巳条）、京戸が畿内人よりも尊ばれている。また『三代実録』貞観六年（八六四）正月二十五日壬子条においては「不課を以て戸口増益の功に数するを聴さず」の命令を「五畿七道諸国」に頒下しており、『延喜式《えんぎしき》』巻二十四、主計式上1畿内調条では「凡左右京、五畿内国の調、一丁の輸銭、時に随ひて増減、（中略）其外国百姓、逃亡して畿内に居住するは、一丁銭二百五十文・庸一百二十五文を輸せ」とある。つまり九世紀中頃には、畿内において戸口増益が奨励され、また畿内国に畿外人の浮浪が存在することが公認され、彼らの輸銭額が定められているのである。さらにこれまで延暦十九年（八〇〇）十一月庚申（二十六日）条や斉衡二年（八五五）三月十三日太政官符により、畿外人が不正な手段で、京戸・畿内人になることを禁止していたが、寛平《かんぴょう》三年（八九一）にいたっては、「応に外国百姓、奸して京戸に入るを禁制すべき事」とあり、京戸になることのみを禁止し、畿内人については触れられていない。

大津透氏は、畿内では人民に対して強固な直接支配が及んでいたのに対し、畿外では実質的には、郡司などの在地首長層の自立的支配に依存していたとする（「律令国家の展開過程」『律令国家支配構造の研究』岩波書店、一九九三年）。しかし古代国家の支配の浸透により、伝統的な郡司氏族は九世紀を通じて衰退し、このような違いも次第に消滅する。さらに中央豪族が、京に拠点を移し都市貴族化したことで、畿内国はその本拠地という役割を失い、また下級官人の京貫によって、官人供給地としての役割も失う。すなわち笹山晴生氏が述べるように、畿内制そのものの役割が失われていくのである（「畿内王権論をめぐって」『学習院史学』二九、一九九一年）。

京戸の頂点に君臨する人々

天皇は戸籍に編附されないので京戸ではない。天皇は戸籍を超越する存在である。では天皇の子である親王・皇子、また親王・皇子の子である王、さらに賜姓される六世王は、戸籍に貫附されたのであろうか。そして京戸のなかで頂点に位置する人は誰であろうか。

官人化が進む京戸においては、次第に右京人よりも左京人の方が尊ばれるようになった。これを皇子貫附の例からみていきたい。

【史料】『日本後紀』弘仁六年（八一五）**六月戊午**（**十九日**）**条**

皇子源朝臣信《みなもとのあそんまこと》、弟弘《ひろむ》・常《ときわ》・明《あきら》、女貞姫《さだひめ》・潔姫《きよひめ》・全姫《またひめ》・善姫《よしひめ》等八人、右京人従四位下《うきょうじんじゅしいのげ》良岑朝臣安《よしみねのあそんやす》

世《よ》・従五位下《じゅごいのげ》長岡《ながおかの》朝臣岡成《おかなり》等、左京に貫附す。

　ここで賜姓された嵯峨《さが》天皇の皇子・皇女が左京に貫附されたことがわかる。すなわち通常、賜姓されない親王・内親王は、貫附されなかった。そして『続日本後紀』承和《じょうわ》十三年（八四六）十二月丁亥（二十日）条に「左京人六世王豊縄《とよただ》・豊宗《とよむね》・豊方《とよかた》・豊道《とよみち》（略）等王十二人、姓清原真人《きよはらのまひと》を賜ふ」とあり、「左京人」となっていることから、六世王はすでに貫附されていた。さらに『三代実録』元慶《がんぎょう》四年（八八〇）二月八日壬辰条では「左京人従四位上行左馬頭兼伊勢守興基《おきもと》王、姓源朝臣を賜ふ。興基は人康親王《さねやすしんのう》の子也」とあり、人康親王（＝仁明天皇皇子・光孝天皇の同母弟）の子である興基王は、すでに「左京人」であった。つまり王になった時点（＝親王・皇子の子）から戸籍に貫附されたと思われる。このように通常は、親王・皇子は貫附されず、王にいたって京貫され、六世王になると賜姓されたと考えられる。

　しかし皇子への賜姓・貫附は、桓武朝以降に積極的に行われるようになる。弘仁六年（八一五）六月戊午（十九日）条には、嵯峨天皇皇子の源朝臣信などが左京に貫附された。その条坊は『新撰姓氏録』により、左京一条一坊であることが知られるが、『拾芥抄《しゅうがいしょう》』によれば、その邸宅は左京北辺二坊七町の「北辺亭」である。これが皇子の左京一条一坊貫附の初見である。そして貞観十五年（八七三）には、清《せい》和《わ》天皇皇子の源朝臣長猷《ながみち》など、延喜《えんぎ》二十一年（九二一）には、醍醐《だいご》天皇皇子の源朝臣高明《たかあきら》などが、左京一条一坊に貫附されている（『三代実録』貞観十五年四月二十一日乙卯条、『類聚符宣抄』第四、親王、延喜二十一年二月五日太政官符）。また『三代実録』元慶八年（八八四）六月二日辛卯条の光孝天皇皇子の源朝臣是《これ》忠《ただ》などは「左京一条」に貫附されているが、正確には「左京一条一坊」であったと思われる。このように原則として、源朝臣を賜姓された皇子は、左京一条一坊に貫附されるものであったらしい。

そして例外として、『三代実録』貞観八年（八六六）三月二日戊寅条に、「是日、勅すらく、沙弥深寂《しんじゃく》、姓貞《さだ》朝臣、名登《のぼる》を賜ひ、正六位上に叙し、。右京一条一坊に貫す。（略）深寂、是仁明《にんみょう》天皇更衣《こうい》三国《みくに》氏、生みし所也。承和の初、姓源朝を賜ひ、時服・月料に預かる。厥後、母の過失に依り、属籍を削らる。（略）」とあり、また『同』仁和二年（八八六）十月十三日戊午条には、「勅すらく、姓無き者、其名は清《きよ》実《み》、姓滋水《よしみず》朝臣を賜ふ。右京一条に貫す。（略）清実は、今上皇の子なり。母は布勢《ふせ》氏。過ちを以て籍を削らる也」とある。深寂も清実も、それぞれ仁明天皇の皇子・光孝《こうこう》天皇の皇子であったが、過失によって削籍されていたため、右京一条一坊・右京一条に貫附されたのである。このように右京に貫附された皇子は、事情があって「源朝臣」の賜姓が許されず、左京一条一坊への貫附が叶わなかったのである。

さらに興味深いのは、良岑安世《よしみねのやすよ》と長岡岡成の例である。『新撰姓氏録』によれば、良岑安世は延暦二十一年（八〇二）、長岡岡成は延暦六年（七八七）に右京に貫附されたが（『新撰姓氏録』左京皇別上）、弘仁六年（八一五）六月戊午（十九日）条によって、改めて左京に貫附されたことがわかる。すなわち弘仁六年には、すでに右京貫附よりも左京貫附の方が名誉だったのである。

このように九世紀以降、官人の間では京戸、とりわけ左京人であることが、ステータスになっていった。このことは官人薨卒伝《こうそつでん》記事にもあらわれている。「表6官人薨卒伝にみえる本籍地の記載」は、死没記事の他に出自や略歴などの記載がある官人薨卒伝を対象に、本籍地や旧本籍地の記載の有無について調べたものである。

『続日本紀』においては僧侶の卒伝《そつでん》においては、基本的に出家する前の本籍地を記しているが、官人については本籍地の記載があるものが二例しかない。陸奥国牡鹿《おじか》郡人の道嶋《みちしまの》嶋足《しまたり》と武蔵国高麗《こま》郡人の高倉《たかくらの》福信《ふくしん》である（延暦二年正月乙酉〈八日〉条・延暦八年十月乙酉〈十七日〉条）。しかしこれらはいずれも諸国人の場合であり、京戸が「左京人」「右京人」と表記されている例は見られない。ところが『日本後紀《にほんこうき》』になると、延暦《えんりゃく》十八年（七九九）二月乙未（二十一日）条の和気清麻呂《わけのきよまろ》薨伝に「右京人也」とあるのを初見として、以後、「左京人」「右京人」の表記が見られるようになる。本籍地の記載は、時代が下るにつれ、増えていく傾向があり、『三代実録』にいたっては、七二件中三八件までもが、本籍地を記載しており、うち三五件は「左京人」「右京人」の表記である。また七件が旧本籍地をも記載している。このような表記は、京戸であることを強調し、また左京人・右京人の別をあきらかにする意図があったと思われる。

そして先に見たように、弘仁年間以降、左京一条一坊や右京一条一坊など、宮城（＝大内裏）内での貫附記事が現れる。ここで邸宅を構えて生活するのは不可能であり、これはいわば名誉的な貫附である。すなわち平安京では、このような名誉的な貫附の出現や、遷都終焉による宅地班給の停止などにより、もはや京戸の貫附地は、その居住地を示すものではなくなり、名目的な存在になっていたのである。そして源朝臣が貫附された左京一条一坊は、最も名誉ある貫附地であったが、源朝臣の他にも、寛平《かんぴょう》元

表6　官人薨卒伝にみえる本籍地の記載

年月日	官人名	本籍	旧本籍地	出典
延暦11. 4. 2	紀朝臣船守	—	—	紀略
延暦15. 7. 16	藤原朝臣継縄	—	—	日本後紀
延暦16. 2. 21	大中臣朝臣諸魚	—	—	日本後紀
延暦17. 5. 27	羽栗臣翼	—	—	類史
延暦18. 1. 16	紀朝臣作良	—	—	日本後紀
延暦18. 2. 21	和気朝臣清麻呂	右京人	—	日本後紀
延暦19. 2. 10	橘朝臣入居	—	—	類史
延暦19. 10. 15	伊与部家守	—	—	紀略
延暦23. 4. 27	和朝臣家麻呂	—	—	日本後紀
延暦23. 6. 20	石上朝臣家成	—	—	日本後紀
延暦24. 2. 10	住吉朝臣綱主	—	—	日本後紀
延暦24. 8. 27	紀朝臣直人	—	—	日本後紀
大同1. 11. 9	三諸朝臣大原	—	—	公卿補任
大同3. 6. 3	藤原朝臣乙叡	—	—	日本後紀
大同3. 6. 13	安倍朝臣弟當	—	—	日本後紀
大同3. 10. 19	安倍朝臣兄雄	—	—	日本後紀
大同4. 2. 28	安部朝臣鷹野	—	—	日本後紀
弘仁2. 4. 23	藤原朝臣雄友	—	—	日本後紀
弘仁2. 5. 23	坂上大宿祢田村麻呂	—	—	日本後紀
弘仁2. 7. 8	藤原朝臣眞雄	—	—	日本後紀
弘仁3. 10. 6	藤原朝臣内麻呂	—	—	日本後紀
弘仁5. 7. 24	藤原朝臣今川	—	—	日本後紀
弘仁5. 閏7. 8	吉備朝臣泉	—	—	日本後紀
弘仁6. 6. 27	賀陽朝臣豊年	右京人	—	日本後紀
弘仁7. 12. 14	巨勢朝臣野足	—	—	紀略
弘仁8. 9. 16	藤原朝臣縄主	—	—	紀略
弘仁9. 12. 19	藤原朝臣園人	—	—	紀略
弘仁12. 3. 24	橘朝臣永継	—	—	類史・紀略
弘仁12. 7. 11	橘朝臣安麻呂	—	—	類史・紀略
弘仁12. 8. 18	上毛野朝臣穎人	—	—	類史・紀略
弘仁12. 9. 21	藤原朝臣縵麻呂	—	—	類史・紀略
弘仁13. 2. 24	藤原朝臣道継	—	—	類史・紀略
弘仁13. 5. 4	藤原朝臣藤成	—	—	類史・紀略
弘仁13. 8. 16	藤原朝臣友人	—	—	類史・紀略
弘仁14. 7. 22	伴宿祢弥嗣	—	—	類史・紀略
天長1. 2. 9	橘朝臣長谷麻呂	—	—	類史・紀略
天長2. 4. 13	紀朝臣田上	—	—	類史・紀略
天長2. 6. 9	紀朝臣長田麻呂	—	—	類史・紀略
天長2. 12. 4	紀朝臣末成	—	—	類史・紀略
天長3. 1. 3	石川朝臣継人	—	—	類史・紀略
天長3. 5. 1	安倍朝臣男笠	—	—	類史・紀略
天長3. 6. 2	橘朝臣常主	—	—	紀略
天長3. 7. 24	藤原朝臣冬嗣	—	—	紀略
天長3. 8. 2	安倍朝臣雄能麻呂	—	—	類史・紀略
天長3. 9. 6	安倍朝臣真勝	—	—	類史・紀略

天長4. 3. 13	藤原朝臣伊勢人	—	—	類史・紀略
天長4. 4. 26	佐伯宿祢清岑	—	—	類史・紀略
天長4. 6. 24	路真人年継	—	—	類史・紀略
天長5. 2. 26	藤原朝臣継彦	—	—	類史・紀略
天長5. 閏3. 9	坂上大宿祢広野	—	—	類史・紀略
天長5. 11. 12	伴宿祢国道	—	—	紀略
天長6. 12. 19	橘朝臣浄野	—	—	類史・紀略
天長7. 4. 19	小野朝臣岑守	—	—	紀略
天長7. 4. 30	藤原朝臣三成	—	—	類史・紀略
天長7. 7. 6	良岑朝臣安世	—	—	紀略
天長7. 11. 10	藤原朝臣真夏	—	—	類史・紀略
天長7. 12. 27	石川朝臣河主	—	—	類史・紀略
天長7. 閏12. 18	文屋真人弟直	—	—	類史・紀略
天長8. 3. 8	高根朝臣真象	—	—	類史・紀略
天長8. 3. 11	藤原朝臣世嗣	—	—	類史・紀略
天長8. 12. 8	伴宿祢勝雄	—	—	類史・紀略
天長9. 3. 20	藤原朝臣家雄	—	—	類史・紀略
天長9. 5. 24	伴宿祢真臣	—	—	類史・紀略
天長9. 7. 28	林朝臣山主	—	—	類史・紀略
天長10. 1. 19	紀朝臣咋麻呂	—	—	類史・紀略
承和1. 6. 21	紀朝臣興道	—	—	続後紀
承和3. 4. 18	甘南備真人高直	—	—	続後紀
承和4. 10. 7	清原真人夏野		—	続後紀
承和5. 3. 8	池田朝臣春野	—	—	続後紀
承和7. 4. 23	藤原朝臣常嗣	—	—	続後紀
承和7. 7. 7	藤原朝臣三守	—	—	続後紀
承和7. 10. 5	紀朝臣深江	右京人	—	続後紀
承和8. 4. 20	百済王慶仲	—	—	続後紀
承和9. 5. 29	高階真人石河	—	—	続後紀
承和9. 7. 5	藤原朝臣継業	—	—	続後紀
承和9. 10. 17	菅原朝臣清公	—	—	続後紀
承和9. 12. 8	笠朝臣梁麿	—	—	続後紀
承和10. 1. 5	伴宿祢友足	—	—	続後紀
承和10. 2. 3	大野朝臣眞鷹	—	—	続後紀
承和10. 3. 2	文室朝臣秋津	—	—	続後紀
承和10. 6. 11	朝野朝臣鹿取※	—	大和国人	続後紀
承和10. 7. 23	藤原朝臣緒嗣	—	—	続後紀
承和10. 9. 16	藤原朝臣愛発	—	—	続後紀
承和11. 9. 16	藤原朝臣貞主	—	—	続後紀
承和12. 1. 4	藤原朝臣浜主		—	続後紀
承和12. 2. 20	善道朝臣眞貞	右京人	—	続後紀
承和13. 8. 12	藤原朝臣吉野	—	—	続後紀
承和13. 9. 27	和気朝臣眞綱	—	—	続後紀
承和14. 閏3. 23	田口朝臣佐波主	—	—	続後紀
承和14. 7. 26	藤原朝臣綱継	—	—	続後紀
承和14. 12. 19	橘朝臣氏公	—	—	続後紀
嘉祥2. 2. 6	藤原朝臣長岡	—	—	続後紀
嘉祥2. 6. 28	良岑朝臣木連	—	—	続後紀

嘉祥2. 11. 29	藤原朝臣嗣宗	—	—	続後紀
嘉祥3. 2. 16	藤原朝臣富士麻呂	—	—	続後紀
嘉祥3. 3. 3	大中臣朝臣淵魚	—	—	続後紀
嘉祥3. 8. 4	坂上大宿祢清野	—	—	文徳実録
嘉祥3. 11. 6	興世朝臣書主	右京人	—	文徳実録
仁寿1. 6. 29	善友朝臣穎主	—	—	文徳実録
仁寿1. 9. 26	藤原朝臣岳守		—	文徳実録
仁寿2. 2. 8	滋野朝臣貞主	右京人	—	文徳実録
仁寿2. 2. 10	伴宿祢成益	右京人	—	文徳実録
仁寿2. 2. 19	和気朝臣仲世	—	—	文徳実録
仁寿2. 2. 25	藤原朝臣高房	—	—	文徳実録
仁寿2. 2. 27	紀朝臣最弟		—	文徳実録
仁寿2. 5. 22	都宿祢貞継	—	—	文徳実録
仁寿2. 6. 20	橘朝臣眞直	—	—	文徳実録
仁寿2. 11. 7	菅原朝臣善主	—	—	文徳実録
仁寿2. 12. 22	小野朝臣篁		—	文徳実録
仁寿3. 2. 14	藤原朝臣關雄	—	—	文徳実録
仁寿3. 3. 22	丹墀真人門成	—	—	文徳実録
仁寿3. 3. 28	紀朝臣椿守	—	—	文徳実録
仁寿3. 4. 14	和気朝臣貞臣	—	—	文徳実録
仁寿3. 4. 28	源朝臣安	—	—	文徳実録
仁寿3. 5. 13	藤原朝臣並藤	—	—	文徳実録
仁寿3. 5. 29	藤原朝臣助	—	—	文徳実録
仁寿3. 6. 2	菅原朝臣梶成	右京人	—	文徳実録
仁寿3. 6. 10	登美真人直名	—	—	文徳実録
仁寿3. 8. 24	百済朝臣河成	—	—	文徳実録
仁寿3. 12. 21	山田宿祢古嗣	左京人	—	文徳実録
斉衡1. 4. 2	橘朝臣百枝	—	—	文徳実録
斉衡1. 4. 2	百済王教福	—	—	文徳実録
斉衡1. 6. 13	源朝臣常	—	—	文徳実録
斉衡1. 8. 16	伴宿祢三宗	—	—	文徳実録
斉衡1. 8. 25	名草宿祢豊成	—	—	文徳実録
斉衡1. 10. 9	藤原朝臣大津	—	—	文徳実録
斉衡1. 12. 19	藤原朝臣行道	—	—	文徳実録
斉衡2. 1. 22	藤原朝臣松影	—	—	文徳実録
斉衡2. 1. 28	伴宿祢宗	—	—	文徳実録
斉衡2. 閏4. 7	清峯朝臣門継	左京人	—	文徳実録
斉衡2. 7. 戊寅	百済王勝義	—	—	文徳実録
斉衡2. 9. 18	嶋田朝臣清田	—	—	文徳実録
斉衡3. 4. 18	藤原朝臣諸成	—	—	文徳実録
斉衡3. 4. 26	氷宿祢継麻呂	左京人	—	文徳実録
斉衡3. 7. 3	藤原朝臣長良	—	—	文徳実録
天安1. 9. 3	長岑宿祢高名	右京人	—	文徳実録
天安1. 10. 12	南淵朝臣永河	—	—	文徳実録
天安1. 11. 5	藤原朝臣衛	—	—	文徳実録
天安1. 12. 25	清原真人有雄	—	—	文徳実録
天安2. 1. 24	文室朝臣海田麻呂	—	—	文徳実録
天安2. 3. 14	文室朝臣助雄	—	—	文徳実録

天安2. 3. 24	佐伯宿祢雄勝	—	—	文徳実録
天安2. 4. 10	占部宿祢雄貞	—	—	文徳実録
天安2. 4. 16	藤原朝臣宗善	—	—	文徳実録
天安2. 5. 27	藤原朝臣宗成	—	—	文徳実録
天安2. 6. 2	藤原朝臣大瀧	—	—	文徳実録
天安2. 6. 15	安倍朝臣氏主	—	—	文徳実録
天安2. 6. 20	山田連春城	右京人	—	文徳実録
貞観1. 4. 23	安倍朝臣安仁	左京人	—	三代実録
貞観1. 5. 1	藤原朝臣貞守	—	—	三代実録
貞観1. 7. 13	藤原朝臣春津	—	—	三代実録
貞観1. 12. 22	滋野朝臣貞雄	右京人	—	三代実録
貞観2. 5. 18	小野朝臣恒柯	右京人	—	三代実録
貞観2. 8. 5	藤原朝臣良仁	—	—	三代実録
貞観2. 9. 26	御輔朝臣長道	左京人	—	三代実録
貞観2. 10. 3	物部朝臣廣泉	左京人	本伊予国風早郡	三代実録
貞観2. 10. 29	橘朝臣岑継	—	—	三代実録
貞観2. 12. 28	大神朝臣虎主	右京人	—	三代実録
貞観3. 2. 29	清原真人岑成	左京人	—	三代実録
貞観3. 9. 24	豊階真人安人	左京人	河内国大縣郡人	三代実録
貞観4. 8	讃岐朝臣永直※	右京人	讃岐国寒川郡人	三代実録
貞観5. 1. 3	源朝臣定	—	—	三代実録
貞観5. 1. 5	藤原朝臣興邦	—	—	三代実録
貞観5. 1. 11	清原真人瀧雄	—	—	三代実録
貞観5. 1. 20	滋善宿祢宗人	左京人	備中国下道郡	三代実録
貞観5. 1. 25	源朝臣弘	—	—	三代実録
貞観5. 4. 15	良岑朝臣清風	—	—	三代実録
貞観6. 1. 17	山口伊美吉西成	右京人	—	三代実録
貞観6. 2. 2	高橋朝臣文室麻呂	左京人	信濃国人	三代実録
貞観7. 10. 26	和迩部宿祢大田麿	右京人	—	三代実録
貞観8. 5. 10	橘朝臣永名	左京人	—	三代実録
貞観9. 1. 24	中臣朝臣逸志	左京人	—	三代実録
貞観9. 3. 9	坂上大宿祢當道	右京人	—	三代実録
貞観9. 4. 4	齋部宿祢文山	右京人	—	三代実録
貞観9. 5. 19	平朝臣高棟	—	—	三代実録
貞観9. 10. 4	藤原朝臣貞敏	—	—	三代実録
貞観9. 10. 10	藤原朝臣良相	—	—	三代実録
貞観10. 2. 18	藤原朝臣良縄	—	—	三代実録
貞観10. 6. 11	滋野朝臣安城	—	—	三代実録
貞観10. 閏12. 28	源朝臣信	—	—	三代実録
貞観11. 8. 27	源朝臣啓	—	—	三代実録
貞観11. 12. 7	當麻真人清雄	左京人	—	三代実録
貞観12. 2. 19	春澄朝臣善縄	左京人	伊勢国員弁郡人	三代実録
貞観12. 3. 30	菅原朝臣峯嗣	左京人	—	三代実録
貞観14. 2. 7	藤原朝臣氏宗	—	—	三代実録
貞観14. 4. 24	伊伎宿祢是雄	壹伎嶋人	—	三代実録
貞観14. 9. 2	藤原朝臣良房		—	三代実録
貞観14. 11. 19	源朝臣興	—	—	三代実録
貞観15. 3. 26	藤原朝臣有貞	—	—	三代実録

貞観15.8.28	橘朝臣貞根	左京人	—	三代実録
貞観16.4.24	清原真人秋雄	—	—	三代実録
貞観16.5.27	滋岳朝臣川人	—	—	三代実録
貞観16.8.9	下道朝臣門継	—	—	三代実録
貞観16.11.9	多治真人貞岑	右京人	—	三代実録
貞観17.2.2	在原朝臣善淵	左京人	—	三代実録
貞観17.2.17	藤原朝臣常行		—	三代実録
貞観17.9.9	藤原朝臣良近	—	—	三代実録
貞観18.5.27	源朝臣寛	—	—	三代実録
貞観18.9.9	坂上大宿祢貞守	右京人	—	三代実録
元慶1.1.23	紀朝臣有常	左京人	—	三代実録
元慶1.3.10	藤原朝臣良尚	左京人	—	三代実録
元慶1.4.8	南淵朝臣年名	左京人	—	三代実録
元慶1.11.3	大江朝臣音人	右京人	—	三代実録
元慶3.2.25	都朝臣良香	左京人	—	三代実録
元慶3.10.20	源朝臣覚	—	—	三代実録
元慶3.11.10	良岑朝臣長松	—	—	三代実録
元慶4.5.28	在原朝臣業平	—	—	三代実録
元慶4.8.30	菅原朝臣是善	—	—	三代実録
元慶4.10.19	高向朝臣公輔	右京人	—	三代実録
元慶5.5.16	源朝臣勤	—	—	三代実録
元慶5.11.9	坂上大宿祢瀧守	右京人	—	三代実録
元慶5.11.29	源朝臣舒	—	—	三代実録
元慶5.12.5	卜部宿祢平麿	伊豆国人	—	三代実録
元慶7.1.15	藤原朝臣弘経	—	—	三代実録
元慶7.6.10	清内宿祢雄行	河内国志紀郡人	—	三代実録
仁和1.12.11	善淵朝臣永貞※	左京人	美濃国人	三代実録
仁和2.5.28	紀朝臣安雄※	左京人	讃岐国人	三代実録
仁和3.6.8	橘朝臣良基	左京人	—	三代実録
仁和3.6.20	源朝臣行有	—	—	三代実録
仁和3.8.7	文室朝臣巻雄	右京人	—	三代実録

※は京貫記事に見える人物
この表は、僧や女官、親王・内親王・王、乱などで処罰された人の薨卒伝を除外している。

また贈位記事や死没記事のみ、あるいは「死没記事＋薨卒年齢」のみのような簡略な記事も除外した。

『日本後紀』逸文については、黒板伸夫・森田悌編『訳注日本史料　日本後紀』（集英社、二〇〇三年）を参照した。

出典は『日本紀略』は『紀略』、『類聚国史』は『類史』、『続日本後紀』は『続後紀』、『日本文徳天皇実録』は『文徳実録』、『日本三代実録』は『三代実録』と表記した。

年（八八九）十二月二十五日の「丹波川人郷長《たんばのかわひとごうちょう》解写《げのうつし》」に「左京一条一坊戸主出雲守従五位下藤原朝臣直《なお》房《ふさ》戸口同姓蔭子《おんし》茂幹《しげもと》」とあり（『平安遺文』補二五六号）、寛平元年に藤原朝臣が貫附されていたことが確認できる。つまり平安京の京戸の頂点に君臨していたのは、源朝臣や藤原朝臣だったのである。

第六章　京職支配の変質

前章において述べたように、平安京遷都以降、「下級官人の京戸化」により、住民構成に大きな変化があった。本章ではこれを踏まえ、当初問題提起した「都市民」について論じたい。

1　支配体制の変質

治安の悪化

京における治安維持は、京職の基本的な職掌であるが、時代が下るにつれ、困難になっていった。最終的には弘仁年間（八一〇〜八二四）に検非違使《けびいし》が設けられ、京内外の巡検と盗賊無法者の追捕にあたるようになる。次の記事からは、延暦三年十一月十一日の長岡京遷都を前にした平城京が、騒然としていたことがうかがえる。

［史料］『続日本紀』延暦三年（七八四）十月丁酉（三十日）条

勅して曰《のたま》はく、如聞《きくな》らく、比来《このころ》、京中盗賊稍《やや》く多くして、物を街路に掠《かす》め、火を人家に放つ。良《まこと》に職司粛清すること能はぬに由りて、彼の凶徒をして茲《こ》の賊害を生《な》さしむ。今より以後《のち》、隣保を作りて非違を検《かむが》へ察《み》しむること、一《もはら》に令の条の如くすべし。その遊食《ゆうしょく》・博戯《はくき》の徒《やから》は、蔭贖《おんぞく》を論《あげつら》はず、決杖一百。放火・劫略《けふりゃく》の類は、必ずしも法に拘《かかは》らず、懲《こら》すに殺す罰を以てし、勤めて捉搦《そくじゃく》を加へて、姧宄《かんきゅう》を遏絶《あつぜつ》せよ。

このように京内で頻発する盗賊による略奪・放火に対して、京職は対応できなかった。京職には武力として兵士（京職兵士）を持っていたが、かねてより京戸が僅かな役料を支払って「便人」を身代わりとして兵士に差し出していることが問題となり、大同四年（八〇九）には徭銭に三〇文を加えて京戸から徴収し、これで兵士を雇役することになった（『類聚三代格』巻十八、軍毅兵士鎮兵事、大同四年六月十一日太政官符）。京職兵士も弱体化していたと思われる。

そのため中央政府は、保をつくって非違を検察し、遊食（遊び暮らす人）・博戯（ばくち打ち）の徒を杖罪（木製の杖をもって背中または臀部を打つ刑）とし、放火・略奪犯にいたっては、死罪に処すこととし、彼らの捕縛に勤め、犯罪を根絶せよ、と命じた。

ここで令条の如く「隣保」を作ることを命じているが、この「令条」とは、戸令《こりょう》9五家条の「凡そ戸は、皆五家相ひ保《まも》れ。一人を長と為よ。以て相ひ検察せしめよ。非違造《な》すこと勿れ。如し遠くの客来り過《よき》りて止《とど》まり宿《やど》ること有り、及び保内の人行き詣《ゆ》く所有らば、並に同保に語りて知らしめよ」を指す。

つまり五家を「保」とし相互に違犯のないように検察し、遠方から客が来訪した時や保内の人が遠出をする際には保に知らせることになっていた。

律令では一家をそのまま一戸とする原則であったので、ここでの保制は「五戸一保」制である。しかしこの五戸一保制は、諸国においても大宝二年（七〇二）の御野《みの》国戸籍に「五保上政戸春部小鳥戸口三十五」（『大日古』一ノ一二）、「五保上政戸国造族坂麻呂戸口二十六」（『同』一ノ一八）などとみえるのみで、実態はよくわかっていない。

さらに諸国では戸令1為里条で「五〇戸＝一里」とあるように、「戸」が行政組織に組み込まれているが、京の行政単位である「坊」は領域であり、「戸」は関係しない。また京の住民は京戸と在京諸国人とで構成されるが、京職の籍帳に編戸され登録されているのは京戸であり、在京諸国人は管轄していない。このように京においては、戸令9五家条がそのまま実践されていた可能性は低い。延暦三年十月丁酉条では「隣保」とあるように、五戸一保制ではなく、地縁的な「保」制を想定している。すなわち延暦三年十月丁酉条は、坊令の機能・権限の強化ではなく、地縁的な「保」制を強化することで、治安維持を回復しようとしていた。

京内の官司と貴族の変化

大和国には備前町や安房など、国の名前をもった地名が残っている。直木孝次郎氏はこれを「奈良時代あるいはそれ以前に、朝廷が力役を課すため、全国各地から農民を徴集し、これを奈良盆地の各所に居住せしめていた」ためとする（「国名を持つ大和の地名」『奈良時代史の諸問題』塙書房、一九六八年）。この

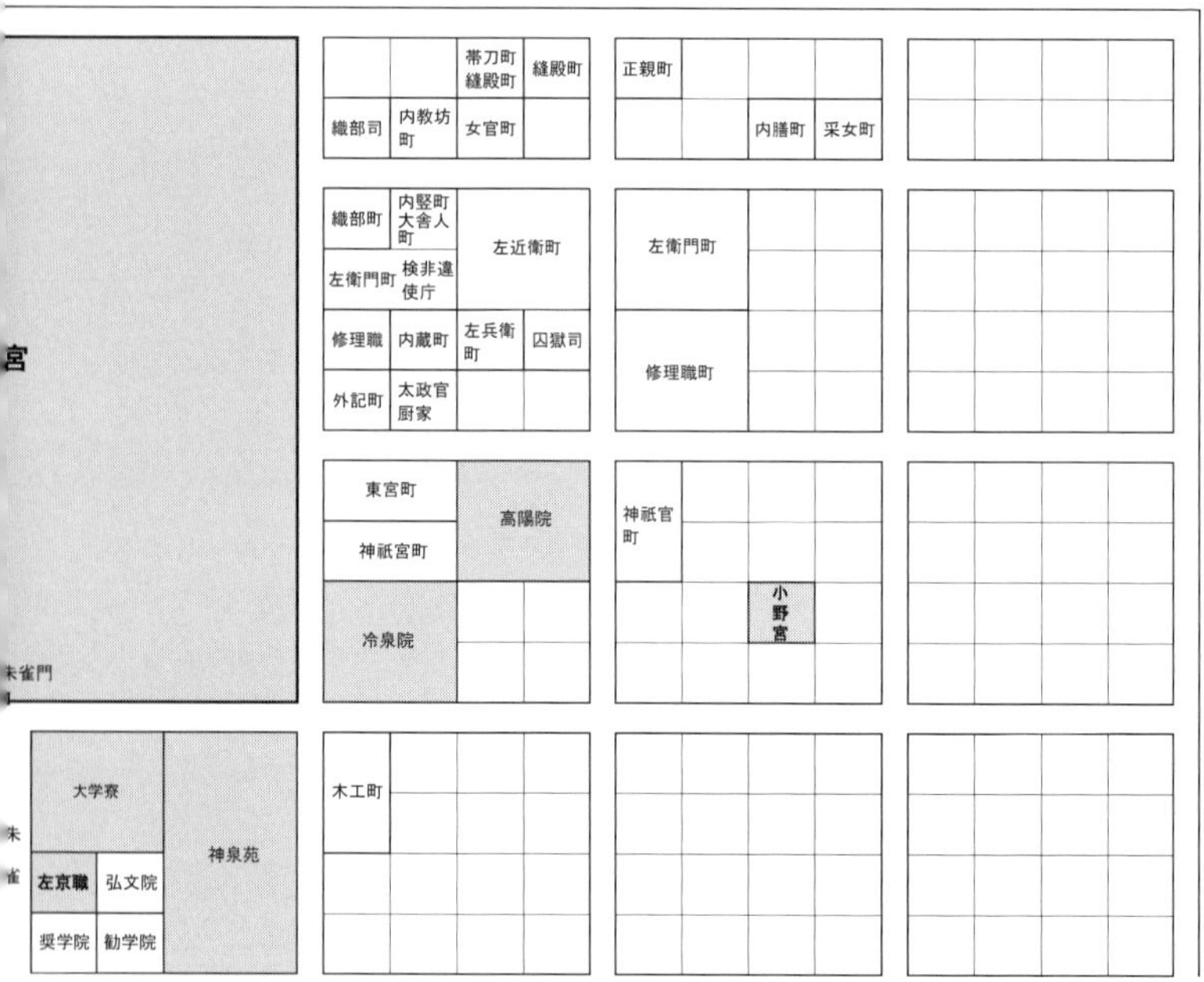

＊西山良平『都市平安京』（京都大学学術出版会、2004年）の「図１―１　平安京と法成寺」と『平安建都1200年記念　甦る平安京』（京都市、1994年）を参照して作成。

ような諸国から上京する役民や官人のための居住区は、平城京・平安京においては、事前に設定されていた。

延暦十三年（七九四）十月二十二日に遷都した平安京では、諸司厨《しょしくりや》町《まち》あるいは官衙《かんが》町といわれるものが設定されていた。具体的には「左衛士坊失火」（『日本後紀』大同三年（八〇八）十月丙辰条）や「東西仕丁坊」（『延喜式』弾正台）などとみえる。これらは衛士・仕丁などの雑任官人の居住区として設定された町であるが、このほかにも織部《おりべ》町《ちょう》・木工町・修理職町などのごとき手工業生産に当たった官司の町、六衛府のごとき警備や運搬に当たったもの、それに神祇官町・東宮町・女官町・外記町な

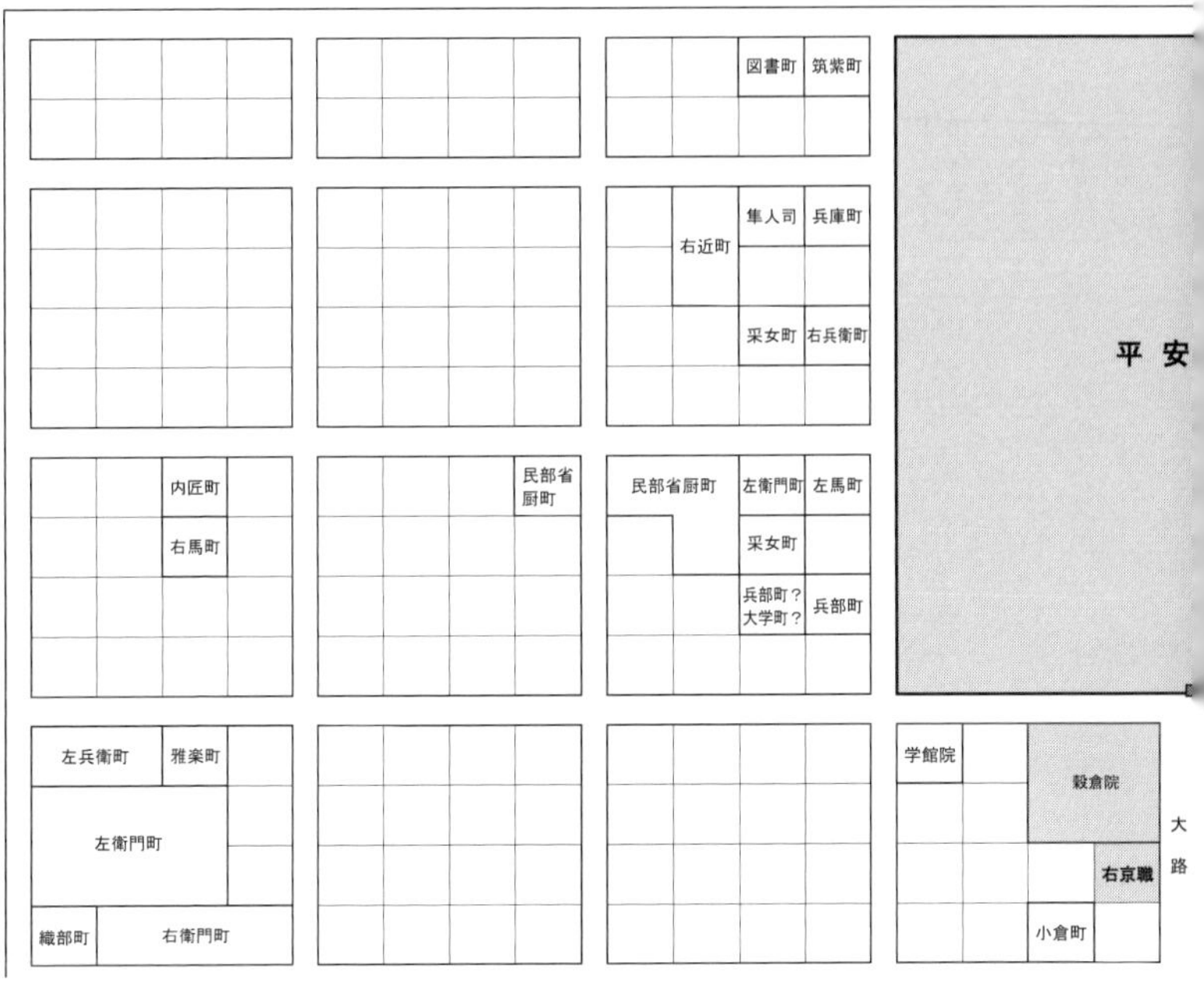

図13　諸司厨町略図

は諸司厨町以外の施設

ど特殊な内容をもたない雑役奉仕を主としたものがあった（図13参照）。十四世紀に成立した『拾芥抄《しゅうがいしょう》』には多くの町が記されている。

そして村井康彦氏が指摘するように、諸国から徴収する調庸を基盤としていた官司の財政は、調庸の未納により逼迫し、元慶《がんぎょう》三年（八七九）に畿内五か国に四〇〇〇町の官田《かんでん》が設置され、位禄《いろく》・王禄・衣服料・月《げつ》料《りょう》等、官人給与の財源とされた。また同五年（八八一）年十一月二十五日官符によって、諸司要劇《ようげき》并びに番上料《ばんじょうりょう》、つまり劇官や交替勤務における手当をここから支給するようになった（「平安中期の官衙財政」『古代国家解体過程の研究』岩波書店、一九六五年）。官田が諸司田化《しょしでん》し、各官司に分割されていくのである。これにともない平安京内の諸司厨町も諸司領となっていく。

一方、貴族はこれまで「みやこ」と「ゐなか（田舎）」に本拠地を持っていたが、都暮らしが長く続き、次第に「ゐなか」との関係が疎遠になっていった。そして平安京遷都以降は、京を唯一の本拠地とする「都市貴族」になっていく。彼らは邸宅の周辺に使用人を住まわせ、周辺地域を所領化していく。

このように京内の官司や貴族はその諸司厨町や邸宅周辺を私領化していく。その過程において京職の末端支配を担う坊令への対捍《たいかん》（逆らい手向かうこと）が生じる。

清掃の義務化

官司や貴族は、京職の京支配に協力的であったが、八世紀末頃からあらがうようになる。それが顕著にあらわれたのは「清掃」である。

［史料］『類聚三代格』（巻十六、道橋事）**弘仁十年**（八一九）**十一月五日太政官符**

太政官符

応に宮外に在る諸司諸家《しょししょけ》、当路を掃《は》き清《きよ》めしむべき事

右太政官弘仁六年二月九日両職に下しし符に偁《いへら》く、右大臣宣す、勅を奉《うけたま》はるに、如聞《きくなら》く、頃者《けいじゃ》京中の諸司諸家、或は垣を穿《うが》ちて水を引き、或は水を壅《ふさ》ぎて途《みち》を浸す。宜しく所司に仰せて咸《ことごと》く修営せし

むべし。流水を家の内に引くことを責めず、唯だ汚穢《おわい》を墻《かき》の外に露《あら》はすことを禁ず。仍ち竇《あな》毎に樋《とい》を置き水を通すべし。如し符有る後三十日、制旨に従はざるは、諸家司《しょけいし》并びに内外主典《さかん》已上、考《こう》を貶《おと》し、禄《ろく》を奪ふ。四位五位事業《じぎょう》及び雑色《ぞうしき》番上已下は蔭贖《おんしょく》を論じず、当処にて馬上笞五十を決す者《てへ》り。今壅浸《ようしん》の禁有り、清掃の制无《な》し。仍ち自今以後《じこんいご》、此《かく》の如きの類は、諸家司并びに内外主典已上、式部・兵部に移すこと、一《もはら》に前符と同じく考を貶し禄を奪ひ、四位五位は名を録し奏聞し、无品《むほん》親王家及び所々の院家、其別当官《べっとうのかん》を以て諸家司に准《なぞら》へて亦省に移し貶奪《へんだつ》し、其雑色《ぞうしき》番上以下、蔭贖を論じず決笞すること一《もはら》に前符と同じくすべし。又六位以下官人は、馬上にて之を勘当せん者《てへ》り。請《こ》ふに依れ。

弘仁十年十一月五日

この弘仁十年十一月五日太政官符には、弘仁六年二月九日太政官符が「偁く」の後の「右大臣宣す」から「者り」の前の「笞五十を決す」まで引用されている。これは左右京職に充てたもので、その内容は「聞くところでは、京中の官司・貴族が垣に穴を開けて、溝の水を引いたり、あるいは溝の流水を塞いで、路を水浸しにしている。所司（官司や貴族）にこれを修理させなさい。流水を家の中に引き込むことは責めていない。ただ汚穢を垣の外の路に溢れさせることを禁止する。すなわち穴ごとに樋を置いて水を通すべきである。もしこの太政官符が出て三十日経っても、修理されなかった場合は、家司や主典以上の官人の考（勤務評定）を貶し、禄（給与）を奪うこととする。四位・五位の事業（家政機関の職員）や雑色・番上以下は、贖罪を認めず、すべて馬上にて笞罪五十に処しなさい」とした。

この弘仁六年の太政官符に対して、弘仁十年には「今は水を塞いだり、路を浸したりすることを禁止しているが、清掃の義務がない。今後このような場合は、家司や主典以上は、文官・武官の人事を担当する式部・兵部省に文書を提出して、弘仁六年格と同様に考を貶し、禄を奪うこととし、四位・五位の者は名前を記録して天皇に奏上することとする。無品親王家及び所々の院家などはその家政機関の別当を諸家（貴族）の家司と同様に式部・兵部省に文書を提出し、考を貶し禄を奪い、雑色・番上以下は贖罪を認めず笞罪に処すこと、弘仁六年格と同様とする。また六位以下の官人は、馬上にてこれを処罰する」とある。

櫛木謙周氏が述べるように、京は天皇の威厳を表象する場として清浄でなければならなかった（「都城における支配と住民―都市権門・賤民形成の歴史的前提―」『日本古代の首都と公共性』塙書房、二〇一四年、初出、一九八四年）。しかし弘仁十年（八一九）十一月五日太政官符によると、まず弘仁六年二月に、住民が垣を穿ち水を引き、また水を壅いで途を浸すことが問題となった。平安京の街路の両側には溝があり、水が流れていた。この水を邸宅内に引き込むことは許可されていたが、邸宅内の汚水を路の溝に排出していた。おそらくトイレの汚水などを、平安京の街路の溝に流し込み、これが路に溢れて異臭を放っていたのであろう。見かねた中央政府は、官司・貴族に穴ごとに樋を置いて水を通させるよう左右京職に命じ、従わない場合には、その官司や貴族に仕える官人を処罰することを決定したのである。

そして弘仁十年十一月に「清掃の制」が定められ、街路の溝の水流を塞ぎ、路を汚すことを禁止するとともに、周辺の清掃を義務づけたのである。これにより官司や貴族はその周辺の街路を清浄に保たなければならなくなった。

追いつめられる坊令

この清掃の制により、坊令も部内の清掃に対して責任を持つ存在となった。

［史料］『類聚三代格』（巻二十、断罪贖銅事）天長九年（八三二）十一月二十九日太政官符

太政官符

応《まさ》に坊令を勘決すべき事

右京職解を得るに偁《いへら》く、謹んで令条を案ずるに、坊令是職事《しきじ》の官、若し怠過《たいか》有らば、まさに贖法に拠るべし。而るに承前の例、屡《しばしば》改張を経て、或は弾正勘決し、或は当職罰（罪カ）を科す。今太政官去天長五年十二月十一（十六カ）日符に依り、過状《かじょう》を責めること三度に満たば、則ち弾正、刑部に移し決さしめる。爾《これ》より尓来《じらい》、奔波《ほんぱ》に事に勤めるに寧処《ねいしょ》に遑《いとま》あらず。然ると雖も管する所、条中の怠慢絶え難《がた》し。何者《なんとなれば》有勢《ゆうせい》の家、催課に遵《したが》はず。無主の地、年を経て掃かず。巡検の責《せき》、月臻《いた》らずに靡《なび》く。方今《ほうこん》台（＝弾正台）に進める過状、三度已《すで》に満つ、罪自ら犯《おか》すに非ず。罰、市獄に受くる。今令（＝坊令）等或は病して上へず。或は遁去していまだ帰らず。茲《ここ》に因って京坊逾《いよいよ》蕪《あ》れ、道橋修せず。職有りて人無し。何を以て懲粛せん。夫れ直決の科、昔より免ざず。但し省（＝刑部省）に送りて決せしむ。事、穏便に乖《そむ》く。望み請《こ》ふらくは、刑部に送るを停め、太政官去弘仁十年十一月五日符に依って職司勘決すべし者り。右大臣宣す。勅を奉《うけたま》はるに、請ふに依れ。左京職亦此に準へよ。

天長九年十一月二十九日

このなかの右京職の解（「謹んで令条を案ずるに」～「職司勘決すべし」）には、次にように述べられている。坊令は職事の官であり、怠慢・過失があれば処罰される対象であり、これまで坊令の勘決（取り調べて決断すること）は、弾正台が行ったり、京職が行ったりしている。そして天長五年十二月十六日官符により、坊令の過状（過失をわびる書状）が三度になれば、弾正台は刑部省に報告して、坊令が決罰される。しかし奔波（激しく寄せる波のよう）に職務を全うしようとしても、安んずるところを得ない。坊令の管轄する条内の怠慢は絶えることがない。なぜなら有勢の家（勢力のある家）は、坊令の要請に従わず、居住者のいない土地は何年も清掃されないままになっている。弾正台の巡検は、その役目を果たさないままになっている。まさに今、弾正台に進めた過状は三度になっている。坊令自らが罪を犯したわけではない。しかし市の獄で罰を受けている。今、坊令らは病を称して出勤しなくなってしまった。あるいは逃げ去ってしまい帰ってこない。これにより、京の条坊はいよいよ荒れ果てる。道や橋も修理していない。職務はあっても人がいない状況である。何をもって懲らしめ戒めればよいというのであろうか。昔から罰に値する科（過失）は、免除されないものである。しかし刑部省に送って決罰するのは、穏便ではない。願わくば刑部省に送るのをやめて、弘仁十年十一月五日官符に従って、京職が坊令を勘決したい、とある。

ここで「有勢の家、催課に遵はず。無主の地、年を経て掃かず」とあるように、坊令は有勢の家、すなわち官司や貴族の家に対し、清掃を要請しても従ってもらえなかったことがわかる。『類聚三代格』（巻十六、堤堰溝渠事）貞観七年十一月四日太政官符所引の天長九年十一月二十八日格では「聞く如《なら》く、過状を進めしむる為に、職、使を遣わして之を喚《よ》ぶ。而るに或いは使を罵《ののし》り応じず。或いは故を称して参らず。有勢の家、尤も是制し難し」とあり、過状を提出させるため、京職が使（坊令であろう）を貴族の家に遣わしても、使が罵られ、あるいは理由をつけて召喚に応じていない様子がうかがわれる。こうした坊令への対捍《たいかん》は、貴族を中心に居住者全体に広がっていたのであり、坊令を一方的に罰することでは解決できなかった。しかし天長五〜九年の間、坊令は弾正台巡検の度に勘決され、過状提出が三度に及べば、市獄《いちごく》で罰を受けていた。

櫛木謙周氏は、弾正台と京職は競合関係にあったとし、「官人の公的奉仕の秩序を維持するための糾弾権を梃子《てこ》にした、弾正台の側からの京内行政への介入」があったと捉えている（「古代国家の都市政策―清掃の制を中心に―」『日本古代の首都と公共性―賑給、清掃と除災の祭祀・習俗―』塙書房、二〇一四年、初出、二〇〇五年）。しかし京には官人だけではなく、一般京戸も存在する。そしてこのうち、おもに京職に対捍していたのは官人なのであり、これに対処するために、官人の糾弾を職掌とする弾正台に京中巡検を強化させ、違反者を糺弾させたのである。小坂慶介氏の述べるように、弾正台が京職官人の監督のみならず、違反者の糺弾を直接行うことで、京職による京内支配を補完していたのである（「弾正台の役割についての再検討―京内を中心に―」『ヒストリア』一八三、二〇〇三年）。

坊令の変質

このように古代国家は、坊令の機能・権限の強化ではなく、治安維持については、保制を導入することで住民が互いに監視することを期待し、清掃の制については、貴族・官司の職員に対して罰則を設け、自主的に遵守することを期待した。櫛木謙周氏が指摘するように、この頃、坊城（朱雀大路の両側などに築かれた築地塀）の修理に関しても当家（坊城に接する家）が負担する制度が確立する（『類聚三代格』巻十二、正倉官舎事と巻十六、堤堰溝渠事の斉衡二年〈八五五〉九月十九日太政官符、前掲論文）。

一方、坊令の変質を促す政策も施行されていた。『類聚国史』（巻百七、職官十二左右京職）の延暦十七年（七九八）四月庚午（二十日）条において、「少初位《しょうそい》下官《げのかん》に准《なぞら》へて、禄并びに職田《しきでん》二町を給ふ」とあるように、坊令に少初位下の位階に準じる禄と職田二町を与えられ、さらに『弘仁格抄《こうにんきゃくしょう》』（巻二、式部上）延暦十七年七月二日格に「応《まさ》に坊令の考、長上《ちょうじょう》に准《なぞら》へるべき事」とあるように、坊令は内分番考（六考）から内長上考（四考）に優遇される。つまり今まで六年おきであった昇進のチャンスが、四年おきに訪れるようになったのである。また『類聚三代格』（巻四、加減諸司官員并廃置事）の天長二年（八二五）閏七月十日太政官符に「応《まさ》に京畿《きょうき》の入色人《にゅうしきじん》を以て坊令に通《かよ》ひ用ふべき事」とあるように、畿内入色人（畿内国に本籍をもつ官人）の任用も公認された。坊令は京戸でなくとも、補任されるようになった（ただし畿外人の任用は認められていない）。つまり坊令は、任用の門戸が広がり、他の内分番の官よりもはるかに優遇された官となったのである。そして貞観三年には、次のような官符が出されている。

〔史料〕『類聚三代格』（巻四、加減諸司官員并廃置事）貞観三年（八六一）七月二十八日太政官符

太政官符す。
　応《まさ》に諸勘籍《かんじゃく》人、未だ一選を経ず坊令に遷補《せんほ》することを停止《ちょうじ》すべき事
右、右大臣宣を被《こう》むるに偁《いへら》く、勅を奉《うけたま》はるに、頃者《このごろ》諸司雑色人《ぞうしきにん》等、未だ一選を経ず、件職に遷補す。之、政途を論ずるに、実に正理に非ず。宜《よろ》しく自今以後《じこんいご》、一切停止《いっさいちょうじ》すべし。
　貞観三年七月二十八日

ここでは諸司雑色人が、一選限（六考＝六年）を経ないうちに、坊令に任用されることを禁止している。つまり度重なる坊令の優遇処置により、下級官人は昇進する上で有利なポストとして、坊令への遷補を望むようになったのである。そのため現在のポストに着いてからまだ六年経っていないのに、坊令に補任されることを望んだのである。このような傾向により、坊令は住民の監理者というよりも、下級官人のポストという面が増長されたのである。

一方、坊長は白丁任用のままであり、坊令との身分差が拡大していったと考えられる。戸令《こりょうの》集解《しゅうげ》置坊長条では、「朱云く、坊毎に長一人を置く。謂《いふこころ》は、坊内只《ただ》親王家有り。百姓无《な》しと雖《いえど》も尚置くべきか。何者《なんとなれば》道路を掃き浄めしむべき故者《てへ》り」という解釈がなされており、坊内がまるごと親王家で占められている場合に坊長は置くのか、という問いに対し、道路を清掃するために置くべきと解釈されている。『延喜式』巻四十二、左右京式33雇使員数条では、兵士や掃清丁《そうせいてい》とともに、坊長が傜銭で雇われて

いる。ここからは坊長が掃清丁とともに貴族の邸宅周辺を清掃している様子がうかがわれ、京職が街路の清掃や道橋の修理などの「行政サービス」を行っていたことがわかる。このように坊令の官人化と、坊長の雇役化によって、京職と住民に介在する者がいなくなりつつあったのである。

保長の導入

さて「坊令—坊長」制度の変質や、住民の対捍に対応するため、京職は坊令に代わって、住民監理の役割を果たす者を求めた。

［史料］『三代実録』貞観四年（八六二）**三月十五日癸未条**

左京職言《もう》す。戸令云く、凡そ戸皆五家相《あ》ひ保《まも》れ。一人を長と為《せ》よ。以て相ひ検察せしめよ。非違造《な》すこと勿《なか》れ者《てへ》り。然らば則ち結保《けっぽ》の興《こう》、姦濫を糺《ただ》さんと為す。司存の理、必す導行すべし。而るに皇親の居、街衢《がいく》相接し、卿相の家、坊里猥雑《わいざつ》なり。若し官符を蒙り直ちに此制を施すに非らずは、不教の漸《ぜん》、輙《すなは》ち承引すること無し。親王及び公卿職事《くぎょうしきじ》三位以上、家司《けいし》を以て保長と為し、無《む》品《ほん》親王、六位別当を以て保長と為し、散位《さんに》三位以下五位以上は事業《じぎょう》を以て保長と為すことを請《こ》ふ。然らば則ち皇憲通行し、隣伍相《あ》ひ保《まも》り、奸猾《かんかつ》永く絶ち、道橋自ら全《まっとう》す。太政官処分す。請ふに依れ。右京職亦此に准《なぞら》へよ。

これは『類聚三代格』（巻十六、倉橋事）貞観四年三月十五日太政官符に、ほぼ同文を載せる。左京職は戸令9五家条を引用し、保制を施くことで、犯罪などを糺さんとしている。そして「司存の理は必す導行すべきである。しかし皇族の邸宅が街や衢に相接しており、公卿の家が坊里に混在している。もし太政官符を蒙りこの保制を施さなければ、不教の漸であり、すなわち承引することがなくなってしまう。親王及び公卿職事三位以上は家司を保長とし、無品親王は六位別当を保長とし、散位三位以下五位以上は事業を保長とすることを請う。そうすれば天皇の支配が行き届き、近隣が互いに守り、犯罪が長く絶たれ、道や橋も修繕されるようになる」と述べる。

この時の左京大夫は良吏として名高い紀今守《きのいまもり》であり、彼は貞観四年二月に左京大夫に就任すると（『三代実録』貞観四年二月十一日庚戌条）、すぐに京に保制の導入を決断した。これより前の延暦三年（七八四）十月丁酉条に「今より以後《のち》、隣保を作りて非違を検《かむが》へ察《み》しむること、一《もはら》に令の条の如くすべし」とあり（本書215頁）、ここでも「凡そ戸は、皆五家相ひ保《まも》れ。一人を長と為よ」とある戸令9五家条の保長を導入していたはずである。しかしこの時の保制は、ここでもさらに後述する昌泰二年六月四日太政官符にも引用されていないことから、本格的な導入には至らなかったと思われる。

貞観四年においては、保長の制度を徹底するために、親王及公卿職事三位已上は家司を、無品親王は六位別当を、散位《さんに》三位以下五位以上は事業《じぎょう》を、保長とすることを提案したのである。ここで保長の目的に「奸猾永く絶へ。道橋自ら全《まっとう》す」が入っているように、住民の対捍によってもたらされた奸猾の横行や道橋の崩壊を、貴族の家政機関職員をもって解決させることを意図したのである。

春名宏昭氏は、律令国家から官人に与えられた家政機関は、京内の行政を補佐する役割を付与されていたとするが（「官人家の家政機関」『日本律令制論集』上、吉川弘文館、一九九三年）、おそらくそれは後天的な性格であり、この場合は中村修也氏の述べるように「坊令を悩ませ、治安を悪化させる原因はこれら王臣諸家であり、彼らに治安業務の一端を担わせ、毒を以て毒を制せんとした苦肉の策」（書評『史学雑誌』一〇五―一〇、一九九六年）であると考える。つまりこれは、延暦三年十月丁酉条や弘仁十年十一月五日太政官符の政策を延長したもので、保長に貴族の家政機関職員を任命することで、治安維持も清掃の制も保制において全うする試みだったのである。そして更なる保制の強化が行われる。

［史料］『類聚三代格』（巻二十、断罪贖銅事）**昌泰二年**（八九九）**六月四日太政官符**

応《まさ》に結保帳《けっぽちょう》に依り奸猾を督察せしむべき事

制帳二巻 一巻左京料 一巻右京料

右、去貞観四年三月十五日格偁《いへら》く、左京職解に偁く、謹んで戸令を案ずるに云く、凡そ戸皆五家相《あ》ひ保《まも》れ。一人を長と為《せ》よ。以て相ひ検察せしめよ。非違造《な》すこと勿《なか》れ者《てへ》り。然らば則ち結保の興、姦濫を糺《ただ》さんと為す。司存の理、必す導行すべし。而るに皇親の居、街衢相接し、卿相の家、坊里猥雑なり。若し官符を蒙り直ちに此制を施すに非らずは、不教の漸《ぜん》、輙《すなは》ち承引すること無し。親王及び公卿職事三位以上は家司を以て保長と為し、無品親王は六位別当を以て保長と為し、散位三位以下五位以上は事業を以て保長と為すことを請ふ。然らば則ち皇憲通行し、隣伍相ひ保り、奸猾永く絶ち、道橋自ら全《まっとう》す。謹んで官裁を請ふ者《てへ》り。右大臣宣す。宜しく早く旧章を中明し仰せ下すべし。右京職此に准へよ者《てへ》り。左大臣宣す。勅を奉《うけたま》はるに、出格の後、年祀（紀カ）稍《やや》積む。有司《うし》忍んで忘るるが如し。奸の濫行以って害を為す。是即ち徒《いたづら》に条例を設けて未だ罪科を立てざるの致す所也。宜しく重ねて下知し、件の保籍《ほせき》に依りて、諸院諸司は六位院司官人を以て保長と為し、保内を粛清し、奸非を糺察すべし。但し長無きの保は、近くの保長各兼督を得る。若し保長本主、外吏に遷任し、以て任国に赴く、及び本宅を売却し、他保に移住する者は、京職、保内の事に堪ふる者を択び、差し替へて行はしむ。自余の事条、一《もは》ら前格の如し。若し制を下すの後、保長、督察に勤めず、及び保人の、保長の仰す所、承引を肯じざる者有らば、皆蔭贖を論じず違勅罪に科す。曽《かつ》て寛宥《かんゆう》せざれ。

昌泰二年六月四日

この太政官符は貞観四年（八六二）三月十五日格を引用しているが、これは先の『三代実録』貞観四年（八六二）三月十五日癸未条と同じ内容である。しかしこの昌泰二年六月四日太政官符では貞観四年と異なり、貴族のみならず諸院諸司に対しても、その六位院司官人を保長とすることを定めている。これだけに留まらず、京内に「結保帳・保籍」を作成し、保長の適任者がいない場合は、隣近の保長が兼ねることや、保長の本主が外吏（地方官）に遷任した場合などは、京職が保内の適任者を選び差し替えることや、そして保長が役目を果たさなかったり、あるいは保人が保長の命に従わない場合は違勅罪が適用されることが定められた。

この時、京内全域に保長が置かれることになったのであり（北村優季「京中支配の諸相―十、十一世紀の平安京―」『平安京―その歴史と構造―』吉川弘文館、一九九五年、初出、一九八五年）、京を網羅する組織として「坊令―坊長」の他に、「保長―保人」の命令系統ができたのである。そして以降は、京の居住者への催課が保長を通して行われている例が見られる。

さて京職は京内の末端支配を強化するため、対捍の元凶である貴族・官司の官人を保長に任命したが、皮肉にもこのことによって貴族・官司の影響力が周辺地に広まった。そして結果として貴族・官司が、当保とその周辺の住民を監理する体制ができたのである。

2　「都市民」の成立

保刀祢の登場

さて昌泰二年六月四日太政官符によって徹底された保長も、次の『西宮記《さいきゅうき》』の勘物を最後に姿を消す。

［史料］『西宮記』外衛佐事

応和《おうわ》三年九月二十二日、民部卿藤原朝臣、検非違使《けびいし》に申さしめ、左右京職に下知すべし。諸条の保長・刀祢《とね》、部内夜行を勤行せしむる事。請《こ》ふに依れ。仰せて諸卿定め申さしめん云々。

ここでは、検非違使・左右京職を通して、諸条の保長や刀祢に部内の夜行（見回り）を勤めさせている。この応和三年（九六三）には、京内にすでに「刀祢」があらわれている。この保刀祢の出現の過程については、「七条令解《しちじょうれいげ》」（『平安遺文』二〇七・二三二・二五六・三一四・三五六号）が参考になる。「七条令解」とは、左京七条一坊十五町西一行北四五六七門の土地売買券が五通貼り継がれたもので、延喜《えんぎ》十二年（九一二）七月十七日から正暦《しょうりゃく》四年（九九三）八月二十日までの持ち主の変遷を見ることができる。最初のものは、次のようにある。

［史料］延喜十二年七月十七日付「七条令解」（『平安遺文』二〇七号）

七条令解す。　家を売買せし券文を立つる事を申す。

合一区地四戸主在一坊十五町西一行北四五六七門

立物

三間桧葺板敷屋一宇在庇四面并又庇西北、又在小庇南面、戸五具、大二具、小三具、

五間板屋二宇　在一宇庇南西面、在一宇庇西面、戸各有一具、

中門一処

門二処　大小

右、散位《さんに》正六位上山背忌寸大海当氏《やましろのいみきおおあまのまさうじ》辞状を得るに偁《いへら》く、已《すで》に家、延喜銭六十貫文を以て価直に充て、左京一条一坊戸主中納言従三位兼行陸奥出羽按察使源朝臣湛《たたう》戸口正六位上同姓理《さとる》に売与すること既

に畢《おわ》んぬ。望み請《こ》ふらくは、式に依って券文を立てんと欲す者《てへ》り。令（＝坊令）、辞状に依って覆審を加ふるに、陳《の》ぶる所、実《じつ》有り、仍ち売買の両人并びに保証等の署名を勒《ろく》し、券文を立つること件の如し、以て解す。

延喜十二年七月十七日令従八位上県犬養宿祢「阿古継《あこつぎ》」

売人散位正六位上山背忌寸大海「当氏」

買人正六位上源朝臣「理」

「主料」「保証

陽成院釣殿宮舎人長宮処《とねりのおさみやこの》「今水《いまみ》」

右衛門府生《うえもんのふしょう》正六位上佐伯宿祢「忠生」

内竪《ないじゅ》従七位上布敷《ぬのしき》「常藤」」

「左京職判、家券二通を収む、一通職料　一通主料　延喜二年五月十七日本券并びに同八年九月十九日白紙券等に依りて判ち行ふこと件の如し、同十二年八月二十八日、

大夫源朝臣「長瀬」　大進平

亮兼伊勢権大掾藤原朝臣「三仁」　少進小野「高枝」

小野

大属阿刀「平緒」

少属許西部《こせべの》「久範《ひさのり》」」

少属闕　　　」

このように八世紀の家地売券と同じように坊令が解を作成し、京職に上申しており、ここでは山背大海当氏が家を源理に売却したことが知られる。注目すべきは「陽成院釣殿宮舎人長」や「右衛門府生」、「内竪」の肩書きを持つ下級官人が「保証」として署名していることである。そして最後の売券は次のようになる。

［史料］正暦四年六月二十日付「七条令解」（『平安遺文』三五六号）

七条令解す。　地を売買せし券文を立つるを事を申す。

　合四戸主　在左京七条一坊十五町西一行北四五六七門者

右地、故吉志安国《きしのやすくに》所領也、而男忠兼《ただかね》伝領者、要用有るに依り、価直米十二斛、紀滋忠《きのしげただ》に売与すること既に畢んぬ。請ひ望むは、式に依り券文を立てられんを欲す者《てへ》り。辞状に依り覆審を加ふるに、陳ぶる所実有り。仍りて売買両人并びに保証署名を勒し、券文を立つること件の如し、以て解す。

　正暦四年六月二十日　　令

　　　　　　　売人吉志「忠兼」

　　　　　　　同男吉志「男好《およし》」

　　　　　　　買人紀　「滋忠」

「件地公験、明らかに依り署を加ふ、左京七条
一坊三保刀祢大舎人漢部《あやべ》（草名）
内匠長上代御春《みはる》
左兵衛番長佐伯「介高《すけたか》」
前豊前掾長尾「勝忠」」

ここでも坊令の解のかたちをとっているが、肝心の坊令の署名がない。吉志忠兼・男好から紀滋忠に売却されているが、この売買の証人として「左京七条一坊三保刀祢」が署名している。つまり「保刀祢」が公的に認められ、売買を証明しているのである。しかも彼らは「内匠長上」「左兵衛番長」「前豊前掾」などの肩書きを持っている。

「七条令解」は、延喜十二年（九一二）と天暦三年（九四九）は「保証」、延長七年（九二九）は「保証刀祢」が署名しているのに対し、天元二年（九七九）・正暦四年（九九三）には「左京七条一坊三保刀祢《ほとね》」が署名している。この天元二年・正暦四年の保刀祢は、『掌中歴《しょうちゅうれき》』や『拾芥抄』にあらわれる、一坊を四つに分けた「四保一坊制」に基づく保刀祢である（図14参照）。これに対し、延長七年の「保証刀《ほしょうと》祢《ね》」は判別しにくい。つまり「刀祢」とは、「有力者」という一般的な意味もあり、この場合も「有力な保証人」を意味する可能性もある。そうすると四保一坊制の保刀祢の確実な出現は、天元二年になるが、天元二年の売買券は、その十四年後の正暦四年の売買券と保刀祢の人名・署名が一致する。これに

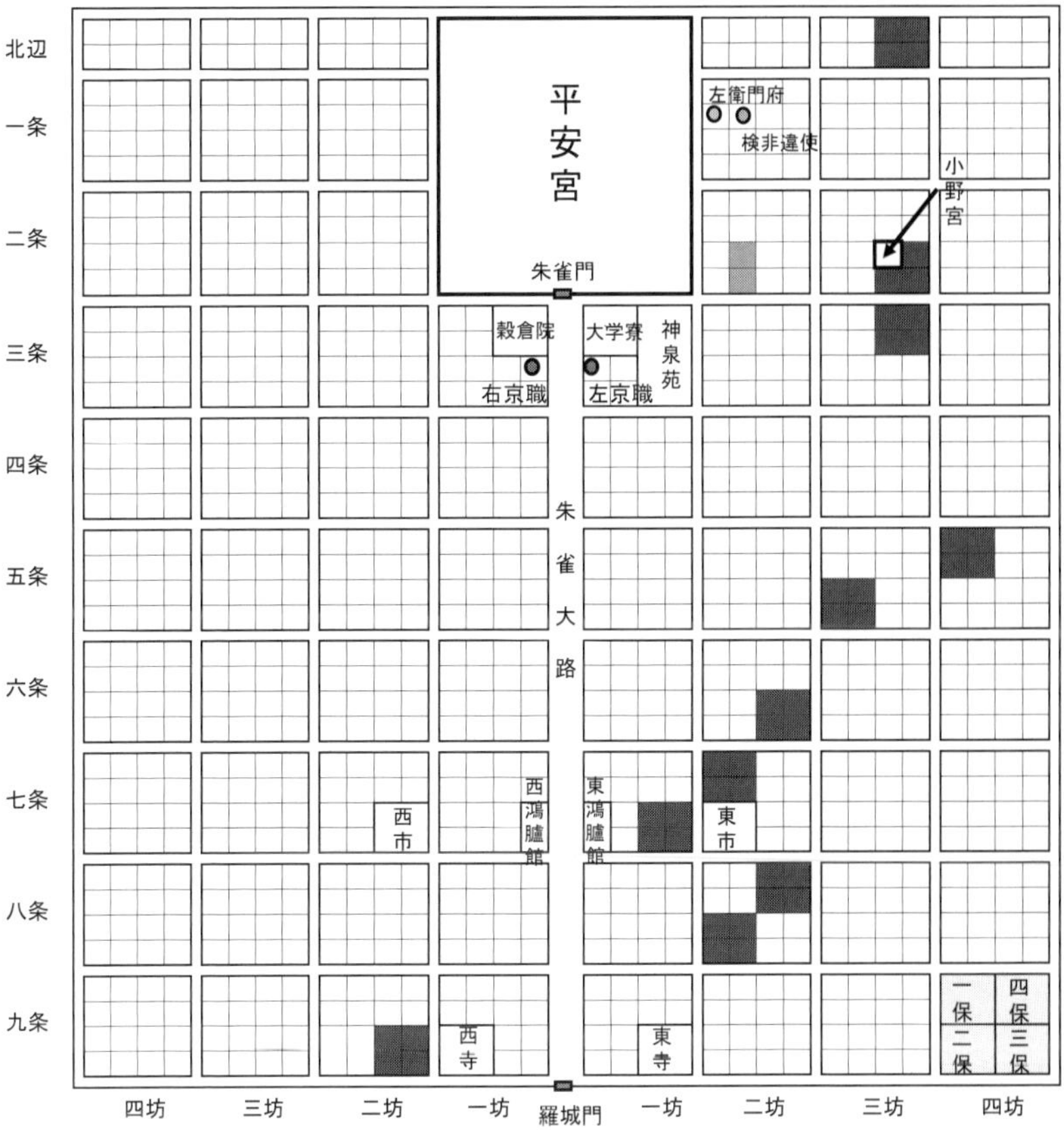

図14　保刀祢所在地

■ は保刀祢所在地

■ は保刀祢が所在したと思われる場所

＊西山良平『都市平安京』（京都大学学術出版会、2004年）の「図１―１　平安京と法成寺」と『平安建都1200年記念　甦る平安京』（京都市、1994年）を参照して作成。

ついて北村優季氏は、天元二年と正暦四年の売買券は、ともに正暦四年に作成されたものとしており、この見解に従いたい。つまり四保一坊制の保刀祢は、正暦四年（九九三）が初見である。

保刀祢の実例

では他の史料の保刀祢もみてみたい。「表7　保刀祢補任表」は、諸史料に現れる保刀祢を集成したもので、五九例・五五名の保刀祢を確認した。重複しているのは、天元二年と正暦四年の「七条令解」（表7―1～8）の保刀祢である。

五五名中、官職を持つ者が二三名で、彼らの母体は下級官人層であったと思われる。ただし一名は勾《こう》当僧《とうそう》であり、北村優季氏はこれを「寺内の事務をつかさどる勾当の職にあった僧侶」と解釈する。その他の官職の内訳は中央官司の下級官人が大舎人一、内豎一、左京職史生一、内匠長上代一、木工長上一、左兵衛番長一、掃部官人代一、右京官人代一、大膳官人代一であり、国司として掾《じょう》九（前豊前掾一、因幡掾二、出羽掾一、参河掾一、河内掾二、摂津掾一、播磨掾一）、目《さかん》 四（出雲目一、播磨大目一、近江目一、丹波目一）である。注意したいのは「前豊前掾」がいるように、必ずしも現職の官人である必要はないのである。さらに「左京職史生」が一名いるものの、他は京職や検非違使の官人ではないということである。

そして表7は大部分が「左京保《さきょうほ》刀《と》祢《ね》請文《うけぶみ》」（『平安遺文』五五四～五六九号）に拠っている。一つ例を挙げたい。

表7　保刀祢補任表

番号	年月日	条—坊—保	官職	人名	出典
1	天元2(979).10.2	左7-1-3	大舎人	漢部	平安遺文314「七条令解」
2	天元2(979).10.2	左7-1-3	内匠長上代	御春	平安遺文314「七条令解」
3	天元2(979).10.2	左7-1-3	左兵衛番長	佐伯介高	平安遺文314「七条令解」
4	天元2(979).10.2	左7-1-3	前豊前掾	長尾	平安遺文314「七条令解」
5	正暦4(993).6.20	左7-1-3	大舎人	漢部	平安遺文356「七条令解」
6	正暦4(993).6.20	左7-1-3	内匠長上代	御春	平安遺文356「七条令解」
7	正暦4(993).6.20	左7-1-3	左兵衛番長	佐伯介高	平安遺文356「七条令解」
8	正暦4(993).6.20	左7-1-3	前豊前掾	長尾勝忠	平安遺文356「七条令解」
9	長元8(1035).12.26	左5-4-1	因幡掾	秦重□	平安遺文554「左京保刀祢請文」
10	長元8(1035).12.27	左□-2-3		□院余光	平安遺文555「左京保刀祢請文」
11	長元8(1035).12.27	左□-2-3	出雲目	刑坂部	平安遺文555「左京保刀祢請文」
12	長元8(1035).12.27	左□-2-3	河内掾	多治比	平安遺文555「左京保刀祢請文」
13	長元8(1035).12.27	左□-2-3	勾当僧		平安遺文555「左京保刀祢請文」
14	長元9(1036).1.9	左6-2-3		菅野久遠	平安遺文556「左京保刀祢請文」
15	長元9(1036).1.9	左6-2-3		藤井光則	平安遺文556「左京保刀祢請文」
16	長元9(1036).1.10	左□-□-4		八俣部延正	平安遺文557「左京保刀祢請文」
17	長元9(1036).1.10	左□-□-4		紀忠則	平安遺文557「左京保刀祢請文」
18	長元9(1036).1.10	左□-□-4		多治正吉	平安遺文557「左京保刀祢請文」
19	長元9(1036).1.10	左□-□-4	□因幡掾	高向	平安遺文557「左京保刀祢請文」
20	長元9(1036).1.10	左□-□-□		刑部光枝	平安遺文558「左京保刀祢請文」
21	長元9(1036).1.10	左□-□-□		海長石光	平安遺文558「左京保刀祢請文」
22	長元9(1036).1.11	左□-4-4		春日	平安遺文559「左京保刀祢請文」
23	長元9(1036).1.11	左□-4-4	出羽掾	秦	平安遺文559「左京保刀祢請文」
24	長元9(1036).1.11	左□-4-4	□左(京)職史生	多治	平安遺文559「左京保刀祢請文」
25	長元9(1036).1.11	左□-□-□		□	平安遺文560「左京保刀祢請文」
26	長元9(1036).1.11	左□-□-□		橋本	平安遺文560「左京保刀祢請文」
27	長元9(1036).1.11	左□-□-□		懸	平安遺文560「左京保刀祢請文」
28	長元9(1036).1.12	左□-3-□		箸重茂	平安遺文561「左京保刀祢請文」
29	長元9(1036).1.12	左□-3-□		佐伯	平安遺文561「左京保刀祢請文」
30	長元9(1036).1.12	左□-3-□	参河掾	巨勢	平安遺文561「左京保刀祢請文」
31	長元9(1036).1.12	左□-3-□	播磨大目	秦千光	平安遺文561「左京保刀祢請文」
32	長元9(1036).1.12	左3-3-4		栗田延時	平安遺文562「左京保刀祢請文」
33	長元9(1036).1.12	左3-3-4		上道忠包	平安遺文562「左京保刀祢請文」
34	長元9(1036).1.14	左2-3-3		橘山高	平安遺文563「左京保刀祢請文」
35	長元9(1036).1.14	左2-3-3		宗賀部正忠	平安遺文563「左京保刀祢請文」
36	長元9(1036).1.16	冷泉院東	掃部官人代	坂本	平安遺文564「左京保刀祢請文」
37	長元9(1036).1.16	冷泉院東	木工長上	紀久世	平安遺文564「左京保刀祢請文」
38	長元9(1036).1.17	左2-□-4		藤井	平安遺文565「左京保刀祢請文」

39	長元9(1036).1.17	左2-□-4	右京官人代	栗前則名	平安遺文565「左京保刀祢請文」
40	長元9(1036).1.17	左2-□-4		調	平安遺文565「左京保刀祢請文」
41	長元9(1036).1.19	左5-3-2		□	平安遺文566「左京保刀祢請文」
42	長元9(1036).1.19	左5-3-2		佐伯	平安遺文566「左京保刀祢請文」
43	長元9(1036).1.20	左8-□-1		清科	平安遺文567「左京保刀祢請文」
44	長元9(1036).1.20	左8-□-1		中臣	平安遺文567「左京保刀祢請文」
45	長元9(1036).1.20	左8-□-1	河内掾	出雲	平安遺文567「左京保刀祢請文」
46	長元9(1036).1.20	左8-□-1	摂津掾	櫻井春近	平安遺文567「左京保刀祢請文」
47	長元9(1036).1.21	采女町		物部清武	平安遺文568「左京保刀祢請文」
48	長元9(1036).1.21	采女町	播磨掾	□	平安遺文568「左京保刀祢請文」
49	長元9(1036).1.21	采女町	内豎	物部宗時	平安遺文568「左京保刀祢請文」
50	長元9(1036).1.21	采女町	大膳官人代	大原石長	平安遺文568「左京保刀祢請文」
51	長元9(1036).1.23	左8-2-2		藤井	平安遺文569「左京保刀祢請文」
52	長元9(1036).1.23	左8-2-2		安倍	平安遺文569「左京保刀祢請文」
53	長元9(1036).1.23	左8-2-2		猪養忠兼	平安遺文569「左京保刀祢請文」
54	長元9(1036).1.23	左8-2-2	近江目	桑原	平安遺文569「左京保刀祢請文」
55	長元9(1036).1.23	左8-2-2	丹波目	懸	平安遺文569「左京保刀祢請文」
56	応徳2(1085).4.17	□9-2		常陸光方	朝野群載巻11「検非違使庁下文」
57	康和5(1103).2.13	右9-2-2		常澄重方	朝野群載巻21「右京職符」
58	永久3(1115).4.26	左7-2-1		大中臣吉國	平安遺文1823「平資孝文書紛失状」
59	長承3(1134).4	左8-2-4		伴近友	平安遺文2301「藤原経則文書紛失状」

〔史料〕長元九年正月十六日付「左京保刀祢請文」（『平安遺文』五六四号）（表7―36・37）

冷泉院東《れいぜいいんひがしの》 保刀《ほと》祢《ね》等非違庁符を請《う》ける事

□□□博奕等輩状

右庁符去長元八年十二月十三日符、同九年正月十日到来者、請くる所、件の如し。

仍りて謹んで解す。

長元九年正月十六日刀祢掃部官人代坂本

木工　紀久世

これは検非違使の博奕（博打）を禁止し、博奕の輩の交名を報告するように命じた庁符（検非違使庁の符）に対し、保刀祢が提出した請文（命令を実行したことを報告する文書）である。ここでは二人の保刀祢の名前が記されているが、その他の「左京保刀祢請文」に現れる保刀祢は、保によってその人数が異なっており、定員が決まっているとは思えない。またこれら請文は、すべて長元八年（一〇三五）十二月十三日の検非違使庁符を承けているが、その到着日は遅いところで翌年正月十九日になっており、一ヶ月以上かかっている。

さらに保刀祢が京内全域に一律に施行された制度とは考え難い。「左京保刀祢請文」は左京の二条三坊・三条三坊・五条三坊・五条四坊・六条二坊・八条二坊の一部の保にしか見られない（図14参照）。京内では一保を占める貴族の邸宅が存在することや、当時の右京が「西京、人家漸稀《ややまれ》なり」、「又右京、在家已に少し」という状況であったことからも（『池亭記《ちていき》』〈『本朝文粋』第一二所収〉、『春記《しゅんき》』長暦四年〈一〇四〇〉十一月八日条）、この保刀祢が、京内全域に一律に施行された制度とは考え難い。

保長との関係

このような保刀祢は、保長とどのような関係にあったのであろうか。秋宗康子氏は、職務内容の類似性から保刀祢は保長の後身であるとする（「保証刀禰について」『史林』四四―四、一九六一年）。つまり当初一坊を四つに分けた保に保長が置かれたが、この制度が徹底しなかったので、貞観四年三月十五日太政官符と昌泰二年六月四日太政官符により、保長に下級官人が登用され、権威を持つようになった。そしてこの時、彼ら（＝在地有力者）の総称であった「刀祢」の名称が特殊に用いられるようになり、刀祢は質的に転換して新しい実力者となり、保長に代わって京職や検非違使のもとで、非違の検察、私有地の確認などを任務とするようになるとする。また森田悌氏は、坊令・坊長・保長は、もともと官人的序列や私富とは無関係に任命されていたが、しだいに有力者があてられるようになり、彼らが保刀祢に転化していったと捉える（「検非違使成立の前提」『平安初期国家の研究』現代創造社、一九七〇年、初出、一九六九年）。

保刀祢の活動

一方、五味文彦氏は、①一保一保長制における身分基準による保長の任用、②無長保の出現等による保長の「保内堪事者」の任用、③保証刀祢等の「其の町に住みけるおとなしき人々」の保刀祢任用に基づく一保数名の保刀祢制の採用、という過程を経たとする（「使庁の構成と幕府―12～14世紀の洛中支配―」『歴史学研究』三九二、一九七三年）。そして北村優季氏は、京内の末端支配の役割が併存期を経ながらも、坊令・坊長から保長、そして保刀祢へ移行したとし、応和三年九月二十二日の記事の刀祢を、六位程度の官人とし、彼らが保長の消滅とともに「保刀祢」を名乗ったという見解を示す（「京戸の法制史―平安初期における京戸の変容―」『平安京―その歴史と構造―』吉川弘文館、一九九五年）。

北村氏が述べたように、保刀祢の起源を考えるには、『西宮記』の応和三年九月二十二日の記事が有効であり（本書232頁）、ここで部内夜行を「保長・刀祢」に命じていることが注目される。昌泰二年六月四日太政官符にしたがえば（本書230頁）、京内全域に「保長―保人」の命令系統が貫徹しているので、保長のみに命じれば事足りるはずである。しかしここで「刀祢」が見えることは、保内に保長以外の有力者が出現していることを示す。つまり昌泰二年官符の保長制が様々な事情、たとえば保長の本主の遷任、もしくは本主の家地売却による「長無きの保」の出現などによって行き詰まり、そのなかで平安京内において新たな有力者が生まれつつあったのではなかろうか。そして彼ら「刀祢」が後に、「保刀祢」と称され、四保一坊の保の領域を持つようになったと思われる。

次に保刀祢の具体的な活動を見ていきたい。

〔史料〕『小右記』

・南垣外、平張《ひらばり》を立て、幕を曳く云々。案内を問はしめるに申して云く、一保《いちほ》の間の人、相ひ集まりて仁王講を行ふ者《てへ》り。刀祢を召して信乃布（信濃布）一端を給ふ（長和四年五月二十三日条）。

・今日当保仁王講を修す。刀祢申す所有り。手作布二反を給はしむ。講説師布施に充つるべきの由を仰す（長元四年三月十一日条）。

・当保刀祢、火祭料を申さしむ。彼申すに随ひて雑布を給はしむ（長元五年十二月六日条）。

藤原実資の小野宮邸近隣の保刀祢がみえる。彼らは保内の人々を集めて仁王講を行い、実資はその費用を援助している。とくに最後の記事は、保刀祢自身が火祭料を無心している。つまり仁王講や火祭は実資が促しているのではなく、保刀祢が主体となって執り行っていることがわかる。

保刀祢の活動は、主に十一世紀の諸史料に見え、黒田紘一郎氏は、保刀祢が検非違使庁管轄のもとで保内の夜行を行い、嫌疑者や放火現行犯の逮捕と検非違使庁への連行を行っていること（『小右記』長元四年〈一〇三一〉正月二十三日条)、そして先述した「左京保刀祢請文」にて、検非違使庁符に博奕の禁止を請け負っていること、またさらに長元七年(一〇三四)の「播磨大掾播万貞成《はりまのさだなり》解」に(『平安遺文』五二四号)、「道理に任じて裁定せらるを請ふ、西七条刀祢安倍清安《あべのきよやす》、(姓知らず)豊延《とよのぶ》等が為に、従者男近正《ちかまさ》か川原毛父馬一疋并びに黒鞍一具等を奪取せらる。安からず愁状」、さらに「盗み取られし馬と申して(略)近正の身を召禁せらる」とあるように、保刀祢が馬を盗んだ嫌疑で播万貞成の従者近正を検非違使庁に拘束していることから、保刀祢を「(検非違)使庁の都市支配の暴力装置」として機能していたと捉えた(「中世京都の警察制度」『中世都市京都の研究』校倉書房、一九九六年、初出、一九七一年)。

　しかし北村優季氏は、警察活動以外にも、保刀祢が土地売買の保証をしていること(「七条令解」『平安遺文』三一四・三五六号)、長元三・四年には当保仁王講を中心になって行っていること(『小右記』長元三年〈一〇三〇〉九月二十三日条、同四年正月二十五日条、同四年三月十一日条)、長徳元年(九九五)に勧学院領尾張国玉江庄司殺害の犯人平季満《たいらのすえみつ》の京宅や(『本朝世紀』長徳元年〈九九五〉十月二十五日条)、長和五年(一〇一六)に乱行のあった故右京進致行《むねゆき》の妾家を守護していること(『御堂関白記』長和五年(一〇一六)五月二十六日条)、また長保二年(一〇〇〇)に犯罪の証人として証言を求められていることから(『権記』長保二年〈一〇〇〇〉七月二十八日条)、保刀祢を「当保の有力者」「保内の最高責任者」として位置づけている。

　さらに土地売買券の正暦四年「七条令解」の保刀祢(本書235頁)と延暦七年(七八八)十一月十四日付の「六条令解」の保証人(『平安遺文』四号、本書46頁)を比べると、後者の石川朝臣《いしかわのあそん》弟勝《おとかつ》・清嶋《きよしま》は、売人の石川朝臣吉備人《きびと》と血縁関係にあると思われるのに対し、前者は、売人との間にこのような関係がない。すなわち保刀祢は、地域社会を代表する有力者であり、保の有力者・責任者として、強制力を持って住民を監理する立場にあった。

検非違使との関係

検非違使は嵯峨天皇の弘仁年間（八一〇〜八二四）に治安維持の必要から、左・右衛門府内に設けられた。おもに京内外の巡検と盗賊無法者の追捕にあたり、天長元年（八二四）には独立の機関として左・右検非違使庁が設置された。多くの研究者は検非違使は、後に弾正台や京職の権限を吸収し、警察権のみならず訴訟・裁判までを扱い、その権力は強大であったと考えている。そして先行研究の大半は、保刀祢を検非違使の管轄下にあったと捉える。黒田紘一郎氏は、保刀祢が検非違使のもとに夜行を行っていたこと、検非違使庁符によって左京保刀祢の請文が提出されていること、後掲の応徳《おうとく》二年（一〇八五）検非違使庁下《けびいしちょうくだしぶみ》文で保刀祢が任命されていることから（表7―56）、保刀祢を検非違使庁の管轄下にあるものと捉え、康和《こうわ》五年（一一〇三）の右京職符による保刀祢の任命については（表7―57）、「一〇〜一二世紀の京職は、本来的な律令的機能を独自に所有していたのではなく、（検非違）使庁との補完関係の中で機能していたにすぎない」と解釈している（「中世京都の警察制度」『中世都市京都の研究』校倉書房、一九九六年、初出、一九七一年）。

保刀祢任命の史料をみていきたい。

［史料］『朝野群載《ちょうやぐんさい》』巻十一　廷尉　（表7―56）

保刀祢を補す。

検非違使庁下　九条二坊刀祢職事

常陸光方《ひたちのみつかた》

右件光方。已に三代刀祢の者。早く保刀祢職に補任し、保内を知行せしめよ。故に下す。

応徳二年四月十七日　左衛門大尉藤原朝臣

［史料］『朝野群載』巻二十一　雑文上　（表7―57）

保刀祢を補す。

右京職符　九条二坊二保

常澄重方《つねずみのしげかた》

右人刀祢職に補任すること已に畢んぬ。保内宜しく承知して執行せしむべきの状、件の如し。故に符す。

康和五年二月十三日　少進紀

大夫源朝臣

応徳二年のものは、検非違使によって九条二坊の保刀祢が任命されているのであり、しかも「三代刀祢」とあるように、保刀祢が職として認識され、すでに三代世襲されていることがわかる。一方の康和五年の方は、右京職によって九条二坊二保の保刀祢が任命されている。

清田善樹氏は保刀祢は、十世紀後半までには京職の命令系統の下にあったが、終には検非違使の支配下に置かれたと捉えている（「検非違使の支配地域と裁判管轄」『年報中世史研究』創刊号、一九七六年）。しかし五味文彦氏は、保刀祢が京職によって組織化され、かつ検非違使庁の管轄下にもくみこまれたことを、「保刀祢が一種の地縁組織を基盤としていた当然の結果」としている。すなわち保刀祢が、検非違使庁と右京職の双方によって任命されているのも、特定の官司に管轄される存在ではなかったためと考える。彼らは、まさに地域社会を代表する有力者だったのである。

以上のように北村優季氏が、保刀祢を坊令の職掌であった治安活動、住民の掌握、課役の徴収を担い、京内の支配機構に組み込まれたと述べたのに対し、私見では保刀祢は制度として起源を持つものでないと考える。応徳二年「検非違使庁下文」や康和五年「右京職符」において、保刀祢の任命が行われているが（表7―56・57）、その文面に「保内を知行せしめよ」「保内宜しく承知して執行せしむべきの状」とあるように、むしろ検非違使や京職の権威を背景に保内における強制力を確立したものと思われる。つまり保刀祢は十世紀後半から住民が定着し密集する地域において、下級官人層を母体にして生じた有力者であり、平安京の地域社会を代表する存在であった。

終章　平安京における京職の支配

1　十一世紀以降の平安京

諸司厨町の発展

官司が京内において、その諸司厨町を所領化していくことはすでに述べたが、時代が下ると、さらに積極的にその経営に乗り出すようになった。すなわち官司は、諸司厨町に居住する住民に対し、地子や労働力を徴収するようになる。寛仁四年（一〇二〇）二月に「左衛門尉《さえもんのじょう》平致経《たいらのむねつね》。年来、東宮町《とうぐうまち》に寄宿す。しかるに昨日夫を出すべきの由、彼宮の下部等来たりて催す」とあるように、東宮町に「寄宿」していた左衛門尉平致経が、春宮坊《とうぐうぼう》から夫役を出すように催促されている。また安元二年（一一七六）六月の「橘元清《たちばなのもときよ》田地売券」（『平安遺文』三七六四）は次のようにある。

〔史料〕安元二年六月七日付「橘元清田地売券」（『平安遺文』三七六四号）

沽却　私領地一所事

合三段者

在三条坊門　西京極以東　サワト云
西京左衛門町田　加地子段別三斗三升
御公事夫役田五度
右、件の田地は、橘元清相伝の私領也。而るに要用有るに依り、直銭五十貫を限り明蓮坊に分つ。永代に限り沽却する所、実也。本券文は、類地有るに依り、副渡さしめず、仍って後日、亀鏡と為すの状、件の如し。
安元二年六月七日　　橘元清（花押）合三段者

この土地は『拾芥抄』に「左衛門町」と記されているが、早くから水田になっていたらしい。この土地を売却する際に購入者は、「加地子」を左衛門府に納め、さらに一年に五回の公事を勤めるべきことが記されている。このように諸司厨町の土地を購入した場合、官司から徴税・徴発されるのである。

さて第六章で述べたように、「応に結保帳に依り奸猾を督察せしむべき事」とある昌泰二年（八九九）六月四日太政官符（本書230頁）が出されて以降、貴族・官司はその周辺地に影響力を及ぼすようになる。つまり官司は、昌泰二年太政官符による住民監理の委託により、諸司厨町の所領化を進め、その所領内では官司と関わりのない住民に対しても徴発するようになる（『左経記』寛仁四年〈一〇二〇〉二月十四日条）。また貴族も、昌泰二年太政官符によって、藤原実資のように、自邸の周辺に家人を居住させるようになり（吉田早苗「藤原実資と小野宮第―寝殿造に関する一考察―」『日本歴史』三五〇、一九七七年）、その地域を所領化し、住民に対する私的な人夫徴発をも行うようになった。

平安京の支配機構

十世紀後半以降の平安京の支配機構については、北村優季氏の詳細な研究がある（『平安京―その歴史と構造―』吉川弘文館、一九九五年）。北村氏は、京における官衙町（諸司厨町）の官司による所領化、貴族の周辺地域への影響力の強化について指摘しており、京の支配機構が「坊令→保長→保刀祢」と移行すること、十一世紀半ばには掌握の単位が、調・雑徭などの課税単位である「戸」から、「住宅」を単位とする夫役である「在家」へ、つまり「人身別賦課から土地別賦課へ」と変化したこと、そして官衙町ではそこを管轄する官司が、それ以外のところでは、保を単位として左右京職（のちには検非違使庁が加わる）が、在家を通じて人々を掌握したとする。

これまで京職の籍帳支配の対象は京戸だけであったが、「戸」から「在家」へ変化したことで、在京諸国人をも対象とすることが可能になった。すなわち在京諸国人への徴税・徴発も行えるようになった。その背景には古代国家の籍帳支配の後退があるが、京職にとっては貴族・官司と競合しない限り、住民全体への支配が可能になった。

北村氏と私見との違いを述べると、まず平城京の坊令を下級官人と捉え、九世紀以降の古代国家の政策により、さらに官人化していき、住民の監理者たる役割が後退していくと捉えた。また北村氏は、保刀祢は保長の系譜をひき、十世紀後半から十一世紀初頭に検非違使庁の下部機関として編成されたとするが、保刀祢は保長とは異質の存在で、制度としての起源を持たず、下級官人層を母体にして生じた地域社会の有力者であり、必要に応じて、京職や検非違使に協力する存在であったと捉えた。

北村氏も述べているように、京の支配体制の変容を促す契機となったのが、官司や貴族の職員を保長に任命し、京内全域に「保長—保人」の命令系統を実施した昌泰二年六月四日太政官符であった。これにより京内における官司・貴族の影響力が強くなり、結果的には官司や貴族を中心とする支配体制を構築することとなった。しかし京職の支配体制が消滅したわけではない。『小右記』長元四年（一〇三一）八月二十七日条には「亦造八省所《ぞうはっしょうじょ》、小安殿《しょうあんでん》の瓦を葺く夫五百人を申請す。使を左右京に召さしむ。左京三百人。右京二百人。五日内役畢《えきお》はるべきを仰す。奏聞の後、宣旨を京職に給ふべき事を仰す」とあり、五〇〇人もの役夫が左右京職を通じて徴発されている。十一世紀においても京職の支配は住民に及んでいるのである。

2　京戸と京職の変質

居住者から「都市民」へ

本書では「都市民」を、住民がその身分や出身地、所属する血縁集団や氏などの違いを乗り越え、同じ地域に居住する者としての連帯感を持って、地域の維持・運営にあたった人々、つまりそこに地域社会を形成した人々と定義した。これまで坊令と保刀祢に焦点を当て、「都市民」の成立を探ってきた。

坊令も保刀祢も、ともに京支配の末端に位置する人々であったが、坊令はあくまでも国家や法でその権威を保証された下級官人であり、また行政機関である京職に内包されていたのに対し、保刀祢は官司に所属せず、居住者の密集する地域において下級官人層を母体にして生じた有力者であり、地域社会を代表する存在であった。つまり保刀祢は「都市民」の成立を前提として発生した人々であった。

それでは平城京の住民は、どのように捉えるべきであろうか。平城京の人々は、京戸と在京諸国人から成り立つ。在京諸国人とは、具体的には「衛士・仕丁・兵衛・帳内・資人・貢人・運脚」などのように、諸国に本籍を持つものの、諸事情により京に滞在する人々である。そして調庸の運脚は、調庸を京に運び終えれば本国に帰り、衛士も、任期は一年で（軍防令8兵士上番条）、仕丁も三年で交替する（賦役令38仕丁条）。つまり彼らは本国から上京し、一定期間在京した後に再び本国に帰る人々であった。

古代国家は京に、実用性とは程遠い大規模な構造物を造り、国内的・対外的な支配を行うための威厳を誇示する舞台として活用した（今泉隆雄「平城京の朱雀大路」『古代宮都の研究』吉川弘文館、一九九三年）。そして蝦夷・隼人・新羅・渤海のみならず、全国の人民を京に呼び寄せ、都城の威容を示し、人々を威圧させ、その上で本国に帰還させる役割を担っていた。

実態としては、たとえば衛士が「壮年にして役に赴き、白首《はくしゅ》にして郷に帰る」とあるように、衛士として京に上った若者も、帰ってくる時には白髪の老人になっていたのであり（『続日本紀』養老六年〈七二二〉二月甲午〈二十三日〉条）、また仕丁も「衛士・仕丁、歴仕三十年已上、位一級を加ふ」とあって、三十年以上勤務する者が叙位に預かっていることから（『続日本紀』天平宝字元年〈七五七〉四月辛巳〈四日〉条）、実際には二十〜三十年にわたり働かされていた。また古代国家の支配者層に属する下級官人も、『続日本紀』神護景雲三年（七六九）九月丙戌（二十二日）条にあらわれる「河内国人河原蔵人人成《かわらのくらひとひとなり》」が、天平九年（七三七）より天平宝字六年（七六二）まで、皇后宮職舎人《こうごうぐうしきとねり》・紫微中台舎人《しびちゅうだいとねり》・造東大寺司史生《ぞうとうだいじしししょう》として正倉院文書に見えるように、二十五年以上にわたり在京していた。

このように彼らの滞在は長期間に及び、京の定住者となっていたが、衛士や仕丁・運脚は、任務が終われば本国に帰ろうとしていた。多くの郡司層も、郡司に任用されるために「兵衛出仕→郡司任用」というコースを歩んでいたのであり、いずれ本国に戻り在地を支配したいと考えていた（今泉隆雄「八世紀郡領の任用と出自」『史学雑誌』八一ノ一二、一九七二年）。つまり平城京に居住する在京諸国人の多くは、諸国の出身地と深く結びついていたのである。

一方、京戸も諸国とつながりを持っていた。貴族はかつての本拠地であった畿内にある「ゐなか」との関わりが深く、また一般京戸の多くは農民で、畿内に班給された口分田が生活の基盤になっていた。

このように平城京においては、京戸も在京諸国人も諸国との繋がりが強かったのである。下級官人である坊令を介在させた京職の直接支配は、住民のこのような意識と存在形態とに依拠するものであった。それゆえに平城京においては、地域社会も形成されず、「都市民」も存在しなかったのである。

そして八世紀末からの下級官人の京貫、すなわち下級官人の「京戸化」や、貴族の「都市貴族化」により、平安京遷都以降、徐々に京の住民が固定化し、十世紀後半には地域社会が形成され、「都市民」が成立したのである。すなわちここにおいて、古代国家によって管理された都市から、住民たちによって自立的に発展する都市へと変貌するのである。

直接支配から間接支配へ

中国から都城制を導入する際、『律令』制定者たちは当然、唐の支配制度を参考にした。唐の長安城においては、中央政府は自治組織の有力者（＝里正・坊正）を、住民の代表者・交渉人として公認し、彼らをして直接、住民の監理を任せた。そしてそのうえで、万年県・長安県・京兆府、そして金吾衛や左右巡使などが里正・坊正を通して、行政や治安維持の活動を行っていた。

しかし日本では、はじめての本格的都城といわれる藤原京ができてから、程なくして大宝令が制定されており、藤原京の住民も、京の住民としては未熟であった。そして続く平城京においても、まだ京における秩序をつくらなければならない時期にあった。つまりこの時期にはまだ住民の自治組織は存在せず、それゆえ京を支配するためには、より強固な上からの権力が必要であった。

このために古代国家は、唐制を継承するにあたり、京を一つの行政区画として設定して京職に支配させた。さらに住民の監理者として坊令を設定し、これを京職の職員とした。そして京職には、武力として兵士を持たせ、また衛府の京内警備の権限を弱めるなどの変更を行って、京を直接支配させた。さらに藤原不比等の四男、藤原麻呂を左右京大夫として、長期にわたり京内を治めさせ、京内の秩序をつくらせ、その後も藤原氏を左京大夫に任命することで統治していたのである。

このように平城京においては、京職による直接支配が行われていた。しかしこの体制もやがて変化せざるを得なくなる。平安京遷都以後、官司や貴族がとくに清掃や坊城修理の面で坊令に対捍するようになる。下級官人である坊令には、官司や貴族に対抗する力はなく、京内は荒廃しつつあった。そして中央政府は坊令の機能・権限の強化ではなく、延暦十七年（七九八）四月に少初位下官に準じる禄と職田二町を与え、また同年七月に内分番考（六考）から内長上考（四考）に変更したように、坊令を優遇することで対処した。このため坊令は住民の監理者という面よりも、下級官人の昇進のためのポストという面が強くなった。

問題となっていた清掃や坊城修理については、官司や貴族の職員を保長に任命し、彼らに請け負わせることとした。とくに昌泰二年六月四日太政官符によって京内全域に保長が置かれることになり、京を網羅する組織として「坊令―坊長」の他に、「保長―保人」の命令系統ができた。このため官司や貴族の京内行政への参加が促進され、京職の直接支配は後退した。

さらに十世紀後半、京の住民の固定化により、ここに地域社会が芽生え、地域の有力者、住民の代表者である保刀祢があらわれる。彼らは住民の監理者として、京の末端支配を担うようになる。ここにおいて上からの権力による京の直接支配は、終焉を迎える。京職の支配は、保刀祢を介した間接支配へと変容していくのである。

あとがき

本書は、二〇〇九年に公表した拙著『古代日本の京職と京戸』（吉川弘文館）の内容をもとに、その後の新見を加えて一般読者向けに改稿したものである。

本書で主張したかったことは、平安京の住民の変化とそれにともなう京職の支配の変化である。平城京も平安京も古代国家によって設定された計画的都市であり、その居住者も強制的に移住させられた人々であった。平城京の住民は京に本籍を持つ京戸と、さまざまな理由により京に滞在する在京諸国人とで構成されていた。京戸は古代国家において優遇された人々で、正当な理由がない限り、諸国人が京戸になることは認められなかった。

しかし八世紀末から諸国に本籍を持つ下級官人が京貫を次々と申請し、認められて京戸となっていく。また諸国に逗留する京戸が除籍されるようになる。平安京においては貴族・官人が主たる住民となり、彼らはここを永住の地とする。

このような住民の変化により京職の支配も変化せざるを得なかった。京職は、住民たちの自治組織の代表である保刀祢に、末端支配を請け負わせる。ここにおいて京職の支配は、坊令を介した直接支配から、地域の有力者である保刀祢を介した間接支配へと変化するのである。

私は平安京の住民は京戸と、八世紀末から京戸の仲間入りをした下級官人層が中心であったと考えている。京戸は庚午年籍作成時から王権に密着した人々であったが、彼らのうち平安京遷都以降も京戸として残ったのは官人層であった。そして京貫を申請し、新たに京戸となることが許された人々も官人層であった。古代の官人は手工業者でもあり、商人でもあった。この幅広い官人層が平安京に定住し活躍したことにより、十世紀後半以降の平安京は都市として自立的に発展したのである。

市川理恵（いちかわ　りえ）

1970年　東京都に生まれる。
2002年　学習院大学大学院人文科学研究科博士後期課程修了。博士（史学）。
現在、東京大学史料編纂所学術専門職員。学習院大学非常勤講師・駒沢女子大学兼任講師。
著書に『古代日本の京職と京戸』（吉川弘文館、2009年）、『正倉院文書と下級官人の実像』（同成社、2015年）、『正倉院写経所文書を読みとく』（同成社、2017年）がある。

王朝時代の実像 2
京職と支配
平安京の行政と住民

二〇二一年七月三十一日　初版発行

著者　市川理恵
発行者　片岡敦
印刷製本　亜細亜印刷株式会社
606-8204 京都市左京区田中下柳町八番地
発行所　株式会社 臨川書店
電話（〇七五）七二一―七一一一
郵便振替　〇一〇七〇―二―八〇〇

落丁本・乱丁本はお取替えいたします
定価はカバーに表示してあります

ISBN 978-4-653-04702-5　C0321　© 市川理恵 2021
〔ISBN 978-4-653-04700-1　C0321　セット〕